IBM QX로 배우는 양자 컴퓨팅

IBM QX로 배우는 양자 컴퓨팅

양자 컴포저와 키스킷을 활용한 양자 컴퓨팅의 이해

크리스틴 콜벳 모란 지음 황진호 옮김

i!i
에이콘

에이콘출판의 기틀을 마련하신 故 정완재 선생님 (1935-2004)

| 지은이 소개 |

크리스틴 콜벳 모란^{Christine Corbett Moran}

나사 제트추진연구소^{NASA JPL} 사이버 보안 전문 연구원이자 엔지니어다. 칼텍^{Caltech}에서 천체물리학을 전공한 방문 연구원이기도 하며, 기초 물리학, 컴퓨터 공학에 기반해 연구를 진행하고 있다. 천체물리학, 천문학, 인공지능, 양자 컴퓨팅에 관해 동료 심사 평가된 논문을 게재한 후 지금까지 수천 번 넘게 인용됐다. 직접 개발한 소프트웨어는 iOS 앱부터 양자 컴퓨팅 시뮬레이터까지 다양하며 백만 번 넘게 다운로드됐다. 취리히대학교 천체물리학 박사와 석사 학위를 취득했고, MIT에서 컴퓨터 공학과 물리학 석사 학위를 가지고 있다. 트위터(@corbett)에서 만날 수 있다.

언제나 나를 지원해주는 남편 캐시 핸머^{Casey Handmer}와 항상 응원해주는 팩트출판사 편집자들에게 감사한다. 2016년 10개월 반 동안 남극 대륙에서 겨울 방문 과학자로 받아준 남극 망원경 공동 연구 팀에 감사한다. 남극에 머무는 동안 처음으로 IBM QX를 심도 있게 살펴볼 여유를 가질 수 있었다.

│ 기술 감수자 소개 │

에드워드 플랫^{Edward L. Platt}

미시간대학교 정보학과와 복합 시스템 연구센터 교수로 재직 중이다. 대규모 집단 행동, 소셜네트워크, 온라인 커뮤니티에 관한 연구 논문을 저술했다. 시민 미디어를 위한 MIT 센터의 직원 연구원과 소프트웨어 개발자로도 일해왔다. 미디어 분석, 네트워크 과학, 협력적 조직화를 위한 툴을 포함한 여러 가지 무료 오픈소스 프로젝트에 기여했다. 양자 컴퓨팅과 장애 허용 능력에 관한 연구를 진행하기도 했다. 캐나다 워털루대학교에서 응용 수학 분야 석사를 보유하고 있고, MIT에서 컴퓨터 공학과 물리학 학사 학위를 가지고 있다. 『Network Science in Python with NetworkX』(Packt, 2019)를 썼다.

정보와 엔트로피(시스템 내 정보의 불확실성 정도를 나타내는 용어)를 소개해준 세스 로이드^{Seth Lloyd}와 폴 펜필드 주니어^{Paul Penfield Jr.}에게 감사한다. 양자 컴퓨팅에 관해 조언해준 에드워드 파히^{Edward Farhi}, 피터 쇼^{Peter Shor}, 프랭크 윌헴-마우치^{Frank Wilhelm-Mauch}에게 감사한다. 박사 과정 멘토인 대니얼 로메로^{Daniel M. Romero}에게 감사한다. 즐거움과 초콜릿, 지원을 아끼지 않은 엔디 브로시우스^{Andy Brosius}와 퍼세폰 헤르난데즈-보그^{Persephone Hernandez-Vogt}에게 감사한다. 무엇보다 이렇게 흥미로운 책을 감수할 수 있는 기회를 준 크리스틴 콜벳 모란 박사에게 고마움을 전한다.

| 옮긴이 소개 |

황진호(hwang.jinho@gmail.com)

국내에서 학업을 마치고 1년여 동안 미국의 연구 기관에서 방문 연구원으로 재직했다. 한국으로 돌아와 3년 동안 포스코 ICT에서 통신 시스템 소프트웨어 개발자로 일했다. 미국 조지워싱턴대학교 컴퓨터 사이언스 학과에서 박사 과정을 졸업하고 지금은 IBM T. J. Watson Research Center에서 클라우드 컴퓨팅과 인공지능 연구를 진행 중이다. 에이콘출판사에서 펴낸 『Learning PHP, MySQL & JavaScript 한국어판』(2011), 『Concurrent Programming on Windows 한국어판』(2012), 『Creating iOS 5 Apps Develop and Design 한국어판』(2012), 『Programming iOS 5 한국어판』(2012), 『Learning PHP, MySQL & JavaScript Second Edition 한국어판』(2013), 『IBM 왓슨 애널리틱스와 인지 컴퓨팅』(2016)을 번역했고, 『리눅스 API의 모든 것 Vol. 1 기초 리눅스 API』(2012)와 『리눅스 API의 모든 것 Vol. 2 고급 리눅스 API』(2012)를 공역했다.

현재 여러 분야에서 사용하고 있는 컴퓨터의 구조는 0과 1로 나타내는 비트 조합을 레지스터라는 하드웨어를 기초로 해 컴퓨팅에 사용하고 있다. 지금까지는 컴퓨터가 하나의 계산 능력, 즉 컴퓨팅의 한계를 극복하기 위해 병렬 처리, 분산 처리, 슈퍼 컴퓨팅, 그래픽 프로세싱 유닛 등의 방법을 점증적으로 발전시켜왔다. 하지만 머신 러닝이나 암호학과 같이 현재의 방법으로는 단시간 내에 처리할 수 없는 새로운 컴퓨팅에 대한 요구가 계속되고 있다. 이에 대한 대안으로 양자 컴퓨팅이 떠오르고 있는 것이다.

이론적인 관점에서 양자 컴퓨터는 컴퓨팅 계산 능력의 잠재력에 있어서 근본적인 변화를 제시한다. 하지만 현재 양자 컴퓨팅 전문가들은 전통적인 컴퓨터에 비해 양자 컴퓨터가 더 낫다는 것을 증명하기 위해 복잡한 컴퓨팅 문제를 찾고 있다. 과학자들의 이런 노력은 양자 컴퓨터의 발전을 이끌 것이다. 머지않은 미래에 상용화된 양자 컴퓨터를 만날 수 있기를 기대해본다.

양자 컴퓨팅은 물리적으로 여러 방식으로 실행할 수 있다. 개발 방식에 따라 나누면 양자 가열 냉각 컴퓨터Quantum annealing computers와 범용 게이트 양자 컴퓨팅universal gate quantum computing이 대표적인 예다. 예를 들어 전자의 양자 컴퓨터는 디-웨이브D-Wave 컴퓨터가 있고, 후자는 IBM과 리게티Rigetti의 양자 컴퓨터가 있다. 이 책은 범용 게이트 양자 컴퓨팅에 초점을 맞춘다. 이는 모든 양자 연산을 수행할 수 있고, 전통적인 컴퓨터의 개념인 비트, 게이트, 회로와 동일한 개념의 가장 일반적인 형태의 양자 연산 형태다. 일반 목적의 양자 컴퓨터는 안정적으로 디자인하기 더욱 어렵지만, 양자 가열 냉각 컴퓨터와 같은 특수 목적의 양자 컴퓨터는 결국 사용이 제한될 수밖에 없을 것이다.

IBM 연구소는 세계 최초로 양자 컴퓨팅을 일반인에 공개해 누구나 데스크톱이나 모바일 기기로 클라우드에 접속, 사용할 수 있게 했다. 이 책은 최첨단의 실제 시나리오를 완성해 실세계의 프로그래밍을 통해 양자 컴퓨팅의 강력함을 이해할 수 있게 도울 것이다. 그리고 양자 컴포저Quantum Composer와 키스킷Qiskit과 같은 사용자 툴의 도움으로 양자 개발을 용이하게 하는 IBM의 생태계를 살펴볼 것이다. 이 책을 끝까지 읽는다면 자신의 양자 프로그램을 만드는 방법을 알고, 자기가 속한 사업과 미래 경력에서 양자 컴퓨터가 가진 영향력을 가늠해볼 수 있을 것이다.

물리학이 아닌 컴퓨터 공학의 관점에서 보면 양자 컴퓨팅은 이제 한걸음 뗀 것이나 다름없다. 양자 프로그래밍은 아직 완전히 정의된 것도 아니고 계속 발전 중이다. 양자 컴퓨팅 전문가들은 양자 컴퓨터가 가까운 미래에 특별한 분야에 사용되기 시작해 점점 개인이 사용할 수준까지 도달할 것으로 내다본다. 지금부터 양자 컴퓨팅에 관심을 갖고 서적을 읽어 두는 것은 분명 훗날 도움이 될 것이다. 이 책에 나오는 기본 개념과 예제는 현재의 양자 컴퓨팅을 이해하기에 충분한 학습이 될 것이다. 이 책을 통해 독자 여러분이 양자 컴퓨팅의 개념을 완전히 이해하고 기본적인 사용법을 익히길 바란다.

이 책을 번역해주신 황진호 님과 더불어 이 책이 나올 수 있도록 도움 주신 김형훈 님, 남기혁 님, 이승준 님, 이정문 님, 이태휘 님, 황정동 님께 감사의 인사 전합니다.

– 편집 팀 일동

| 차례 |

지은이 소개 5

기술 감수자 소개 7

옮긴이 소개 9

옮긴이의 말 10

들어가며 22

1장   양자 컴퓨팅이란 무엇인가?   29

기술적인 필요 조건 30

양자 컴퓨터란 무엇인가? 30

　　양자 컴퓨터의 사용 31

　　전문가 의견 – 왜 양자 컴퓨터가 중요한가? 33

양자 컴퓨팅의 역사, 현재 그리고 미래 33

　　양자 컴퓨팅의 역사 34

　　양자 컴퓨팅의 현재 상황 34

　　양자 컴퓨팅의 미래 35

　　　　전문가 소견 – 양자 컴퓨팅의 미래는 어떠한가? 35

파이썬 코드 예제 설정과 실행 36

　　책에서 사용된 코드 다운로드하기 36

　　주피터 노트북 설정 37

IBM QX 예제 설정과 실행 38

　　Hello quantum world 39

　　API 키 40

키스킷 예제 설정과 실행 41

요약 43

연습 문제 44

2장   큐비트   **45**

기술적인 필요 조건 46
큐비트 46
    큐비트 저장하기 47
큐비트 시뮬레이션 47
    |"0"⟩와 |"1"⟩ 48
    |"0"⟩와 |"1"⟩의 조합 49
큐비트의 세 가지 다른 형태의 표현 51
    0과 1 기저 – 추가적인 설명 52
    플러스 마이너스 기저 53
    시계 방향과 반시계 방향 기저 54
블로흐 구 55
    블로흐 구에 표현된 |"0"⟩와 |"1"⟩ 그리고 다른 기저 55
    큐비트에서 블로흐 좌표 56
블로흐 구에 블로흐 좌표 나타내기 57
    큐비트의 중첩과 측정 59
    큐비트의 양자 중첩 59
    큐비트의 양자 측정 60
    블로흐 구에서 하나의 큐비트 측정 62
요약 63
연습 문제 63

3장   양자 상태, 양자 레지스터 그리고 측정   **65**

기술적인 필요 조건 66
양자 상태와 레지스터 66
분리 가능한 상태 68
얽힘 71
양자 측정과 얽힘 73
    파이썬에서 양자 측정 시뮬레이션하는 알고리즘 74

결어긋남, T_1 그리고 T_2 77

　결어긋남 78

　T_1과 T_2 79

요약 81

연습 문제 82

4장　양자 게이트로 양자 상태 전개하기　83

기술적인 필요 조건 84

게이트 84

　전통적인 게이트 84

　양자 게이트 85

상태에 대한 게이트 동작 86

하나의 큐비트 게이트 88

　아다마르 게이트 91

　파울리(Pauli) 게이트(X, Y, Z) 92

　　X 게이트 92

　　Y 게이트 94

　　Z 게이트 95

　위상 게이트(S)와 $\pi/8$ 게이트(T) 97

　　위상 게이트(S) 97

　　$\pi/8$ 게이트(T) 99

　　"대거" 게이트 $S^{\dagger}$와 $T^{\dagger}$ 101

다수 큐비트 게이트 103

　CNOT 게이트 103

　　CNOT 게이트의 파이썬 코드 106

　　선택된 제어 큐비트와 대상 큐비트를 가진 CNOT 108

요약 108

연습 문제 109

5장   양자 회로   **111**

기술적인 필요 조건 112
양자 회로와 양자 회로 다이어그램 112
양자 회로를 만들기 위해 키스킷 사용하기 115
　키스킷에서 하나의 큐비트 회로 116
　키스킷의 양자 회로 클래스와 범용 게이트 메소드 116
　키스킷에서 다수 큐비트 게이트 117
　키스킷 회로에서 전통적인 레지스터 118
　키스킷 회로에서 측정 118
되돌릴 수 있는 계산(Reversible Computation) 119
유용한 양자 회로 122
　2진 입력을 준비하기 위해 X 게이트 사용하기 122
　두 개의 큐비트 바꾸기 123
요약 124
연습 문제 125

6장   양자 컴포저   **127**

기술적인 필요 조건 128
양자 컴포저 128
　하드웨어 129
　게이트, 연산, 장벽 131
양자 회로를 양자 컴포저로 옮기기 134
양자 컴포저에서 시뮬레이션이나 하드웨어로 구동하기 137
　시뮬레이션에서 양자 회로 실행하기 138
　양자 컴퓨팅 하드웨어에서 양자 회로 실행하기 140
요약 142
연습 문제 142

7장	OpenQASM 다루기	143

기술적인 필요 조건 144

OpenQASM 144

OpenQASM 프로그램을 양자 스코어로 변환하기 146

하나의 큐비트를 부정하는 OpenQASM 146

두 개의 큐비트에 게이트를 적용하고 첫 번째 큐비트를 측정하는 OpenQASM 148

OpenQASM 2.0 프로그램에서 양자 스코어 나타내기 149

IBM QX와 인터페이스하는 OpenQASM 사용하기 153

고급 OpenQASM 사용법 155

큐비트 초기화 155

if문 156

사용자 정의 게이트와 프리미티브 게이트 157

프리미티브 게이트 CX와 U 157

2-큐비트 게이트 CX 158

1-큐비트 게이트 U 158

불투명한 게이트 158

요약 159

연습 문제 159

8장	키스킷과 양자 컴퓨터 시뮬레이션	163

기술적인 필요 조건 164

키스킷 설치와 사용법 164

키스킷 설치 테스트 164

키스킷으로 OpenQASM 사용하기 166

파일에서 OpenQASM 불러오기 166

문자열에서 불러온 OpenQASM으로 실행하기 168

키스킷 아쿠아 소개와 설치 169

키스킷 테라 - 기준 프로젝트 171

MIDI 명세의 간단한 소개 171

MIDI로 양자 컴퓨팅 살펴보기 172

음의 합성 174

양자 측정을 나타내기 위해 음과 화음을 플레이하기 175

음의 중첩 만들기 177

요약 181

연습 문제 182

9장   양자 AND (토폴리) 게이트와 양자 OR 게이트   183

기술적인 필요 조건 184

2진 충족 가능 문제 184

3SAT 전통적인 구현 187

3SAT – 왜 이 문제가 흥미로운가? 189

양자 AND와 OR 190

토폴리 게이트 – 양자 AND 게이트 191

양자 OR 게이트 194

여러 큐비트의 양자 AND와 OR 199

3SAT 양자 회로 구현 201

요약 204

연습 문제 205

10장   그로버 알고리즘   207

기술적인 필요 조건 208

그로버 알고리즘의 개요와 예제 208

그로버 알고리즘 단계 211

설정 단계 211

체커와 무버 단계 212

측정 단계 213

그로버 알고리즘 체커로서의 3SAT 213

키스킷에서 2개-큐비트 그리고 3개-큐비트 양자 AND (토폴리) 215

양자 AND 되돌리기 215

키스킷에서 2개-큐비트 그리고 3개-큐비트 양자 OR 215
    양자 OR 되돌리기 217
게이트와 되돌리기 테스트하기 218
    일반 프레임워크 218

그로버 알고리즘으로 3SAT 문제 해결 223
키스킷에서 오라클 구현 223
    전통적인 논리 테스트 224
    양자 3sat_mystery 구현 논리 225
    원래로 되돌아가는 논리 229
_3sat_mystery_3 함수 테스트 231
    되돌리지 않고 _3sat_mystery_3 함수 테스트 232
    _3sat_mystery_3 함수의 되돌리기 테스트 233
    (최종 결과를 빼고) _3sat_mystery_3 함수의 되돌리기 테스트 234
무버 단계 구현 235
    무버 함수의 완전한 구현 237
전체 알고리즘 설정 238
키스킷에서 알고리즘 실행 239

요약 240
연습 문제 240

11장 양자 푸리에 변환   243

전통적인 푸리에 변환 244
    사인 파동 246
실질적인 푸리에 변환 249
양자 푸리에 변환 255
양자 푸리에 변환 구현 256
파이썬에서 제어된 회전 게이트 R_k 구현 256
    반전 게이트-REV 258
QFT 회로 259
IBM QX에서 QFT 회로 구현 260
IBM QX에서 REV 게이트 구현 260

IBM QX에서 Rk 게이트 구현 261

IBM QX에서 1-큐비트 QFT 263

IBM QX에서 2-큐비트 QFT 263

IBM QX에서 3-큐비트 QFT 264

일반화 265

요약 265

연습 문제 266

12장 쇼어 알고리즘   **267**

쇼어 알고리즘 268

큰 정수를 효과적으로 인수분해하는 것은 현대 암호화 기법에 영향을 미침 268

쇼어 알고리즘 개요 270

쇼어 알고리즘 설명 273

기호/수학으로 쇼어 알고리즘 설명 274

쇼어 알고리즘 예제 275

N이 소수 N = 7인 예제 275

N이 두 소수의 곱이고, N은 작고, N = 15인 예제 276

N이 두 소수의 곱이고, N은 크고, N = 2257인 예제 276

N이 소수와 소수가 아닌 수의 곱이고, N = 837인 예제 277

쇼어 알고리즘 파이썬 구현 278

쇼어 알고리즘 – 전통적인 구현 278

쇼어 알고리즘 – 양자 구현 280

N = 15, a = 2로 양자 컴퓨터에서 구현하는 예제 281

양자 컴퓨터를 사용해 $f(x) = a^x(\text{mod } N) = 2^x(\text{mod } 15)$의 주기 찾기 282

$g(x) = 2x(\text{mod } 15)$를 찾는 하위 루틴 284

전체 알고리즘 구현 288

결과 읽기 290

양자 컴퓨터에서 쇼어 알고리즘 실행 295

양자 컴퓨터에서 주기를 찾은 이후 동작 확인 299

양자 컴퓨터에서 N = 35, a = 8인 예제 구현 299

양자 컴퓨터를 사용해 $f(x) = a^x(\text{mod } N) = 8^x(\text{mod } 35)$의 주기 찾기 300

주기를 발견한 이후 304
요약 305
연습 문제 305

13장 양자 오류 정정   307

양자 오류 308
하드웨어 오류, 비트 반전 오류 설명 308
시뮬레이터에서 모델링 오류 311
양자 오류 정정 313
하나의 비트 반전 오류 정정 314
전통적인 비트 반전 오류 정정 314
하나의 큐비트 반전에 대한 양자 오류 정정 ... 314
하나의 위상 반전에 대한 양자 오류 정정 320
쇼어 코드 – 하나의 비트 또는 위상 반전 320
요약 321
연습 문제 321

14장 결론 – 양자 컴퓨팅의 미래   323

양자 컴퓨팅의 중요 개념 326
양자 컴퓨팅이 유용할 분야 327
양자 컴퓨팅에 대한 비관론 328
양자 컴퓨팅에 관한 낙관론 328
양자 컴퓨팅에 관한 마지막 생각 329

부록   331

유용한 수학 기법 332
합 332
복소수 332

켤레 복소수 333

선형대수 333

행렬 333

행렬 곱 334

켤레 행렬 336

전치 행렬 337

행렬 복합공액전치 338

행렬 크로네커 곱 338

브라-켓 표기법 340

행렬의 큐비트, 상태, 게이트 340

큐비트 341

게이트 343

행렬을 기반으로 게이트 정의 344

양자 측정 346

컬러 이미지 347

찾아보기 355

| 들어가며 |

양자 컴퓨터는 컴퓨팅 계산 능력의 잠재력에 근본적인 변화를 제시한다. IBM 연구소는 세계 최초로 양자 컴퓨팅을 공개해 일반인이 데스크톱이나 모바일 기기로 클라우드에 접속해 사용할 수 있도록 공개했다. 이 책은 최첨단의 실제 시나리오를 완성함으로써 실세계의 프로그래밍으로 양자 컴퓨팅의 강력함을 이해하도록 도울 것이다.

먼저 양자 컴퓨터의 개념, 양자 컴퓨팅의 원리, 양자 컴퓨팅을 적용할 수 있는 영역을 소개한다. 양자 컴퓨터가 어떻게 예로부터 이어져 오는 컴퓨터 처리 방식을 개선하고 전통적인 알고리즘을 양자 알고리즘으로 변환하는지 보게 될 것이다. 그리고 양자 컴포저와 키스킷으로 양자 개발을 용이하게 하는 IBM의 생태계를 살펴볼 것이다. 초반부를 넘어가면서 양자 프로세서에서 알고리즘을 구현하는 방법과 계산이 실제로 어떻게 실행되는지 배우게 될 것이다.

책을 끝까지 읽으면 스스로 양자 프로그램을 만드는 방법을 이해하고, 자신이 속한 사업과 앞으로의 경력에서 양자 컴퓨터가 가진 영향력을 가늠해볼 수 있게 될 것이다.

❘ 이 책의 대상 독자

양자 컴퓨팅을 배우길 원하는 개발자나 데이터 과학자에게 좋은 참고서가 될 것이다. 이 책을 읽기 전에 파이썬 언어를 기본으로 이해하고 있어야 하지만 물리학, 양자역학, 고급 수학 관련 지식이 꼭 필요한 것은 아니다.

▌이 책에서 다루는 내용

1장, 양자 컴퓨팅이란 무엇인가? 전통적인 컴퓨팅 방식의 컴퓨터와 비교했을 때 양자 컴퓨터의 잠재적인 장점을 무엇인지 설명한다. 전통적인 컴퓨팅과 양자 컴퓨팅의 역사를 알아보고, 컴퓨팅의 최신 기술을 살펴본다.

2장, 큐비트 블로흐 구$^{Bloch\ sphere}$를 소개하고 개별 큐비트의 중첩과 측정을 설명한다. 큐비트가 왜 양자 컴퓨팅의 기본 개념이 되는지 알아보고, 파이썬에서 시뮬레이션해 직접 코드를 살펴본다. 여기서 중첩^{superposition}에 관해 논의하고, 하나의 큐비트가 나타내는 세 개의 다른 표현을 살펴보는 파이썬 코드를 사용할 것이다.

3장, 양자 상태, 양자 레지스터 그리고 측정 전통적인 레지스터의 양자 버전인 양자 레지스터와 양자 상태를 보관하는 방법을 알아본다. 나아가 분리 가능한 상태와 얽힘^{entanglement}에 관해 논의하고, 얽혀 있는 여러 개의 큐비트에 대한 양자를 측정하고 파이썬으로 구현해봄으로써 집중적으로 다룬다.

4장, 양자 게이트로 양자 상태 전개하기 양자 컴퓨팅을 실행하기 위해 합쳐질 수 있는 일반적인 게이트 집합을 형성하는 방법을 배우고 가장 흔하게 사용되는 게이트인 I, X, Y, Z, H, S, S†, T, T†, CNOT을 설명한다. 또한 이렇게 사용되는 양자 게이트의 파이썬 구현을 제공하고, 지금껏 살펴본 양자 상태에 적용되는 게이트의 파이썬 예제를 살펴본다.

5장, 양자 회로 전통적인 회로와 같은 양자 회로를 소개하기 위해서 양자 게이트의 개념을 확장한다. 여기서는 어떻게 전통적인 게이트가 양자 회로에서 재현될 수 있는지 확인하고, 복잡한 수학이나 프로그래밍 언어를 사용하지 않고 양자 회로를 쉽게 정의하는 데 사용할 수 있는 양자 회로를 시각적으로 표현한다.

6장, 양자 컴포저 양자 회로를 시각적으로 보여주는 양자 스코어^{scores}를 통해 양자 회로를 만드는 데 사용되는 IBM QX의 사용자 인터페이스를 알아본다. 양자 컴포저로 IBM QX 하드웨어나 소프트웨어 시뮬레이터에 구현할 자신의 양자 회로를 정의할 수 있다. 더불어 이전에 사용한 파이썬 코드를 양자 컴포저 표현으로 변환하고, 이를 IBM QX 하드웨어에서 구동할 기회를 제공한다.

7장, OpenQASM 다루기 오픈 양자 어셈블리 언어^{Open Quantum Assembly Language}를 설명한다. 줄여서 오픈 카즘^{open kazm}으로 발음한다. 이 언어는 IBM QX 내에서 사용될 수 있다. 이 장에서는 이전에 정의한 양자 회로를 다시 확인하고, OpenQASM 언어에서 다시 정의한다. 이렇게 OpenQASM으로 재정의된 양자 회로는 IBM QX에서 실행할 기회를 제공한다.

8장, 키스킷과 양자 컴퓨터 시뮬레이션 키스킷^{Qiskit, Quantum Information Software Kit}을 소개한다. 클라우드를 통해 IBM QX에서 프로그램을 구동하는 방법과 양자 시뮬레이션의 기능에 초점을 두고 설명한다. 양자 회로, 측정, 키스킷 사용 개념을 키스킷을 사용하는 프로젝트에서 확인함과 동시에 양자 컴퓨터를 사용해 음악 화음을 표현하는 유용한 데모를 만든다.

9장, 양자 AND (토폴리) 게이트와 양자 OR 게이트 양자 컴퓨터로 해결할 수 있는 논리 문제들을 기술하기 위해서 전통적인 이진 논리 게이트에 대응하는 양자 게이트를 살펴본다. 이 게이트들은 그로버 알고리즘이나 기타 알고리즘에서 사용된다.

(부가 설명: 토폴리 게이트^{Toffoli Gate}는 세 개의 비트로 계산하는 회로이며, 첫 번째 두 개의 비트가 설정된 경우에 세 번째 비트를 도치^{invert}시키고, 그렇지 않으면 모든 비트를 그대로 둔다.)

10장, 그로버 알고리즘 전통적인 구현과 양자 구현을 비교해 그로버 알고리즘을 설명한다. 이후 해당 알고리즘을 OpenQASM, 키스킷, 양자 스코어로 구현한다.

11장, 양자 푸리에 변환 양자 푸리에 변환을 설명한다. 이는 쇼어^{Shor}의 알고리즘을 포함한 많은 중요한 양자 알고리즘의 하위 루틴이 된다. 이에 비교해 전통적인 컴퓨터에서 표현되는 신호의 푸리에 변환이 되는 불연속형 푸리에 변환을 계산하는 전통적인 알고리즘을 보여준다. 마지막으로 양자 푸리에 변환 알고리즘을 OpenQASM, 키스킷, 양자 스코어에 구현한다.

12장, 쇼어 알고리즘 쇼어 알고리즘을 설명하고 소인수분해를 사용하는 전통적인 알고리즘 구현과 비교해 살펴본다. 그리고 키스킷에서 쇼어 알고리즘을 구현한다.

13장, 양자 오류 정정 양자 오류 전파 문제를 설명하고, 양자 오류 정정[QEC, Quantum Error Correction]의 필요성을 알아본 뒤 간단한 QEC 알고리즘을 구현한다.

14장, 결론 – 양자 컴퓨터의 미래 배운 내용을 다시 살펴보고 양자 컴퓨팅의 명확한 이해를 돕는다. 그리고 양자 계산과 양자 컴퓨팅 프로그램 능력이 필요한 곳을 검토해본다. 또한 왜 양자 물리학자가 아닌 일반 기업가, 프로그래머, 기술자 등이 양자 컴퓨팅에 관심을 가질 가능성이 높은지 알아본다.

▎ 이 책의 활용 방법

이 책은 독자가 파이썬 프로그래밍 언어에 익숙하다고 가정한다. 책에서는 파이썬 3.4+를 사용했다. 양자역학, 물리학, 고급 수학에 관한 지식은 필요하지 않지만 고등학교 수준의 대수학은 이해하고 있어야 한다. 이 책을 가장 잘 활용하기 위해 주피터 노트북에 제공되는 예제를 학습하고 각 장의 마지막에 나오는 문제에 답하길 권한다.

예제 코드 다운로드

이 책에서 사용된 예제 코드는 http://www.packtpub.com/support를 방문해 이메일을 등록하면 파일을 직접 받을 수 있으며, 이 링크를 통해 원서의 Errata도 확인할 수 있다. 또한 https://github.com/PacktPublishing/Mastering-Quantum-Computing-with-IBM-QX에서 다운로드할 수 있으며, 에이콘출판사의 도서정보 페이지인 http://www.acornpub.co.kr/book/quantum-ibmqx에서도 예제 코드를 다운로드할 수 있다.

컬러 이미지 다운로드

이 책에서 사용된 스크린샷과 다이어그램의 컬러 이미지를 PDF 파일로 제공한다. 컬러 이미지는 결과물의 변화를 이해하는 데 도움이 될 것이다. https://www.packtpub.

com/sites/default/files/downloads/Mastering-Quantum-Computing-with-IBM-QX에서 PDF 파일을 다운로드할 수 있다. 에이콘출판사의 도서정보 페이지인 http://www.acornpub.co.kr/book/quantum-ibmqx에서도 컬러 이미지를 다운로드할 수 있다. 책에서는 347페이지부터 일부 컬러 이미지를 참고할 수 있다.

▌ 편집 규약

독자의 이해를 돕고자 다루는 정보에 따라 글꼴 스타일을 다르게 적용했다. 다음은 이러한 스타일의 예와 그 의미에 대한 설명이다.

텍스트 내 코드, 텍스트, 데이터베이스 테이블 이름, 폴더 이름, 파일 이름, 파일 확장자, 경로 이름, 더미 URL, 사용자 입력의 코드 단어를 가리킨다. 예제는 다음과 같다. "주피터 노트북 사용자 인터페이스에서 Hello Quantum World.ipynb 노트북을 찾아서 연다."

코드 단락은 다음과 같이 표시한다.

```
from qiskit.tools.visualization import plot_histogram
plot_histogram(job_exp.result().get_counts(qc))
```

코드 단락의 특정 부분에 주의를 환기하고자 할 때 관련 항목을 진하게 표시한다.

```
import time
q = qiskit.QuantumRegister(5)
c = qiskit.ClassicalRegister(5)
qc = qiskit.QuantumCircuit(q, c)
```

다음과 같이 명령줄 입력 또는 출력을 작성한다.

```
cd Mastering-Quantum-Computing-with-IBM-QX
```

새로운 용어, 중요한 용어는 굵은 글씨로 표시했다. 화면에 나타난 단어나 메뉴 또는 대화 창에서 다음과 같은 텍스트가 나타난다. "이제 Simulate를 클릭하고 OK를 클릭한다. 몇 초 내에 출력을 확인할 것이다."

 주의 사항이나 중요한 내용은 이와 같이 나타낸다.

 유용한 팁이나 요령은 이와 같이 나타낸다.

❙ 독자 의견

이 책에 관해 어떠한 종류의 질문이라도 있다면 questions@packtpub.com으로 문의하길 바란다. 최선을 다해 질문에 답하겠다. 한국어판에 관한 질문은 에이콘출판사 편집 팀(editor@acornpub.co.kr)으로 문의해주길 바란다.

01

양자 컴퓨팅이란 무엇인가?

1장에서는 전통적인 컴퓨팅에 빗대 양자^{quantum} 컴퓨터가 과연 무엇인지 장점 위주로 살펴볼 것이다. 그리고 전통적인 컴퓨팅과 양자 컴퓨팅의 역사를 배우고, 현재 가장 최첨단의 컴퓨팅에 관해 알아볼 것이다. 더불어 양자 컴퓨터에서 프로그래밍을 가르치기 위한 방법론을 소개한다. 이는 전체 책에 대한 구조와 필요한 소프트웨어 툴을 다운로드하고 설정하는 방법을 포함한다. 1장을 다 읽은 후에 독자 여러분은 양자 컴퓨터가 무엇이며 왜 유용한지, 현재 최신 기술은 어떻게 되는지를 설명할 수 있을 것이다. 마지막으로 파이썬 라이브러리 키스킷^{Qiskit}을 통해 양자 컴퓨터 시뮬레이터와 하드웨어뿐만 아니라 실제 양자 컴퓨팅 하드웨어인 IBM QX를 조작할 수 있도록 자신의 양자 컴퓨팅 시뮬레이터를 개발하기 위한 환경을 설정할 것이다.

1장에서는 다음 주제를 다룬다.

- 양자 컴퓨터란 무엇인가?
- 양자 컴퓨팅의 역사, 현재 그리고 미래
- 파이썬 코드 예제 설정과 실행
- IBM QX 예제 설정과 실행
- 키스킷 예제 설정과 실행

▌ 기술적인 필요 조건

컴퓨터에 파이썬 3.4+와 깃(Git)이 설치돼 있어야 한다. 운영체제와 상관없이 유닉스(Unix) 같은 커맨드라인(command line)을 사용할 수 있어야 한다. 예를 들어 맥에서는 Terminal.app, 리눅스에서는 Terminal, 윈도우에서는 Cygwin 또는 Bash 셸이 된다. 1장의 코드는 주피터 노트북의 형태로 돼 있고, https://github.com/PacktPublishing/Mastering-Quantum-Computing-with-IBM-QX에서 다운로드할 수 있다. 코드를 다루는 데 있어서 선호하는 방법은 주피터 노트북을 사용해 파이썬 가상 환경 내에서 코딩하는 것이지만, 자신에게 가장 맞는 방법을 선택하면 된다.

▌ 양자 컴퓨터란 무엇인가?

이 책에서는 양자 컴퓨터와 구별하기 위해 오늘날 노트북, 데스크톱, 서버, 모바일의 중앙 처리 장치를 전통적인(classical) 컴퓨터라고 부를 것이다. 이런 전통적인 컴퓨터는 트랜지스터(transistors)로 구성돼 있고, 연산을 수행하기 위해 0과 1로 된 비트(bit)를 조작해 구동한다. 그에 반해 양자 컴퓨터는 양자 물리학의 특성을 사용해 다른 방식으로 연산을 수행한다. 즉, 중첩(superposition)과 얽힘(entanglement)이라는 양자 특성을 사용해 전통적인 컴퓨터보다 더욱 효율적으로 연산을 수행할 수 있다. 모든 양자 연산은 전통적인 컴퓨터에서 구현이 가능하지만 전통적인 컴퓨터에서는 특정 연산의 시뮬레이션이 불가능할 만큼의 시간이 걸리거나, 너무 많은 메모리가 필요한 경우가 존재한다는 사실은 중요하다. 전통적인 컴퓨터의 이런 한계를 극복할 방법으로 양자 컴퓨팅 전문가들은 양자 컴퓨터를 이용하는 것이 더 낫다는 것을 증명하기 위한 연구를 진행하고 있다.

양자 컴퓨팅은 물리적으로 여러 가지 방식으로 실행될 수 있다. 어떤 양자 컴퓨터는 특정 함수의 전역 최솟값을 찾는 특정 최적화 문제를 해결하기 위해 양자역학의 특성인 얽힘과 중첩을 사용한다. 이런 컴퓨터는 양자 가열 냉각 컴퓨터$^{Quantum\ annealing\ computers}$라고 한다. 보통 최적화 문제를 이 방식으로 다시 공식화할 수 있지만, 여러 가지 알고리즘을 돌리기에는 너무 전문화된 경향이 있다. 양자 가열 냉각 방식을 사용하는 양자 컴퓨터는 디-웨이브$^{D-Wave}$ 컴퓨터가 있다.

이 책은 범용 게이트 양자 컴퓨팅$^{universal\ gate\ quantum\ computing}$에 초점을 맞춘다. 이는 모든 양자 연산을 수행할 수 있고, 전통적인 컴퓨터의 개념인 비트, 게이트, 회로와 동일한 개념을 가진 가장 일반적인 형태의 양자 연산의 형태를 가진다. 그 예로 IBM과 리게티^{Rigetti}의 양자 컴퓨터를 포함한다.

일반 목적의 양자 컴퓨터는 안정적으로 디자인하기 더욱 어렵지만, 양자 가열 냉각 컴퓨터와 같은 특수 목적의 양자 컴퓨터는 결국 사용이 제한될 수밖에 없을 것이다.

양자 컴퓨터의 사용

양자 우위$^{Quantum\ supremacy}$는 양자 컴퓨터가 전통적인 컴퓨터에서 최상의 알고리즘과 비교해 훨씬 높은 성능을 제공하고, 이런 성능이 양자 컴퓨터에서 실제로 입증될 때 나타난다. 양자 우위는 주어진 알고리즘에 대해서 전통적인 컴퓨터보다 양자 컴퓨터에서 효율적으로 실행될 때 비로소 실현되는 것이다. 이 책을 쓰는 시점에는 여러 분야에서 양자 우위에 관한 희망적인 기대가 있지만 아직까지 확실하게 증명되진 않았다. 해당 분야는 머신 러닝, 인공지능, 암호화, 컴퓨터 보안, 검색, 샘플링, 최적화, 양자화학, 양자 동역학 등이 해당한다. 하지만 아직까지 어떠한 분야도 현재까지 양자 우위를 입증하지 않았기 때문에 아직까지는 양자 컴퓨터가 아닌 전통적인 컴퓨터에서 알고리즘을 구동하는 것이 더 합리적일 것이다.

양자 우위는 약학, 금융, 경영 프로세스 등의 분야에서 혁신과 틀을 벗어난 발전을 할 수 있는 재료를 제공할 수 있다. 이 책을 쓰는 시점에 엔지니어와 과학자들이 여러 가능성을 제공하고는 있지만 양자 우위는 어떤 분야에도 증명되지는 않았기 때문에 양자 기계는 여전히 발전할 부분이 많이 남아 있다. 양자 우위를 이루기 위해서 필요한 이런 양자 기계의 발전은 더 많은 큐비트^{Qubits}를 만들며 큐비트를 더욱 안정적으로 하고, 오류 정정을 발전시키는 것이다. 구글, IBM 그리고 다른 여러 회사들은 이런 기계의 발전이 곧 현실화될 것으로 보고 가까운 미래에 양자 우위를 보일 준비를 하고 있다.

양자 컴퓨팅은 왜 중요한가? 다음은 전문가들이 말하는 양자 컴퓨팅 분야에서 일하는 이유다.

- 양자 계산을 활용하는 것이 인류를 더 나은 미래로 발전시키는 가치가 있다고 믿고 있다.
- 현재 디지털 (즉, 전통적인) 컴퓨팅은 그 성능의 한계에 도달하고 있으며 양자 컴퓨터가 그것을 뛰어넘는 다음 한계라고 생각한다.
- 세상은 양자(양자)로 이뤄져 있고, 그것을 이해하기 위해서는 양자 계산이 필요하다.
- 양자 컴퓨터는 전통적인 컴퓨터에서는 풀기 너무 어려운 문제를 해결할 수 있도록 도울 것이기 때문이다.
- 새로운 물리 현상에 기반해 새로운 기계를 개발하는 것은 역사적으로 기술 발전을 견인했으며, 양자 계산도 마찬가지라고 생각한다.
- 양자 컴퓨터는 현재 할 수 없는 것을 가능하게 해줄 것이다.

전문가 의견 – 왜 양자 컴퓨터가 중요한가?

세상은 근본적으로 양자로 이루어진 곳이므로 양자 컴퓨팅은 중요하다. 지금까지 세상을 본떠서 만들고, 실험하고, 분석하고, 해석하기 위해서 전통적인 컴퓨팅을 만드는 데 성공적이었다. 하지만 그러한 컴퓨팅 시스템은 전통적인 논리에 기반하고 있기 때문에 전통적인 세상을 효과적으로 비슷하게 만들 수 있는 데 제한된다. 우리는 매우 정확하게 현 세계가 근본적으로 양자에 기반하고 있음을 알고 있다. 그리고 양자로 존재하는 세상을 이해하기 위해서는 양자적인 표현을 사용해야 한다. 우리는 현재 우리가 살고 있는 세상이 양자적인 시뮬레이션인지 확실하게 알 수는 없지만, 만약 그렇다고 한다면 그것은 양자 컴퓨터에서 구동되고 있다고 할 수 있을 것이다.

– 아론 밴 디벤더(Aaron Van Devender), 파운더 펀드 수석 연구원

양자 컴퓨팅은 미래 컴퓨팅의 중요한 역할을 담당할 것이기 때문에 이 분야를 공부하는 사람은 단지 물리학자나 연구원만은 아니다. 소프트웨어 개발자, 임원, 투자자 등이 이 분야의 지식을 습득해야 할 것이다. 이에 대해 전문가는 다음과 같은 이유를 들었다.

많은 경우 임원들은 당위성에 기반해 관심을 가진다. 즉, 뜨는 분야이거나 경쟁 압력 등에 의한 것이다. 하지만 오늘날 임원들이 이해해야 하는 바는 매우 제한적이다. 상업적으로 가용한 양자 알고리즘은 아직 몇 년의 시간이 더 걸릴 것이다. 새로운 기술에 있어서 잠재적인 이해관계가 있는 모든 회사들에게 있어서 가장 중요한 것은 그 회사의 실체를 파악하고 사기꾼을 가려내는 능력이다. 양자 컴퓨팅은 분명 그들의 레이더에 있을 것이며, 당신은 양자 컴퓨터 영업 담당자의 주장을 판단할 수 있는 능력을 갖춰야 한다.

– 크리스 페리(Chris Ferrie), 양자 소프트웨어와 정보 센터, 시드니기술대학교

▌ 양자 컴퓨팅의 역사, 현재 그리고 미래

IBM QX에서 사용되는 범용 게이트 양자 컴퓨팅의 역사, 최신 기술 그리고 미래를 알아본다.

양자 컴퓨팅의 역사

양자 컴퓨팅은 최근 많은 발전을 이뤘지만, 완전히 새로운 아이디어는 아니다. 양자 물리학은 1920년과 1930년대에 개발됐다. 1980년대 초 물리학자 리처드 파인만^{Richard Feynman}은 양자 물리학에 기저한 새로운 컴퓨팅 모델을 만들도록 컴퓨터 과학자들을 독려했다. 이는 다른 형태의 좀 더 효율적인 방식의 컴퓨팅의 가능성을 보여줬다. 1990년대에 전통적인 컴퓨터보다 양자 컴퓨터에서 더 효율적으로 돌아가는 최초의 알고리즘을 개발하면서 진일보했다. 2000년대에 들어와 1990년대의 이론적인 알고리즘을 적은 입력으로 양자 컴퓨터에서 구현할 수 있기 시작했다.

양자 컴퓨팅의 중요한 역사적인 개발은 다음과 같다.

- 리처드 파인만의 양자 컴퓨팅 최초 소개(1981~1982)
- 양자 컴퓨팅이 전통적인 컴퓨팅보다 더 잘 실행할 수 있음을 시연(1985)
- 쇼어 알고리즘(1994)
- 양자 오류 정정(1995)
- 그로버 알고리즘(1996)
- 양자 한계점 이론(1999)
- 최근 다른 형태의 양자 컴퓨팅 시스템 교류 확대

양자 컴퓨팅의 현재 상황

이 책을 쓰는 시점에 IBM은 5-큐비트와 16-큐비트를 IBM QX를 통해 클라우드에 공개했고, 50-큐비트가 연구 파트너와 공유하고 있으며, 100-큐비트 양자 컴퓨터를 개발 중이다. 리게티 컴퓨팅은 8-큐비트 장치를 제공하고 있다. 이런 컴퓨터들은 현재 양자 계산의 흥미로운 원리를 시연하고 있지만 큐비트의 크기는 충분히 크지 않으며, 양자 우위를 보여주기에도 충분하지 않다.

양자 컴퓨팅의 미래

이 책을 쓰는 시점에 IBM은 특정 애플리케이션에 관해 양자 우위는 50 - 100-큐비트라면 가능하다고 예측했다. 이는 가까운 미래에 가능할 것이다. 하나의 특정 애플리케이션의 양자 우위를 시연하는 것은 양자 컴퓨팅의 완전한 가능성을 실현하는 것과는 다른 이야기다. 범용 게이트 양자 컴퓨터로 실제로 여러 분야에 걸쳐서 유용한 양자 컴퓨터를 갖기 위해서는 양자 컴퓨터 하드웨어가 더 긴 시간 동안 안정적으로 동작할 수 있는 더 많은 큐비트를 갖도록 발전해야만 한다. 이런 큐비트의 많은 부분은 핵심 계산에는 사용되지 않겠지만, 계산 중 환경에 의해 발생하는 오류를 정정하는 데 사용될 것이다.

양자 컴퓨팅에 관한 전망은 뜨거운 논쟁거리다. 몇몇 전문가들은 예측하기 어렵다고 주장한다. 양자 컴퓨팅이 어디로 가고 있는지에 관한 몇 가지 아이디어는 다음과 같다.

- 다른 양자 컴퓨팅 기술로 만들어진 하이브리드 양자 시스템
- 안정된 하드웨어의 발전 지속과 양자 알고리즘의 비상한 발전
- 실제 세계에서 유용한 애플리케이션

먼 미래에는 이런 발전들이 양자 컴퓨터를 진전시키고, 광범위하게 사용되도록 할 것이다.

전문가 소견 - 양자 컴퓨팅의 미래는 어떠한가?

단기간의 큰 중요한 단계는 양자 계산 우위, 즉 전통적인 고성능 컴퓨팅에서 매우 오래 걸리는 계산이 양자 프로세서에서 계산되는 것을 시연하는 것이 될 것이다. 그리고 다른 단계는 양자의 이점, 즉 양자 프로세서가 전통적인 컴퓨팅 자원보다 더욱 빠르게 유용한 계산을 수행하는 것을 보여주는 것이다. 마지막 단계로는 적극적인 오류 정정으로, 장애 허용 범위 내에서 실행되는 것을 시연하는 것이다. 나는 각각의 단계가 향후 10년 이내에 이뤄질 것이라 예상하지만 빠르면 5년 내에도 가능할 것이다. 양자 계산 우위가 첫 번째로 시연될 가능성이 높고, 2년 이내에 발생할 가능성이 높다. 5년 이내에 양자 컴퓨터는 현재의 컴퓨터와 매우 유사한 형태의 구조를 가질 것이라 예상한다. 즉 다른 기능(계산, 저장, 통신)을 담당하는 여러

컴포넌트를 가질 것이며, 이는 유일한 목적의 보조 처리기라기보다는 일반적인 목적의 컴퓨팅 장치로 사용될 공산이 크다.

– 조 피츠시몬스(Joe Fitzsimons), 양자 기술 센터 연구 책임자
호라이즌(Horizon) 양자 컴퓨팅 창립자

▌ 파이썬 코드 예제 설정과 실행

이 책의 파이썬 코드 예제를 실행하기 위한 파이썬 가상 환경 설정, 체크아웃 설정, 간단한 예제를 실행하는 방법을 보여준다. 여기서는 파이썬 3.4+를 사용하므로 혹시 파이썬 2를 주 버전으로 사용하고 있다면 파이썬 3을 인스톨하여 python3 명령으로 사용해야 할 것이다.

책에서 사용된 코드 다운로드하기

이 책에서 사용된 코드를 다운로드하기 위해서는 다음 과정을 따른다.

1. 다음 명령어를 사용해 모든 코드 예제를 담은 코드 저장소^{repository}를 복제^{clone}한다.

```
git clone
https://github.com/PacktPublishing/Mastering-Quantum-Computing-with-IBM-QX
```

2. 해당 디렉터리로 이동한다.

```
cd Mastering-Quantum-Computing-with-IBM-QX
```

3. 모든 코드 예제를 실행할 가상 환경을 만든다.

```
python -m venv MQC
```

4. 예제를 실행하거나 프로젝트를 실행하기 전에는 반드시 정확한 가상 환경에서 실행하도록 해야 한다.

```
source MQC/bin/activate
```

5. 다음으로 예제와 프로젝트를 실행하기 위해서는 깃허브 링크에 있는 requirements .txt 파일을 설치한다.[1]

```
pip install -r requirements.txt
```

6. 설치가 제대로 됐는지 다음 명령어로 확인한다.

```
python chapter01/test_installation.py
```

7. 앞의 명령어에서 오류가 보이면 디버깅한다.

이제 준비는 끝났다. 파이썬 예제를 실행할 수 있고 각 장의 프로젝트를 실행해 진행할 수 있다. 가상 환경에서 실행하길 원하지 않는다면 pip이나 본인이 사용하는 패키지 매니저 package manager 혹은 소스 코드를 사용해 requirements.txt에 있는 모든 모듈을 설치한다.

주피터 노트북 설정

주피터 노트북은 파이썬 코드, 설명, 코드의 결과를 모두 한곳에서 관리할 수 있는 편리

---

1 이 파일의 내용에 포함된 것처럼(qiskit==0.7.0), 이 책을 집필한 시점에는 키스킷 버전 0.7.0을 사용한다. 책을 읽는 시점에 버전을 확인하기 위해서는 "pip install qiskit=="을 실행하면 최신 버전을 확인할 수 있다. requirements.txt의 버전을 최신 버전으로 변경, 설치를 진행하면 된다. – 옮긴이

한 연습장 같은 기능을 한다. 이 책에서는 모든 예제를 주피터 노트북 내에서 설명하지만 원칙적으로는 원하는 모든 파이썬 인터프리터에서 실행할 수 있다. 주피터 노트북을 파이썬 가상 환경 내에서 실행하길 원한다면 가상 환경 내에서 `pip install ipykernel`과 `ipython kernel install --user --name=bookkernel`을 실행한다. 주피터 노트북을 실행한 이후에는 노트북 화면에서 Kernel(커널)|bookkernel(책커널)을 찾는다. 주피터 노트북 설치를 확인하기 위해 다음 명령어를 실행한다.

```
jupyter notebook
```

주피터 노트북 화면에서 Hello Quantum World.ipynb 파일을 찾아서 연다. 예제 코드를 실행한다. 주피터 노트북을 다루는 데 있어 문제가 생긴다면 온라인 강좌나 https://jupyter-notebook.readthedocs.io/en/stable/의 주피터 문서를 참고하기 바란다.

▌ IBM QX 예제 설정과 실행

여기서는 IBM QX 계정을 만들고, 간단한 프로그램을 실행해볼 것이다.

1. https://quantumexperience.ng.bluemix.net/qx/signup에 새로운 계정을 만든다.
2. 새로운 계정으로 로그인 후에 Learn 드롭다운 메뉴에서 Composer 탭을 클릭한다.

여기서는 악보에서 음표가 없는 다섯 개의 선처럼 보이는 무언가를 보게 될 것이다. 양자 컴포저^{quantum composer}라고 부르는 IBM QX 양자 컴퓨터의 인터페이스다. 여기서 코딩을 하고 이 책의 첫 번째 양자 프로그램을 시뮬레이션으로 실행할 것이다. 이후 장에서 이 인터페이스를 더 자세히 살펴볼 것이며, 시뮬레이션이 아닌 IBM 하드웨어에서 양자 프로그램을 실행할 것이다.

Hello quantum world

모든 전통적인 비트 0과 1은 "0"과 "1" 큐비트로 나타낼 수 있고, 이는 큐비트임을 나타내기 위해서 |와 〉로 감싼 형태를 갖는다. 예를 들어 큐비트 "0"는 |"0"〉로 표현되고, 큐비트 "1"은 |"1"〉로 표현된다. 이 책 전체에서 큐비트는 항상 따옴표와 함께 |와 〉로 감싸진 형태로 큐비트임을 명시한다.

양자 컴포저의 각 선은 0비트의 양자 등가인 |"0"〉에서 시작한다. 양자 계산의 결과를 얻기 위해서는 관심이 있는 큐비트를 측정하고, 그 측정은 항상 0 또는 1의 전통적인 비트를 출력할 것이다. 따라서 비트로 전통적인 입력을 가지고, 양자 큐비트로 해석한 뒤에 양자 계산을 실행할 수 있다. 그리고 결과를 얻기 위해서는 양자 측정을 실행하면 전통적인 비트가 결과로 주어진다.

첫 번째 양자 프로그램으로 5개의 비트를 입력하고, 결과를 측정한다. 결과는 00000이 된다. IBM QX에서 측정을 프로그래밍하는 방식은 다음 모양의 상자(⌒)를 사용한다. 하나씩 각 선에 총 5개를 드래그한다. 여기서 순서는 상관이 없다.

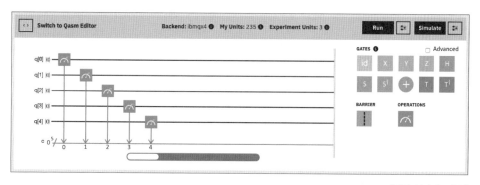

(컬러 이미지 p.347)

이제 Simulate(시뮬레이션)를 클릭하고, Hello Quantum World라고 명명한 이후에 OK를 클릭하면, 수 초 후에 결과를 얻을 것이다. 당연히 결과는 100% 항상 00000이다.

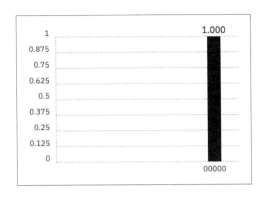

첫 번째 양자 프로그램을 작성하고 실행한 것을 축하한다!

모든 양자 프로그램은 전통적인 컴퓨터에서 시뮬레이션될 수 있다. 문제는 시뮬레이션이 얼마나 효율적인가에 있다. 작은 양자 프로그램, 즉 5-큐비트(양자 비트)를 다루는 프로그램의 결과는 노트북, 데스크톱 또는 원격으로 IBM 클라우드 서비스의 전통적인 컴퓨터에서 쉽게 시뮬레이션될 수 있다. 프로그램의 큐비트가 늘어나고 규모가 커지면 계산은 더 오래 걸린다. 이는 일반 컴퓨터에서는 효율적이지 않기 때문에 IBM의 시뮬레이션 기반 시설을 사용하는 것이 더 빠를 것이다. 프로그램이 어느 정도 커지면 양자 프로그램을 시뮬레이션하는 것은 전통적인 컴퓨터에서는 계산적으로 힘들고, 이는 확실하기 때문에 시도할 만한 가치가 별로 없다. 다행히도 IBM과 다른 회사들은 그러한 프로그램을 단순히 시뮬레이션이 아닌 실제 물리적인 하드웨어에서 효과적으로 실행할 수 있는 양자 컴퓨팅을 개발하고 있다.

API 키

IBM QX는 IBM의 원격 양자 하드웨어와 양자 시뮬레이션 장치에 접근할 수 있게 한다. 자신의 컴퓨터에서 양자 컴퓨터를 시뮬레이션하는 코드를 실행할 수 있지만, IBM의 시뮬레이션 기반 시설이나 IBM의 양자 컴퓨팅 하드웨어에서 실행할 수 있는 옵션을 가지고 있는 것은 나중에 도움이 될 것이다. 이를 위해서는 API 키가 필요하다. **My Account**(내

계정) 아래의 IBM QX 메뉴 내에서 API 키를 찾는다(사용자 화면의 오른쪽 위에 위치하고 있을 것이다). **Advanced**(고급 메뉴), **Regenerate**(재생성), **Copy API Token**(API 토큰 복사)을 차례로 클릭해 API 토큰을 복사한다. 이 토큰을 1장의 주피터 노트북에 입력하고, 나중을 위해서 다른 곳에 기록해뒀다가 필요할 때 복사해서 사용한다.

▌키스킷 예제 설정과 실행

키스킷은 양자 실험, 프로그램, 애플리케이션을 작성하는 오픈소스 양자 컴퓨팅 프레임 워크다. 키스킷은 양자 계산을 시뮬레이션하는 툴과 API를 통해 IBM QX에 접근하는 파이썬 인터페이스를 제공한다. 여기서는 키스킷의 상세한 내용을 살펴보진 않겠지만, 키스킷을 설치하고 예제를 실행할 것이다.

앞에서 예제를 위한 가상 환경을 설정하는 설명을 따라 했다면 키스킷은 이미 설치돼 있어야 한다. 그렇지 않으면 pip, 본인의 패키지 매니저, 또는 소스 파일을 통해 반드시 키스킷을 설치하기 바란다. 키스킷 문서와 소스는 https://github.com/QISKit에서 찾을 수 있다.

1. 1장의 주피터 노트북 내에서 키스킷이 설치됐는지 확인한다.

```
from qiskit import IBMQ
```

2. 키스킷이 동작하므로 그다음 코드에 API 토큰을 입력한다.

```
IBMQ.save_account("INSERT_YOUR_API_TOKEN_HERE")
```

여러 가지 후위^{backend} 처리 장치가 존재한다. 즉, 물리적인 양자 컴퓨팅 하드웨어, 다른 양자 시뮬레이터, 자신의 컴퓨터나 클라우드에서 구동하는 형태가 포함된다.

3. 다음 코드로 가용한 원격 후위 처리 장치의 목록을 얻는다.

```
print(IBMQ.backends())
```

예제는 다음과 같다.

```
[<IBMQBackend('ibmqx4') from IBMQ()>,
 <IBMQBackend('ibmq_16_melbourne') from IBMQ()>,
 <IBMQBackend('ibmq_qasm_simulator') from IBMQ()>]
```

IBM은 기능을 추가하거나 수정하고 더 많은 접근성을 가지면(어떤 하드웨어는 애플리케이션이나 사업 파트너에게만 허용), 이 목록은 변할 것이기 때문에 자신이 직접 목록을 확인하고 접근할 후위 처리 장치를 선택한다. 목록에서 _qasm_simulator 로 끝나는 것을 선택한다. 예를 들어 앞의 목록에서 다음과 같이 선택한다.

```
backend = IBMQ.get_backend('ibmq_qasm_simulator')
```

다음으로 첫 번째 양자 프로그램을 시뮬레이션으로 실행할 것이다.

이 프로그램은 앞서 IBM QX의 양자 컴포저에서 만들어서 시뮬레이션한 것과 동일한 코드를 만들 것이다. 이번에는 키스킷에서 프로그램한다. 다시 말하지만 이 프로그램은 다섯 개의 "0"비트의 양자, 즉 다섯 개의 양자 "0"비트를 입력으로 한다. 그리고 양자 비트의 동일한 전통적인 비트를 결과로 내기 전에는 어떠한 동작도 취하지 않는다. 동일한 프로그램이므로 결과는 00000이어야 한다.

이후 장에서 각 코드별로 자세히 배울 것이다. 지금은 각 코드는 양자 컴포저에서도 동일하게 구현될 수 있음을 알기 바란다.

4. 다음 코드로 IBM 시뮬레이터에서 자신의 코드를 실행한다.

```
q = qiskit.QuantumRegister(5)
c = qiskit.ClassicalRegister(5)
```

```
qc = qiskit.QuantumCircuit(q, c)
qc.measure(q, c)
job_exp = qiskit.execute(qc, backend=backend)
```

이 코드는 완료까지 시간이 다소 걸릴 것이다. 결과를 눈으로 확인하길 원한다. 다음 코드를 통해서 이전의 사용자 화면과 동일하게 시각적으로 결과를 확인할 수 있다.

```
from qiskit.tools.visualization import plot_histogram
plot_histogram(job_exp.result().get_counts(qc))
```

실제로 100% 항상 00000을 얻는다.

▌ 요약

1장에서 양자 컴퓨터는 전통적인 컴퓨터보다 효율적으로 계산을 수행하기 위해 양자 물리학, 중첩, 얽힘의 특성을 활용함을 배웠다. 또한 양자 컴퓨팅이 여러 분야에서 전통적인 컴퓨터보다 우월한 속도 개선을 이론적으로는 보여주지만 양자 컴퓨터는 여전히 발전 중이며, 이러한 속도 개선을 보여줄 만큼 견고하진 않단 점도 배웠다. 양자 우위를 통해 영향받을 분야를 소개했고 이는 머신 러닝, 인공지능, 암호화, 컴퓨터 보안, 검색, 샘플링, 최적화, 양자화학, 양자 동역학 등이 포함된다.

2장에서는 큐비트에 관해 좀 더 자세히 알아보고 큐비트를 시뮬레이션하고, 표현하고, 측정하는 방법을 살펴볼 것이다.

▌ 연습 문제

1. Playing Around라는 새로운 양자 스코어를 만들고, 사용자 화면에서 몇 개의 상자를 선으로 드래그합니다. 그리고 각 선에 대해 측정 상자를 추가하고, Simulate(시뮬레이션)를 클릭합니다. 어떤 결과가 나옵니까?

2. 첫 번째 양자 프로그램에서 큐비트와 전통적인 비트의 수를 5에서 2로 변경하세요. 이를 실행한 결과는 어떠합니까?

3. 첫 번째 양자 프로그램을 시뮬레이션이 아닌 실제 양자 컴퓨터에서 구동해보세요. 이는 양자 컴포저 사용자 인터페이스나 키스킷에서 가능합니다. 양자 컴포저 사용자 인터페이스에서는 'Hello quantum world' 절에서 한 것과 동일합니다. 이번에는 Simulate 대신 Run을 클릭하세요. 키스킷에서는 후위 처리 장치를 ibmq_5_로 시작하는 옵션을 선택하고, Run을 실행하세요. 두 경우 모두 더 많은 시간이 소요될 것입니다. 결과는 어떠합니까? 실제로 구동하는 것이 시뮬레이션과 다른 이유는 뭐라고 생각하세요?

4. 큐비트를 0과 1 중간쯤에 두고 싶다면, 큐비트를 가시화할 때 사용하는 구의 어디쯤에 위치하는 게 맞습니까?

02

큐비트

2장은 전통적인 비트의 양자 일반화인 큐비트를 살펴볼 것이다. 큐비트가 양자 계산의 초석이 되는 이유를 설명한다. 파이썬에서 큐비트를 시뮬레이션하는 코드를 제공한다. 그리고 중첩을 논의하고, 하나의 큐비트로 표현될 수 있는 세 가지 다른 형태를 파이썬 코드를 통해 살펴본다. 여기서 세 가지 형태의 큐비트는 0/1, +/−, ↻(시계 방향)/↺(반시계 방향)으로 표현된다. 또한 큐비트를 구체에 가시화하는 방법인 블로흐 구를 소개하고, 이 가시적인 방법을 살펴볼 파이썬 코드를 제공한다. 마지막으로 단일 큐비트의 중첩과 측정을 설명한다.

2장에서는 다음 주제를 다룬다.

- 큐비트
- 큐비트 시뮬레이션

- 큐비트의 세 가지 다른 형태의 표현
- 블로흐 구
- 큐비트의 중첩과 측정

기술적인 필요 조건

2장의 코드는 https://github.com/PacktPublishing/Mastering-Quantum-Computing-with-IBM-QX에서 복사할 수 있다. 파이썬 환경을 설정하는 상세한 사항은 1장, '양자 컴퓨팅이란 무엇인가?'를 확인하기 바란다.

큐비트

큐비트는 전통적인 비트와 동일한 양자의 개념이다.

전통적인 비트는 0과 1, 온^{on}과 오프^{off}, 검은색과 흰색, 위와 아래와 같이 두 개의 정보를 나타낼 수 있는 전통적인 컴퓨팅에서 사용되는 정보의 형태다. 정보의 비트를 조작하는 것은 현대 디지털 컴퓨터를 움직이는 힘이고, 이 책에서는 양자 컴퓨터와 구분해 전통적인 컴퓨터라고 부른다.

큐비트는 양자 컴퓨팅에서 두 가지 값의 한 가지 가능한 조합을 표현하는 데 사용되는 양자 정보다. 정보의 큐비트를 조작하는 것은 IBM QX를 포함해 많은 현대 양자 컴퓨터를 움직이는 힘이다.

검은색과 흰색의 두 가지 페인트가 있다고 가정해보자. 전통적인 비트는 전부 검은색 페인트이거나 전부 흰색 페인트를 표현하지만, 양자 컴퓨팅에서는 큐비트는 두 가지 값을 조합한 결과로써 회색으로 표현할 수 있다. 여기서 큐비트는 회색을 표현하는 것보다 훨씬 강력하기 때문에 단지 유추에 불과하며, 두 값의 가능한 조합은 단순히 검은색이나 흰색보다는 훨씬 복잡하다.

큐비트 저장하기

전통적인 컴퓨팅에서의 정보와 동일한 큐비트 정보를 저장하는 것은 하나 이상의 전통적인 비트가 필요할 것이다. 양자 컴퓨팅에서는 가능한 조합을 다루기 때문에 단순히 0이나 1, 또는 흰색이나 검은색이라고 할 수는 없다. 하지만 원칙적으로 전통적인 비트를 사용해 큐비트를 나타낼 수는 있고, 전통적인 컴퓨터의 많은 저장 공간을 차지할 것이다. 동일하게 전통적인 계산을 사용해 큐비트를 조작하는 것을 시뮬레이션할 수도 있다. 여기서는 단지 계산을 나타내기 위한 많은 저장 공간이 필요하고, 여러 중간 단계를 거쳐서 계산에 많은 시간이 소요될 것이다.

양자 물리학은 두 단계의 양자역학 시스템과 같은 하나의 물리적인 독립체에 하나의 큐비트 정보를 저장할 수 있게 한다. 0과 1, 온과 오프, 검은색과 흰색, 위와 아래 등과 같이 여러 가지 표현을 사용하는 전통적인 비트와 동일하게 큐비트도 여러 가지 표현 방식이 존재한다. 큐비트를 전통적인 비트로 시뮬레이션하지 않고 직접 사용한다면, 양자 계산은 전통적인 컴퓨터보다 적은 공간과 시간이 사용될 것이다.

▎ 큐비트 시뮬레이션

여기서는 큐비트의 한 가지 표현을 파이썬 코드로 시뮬레이션하는 방법을 배운다. 전통적인 비트와 동일하게 큐비트는 자신을 물리적으로나 개념적으로 표현하는 여러 가지 방법을 가질 수 있다.

 큐비트(또는 양자 상태라 부르는 큐비트의 집합)를 전통적인 비트나 다른 변수와 구분하기 위해 이 책에서는 따옴표와 함께 |〉 사이에 큐비트를 위치할 것이다. 예를 들어 |"큐비트_이름"〉 또는 |"상태_이름"〉으로 표현한다. 이 표식들을 읽는 방법은 단순히 따옴표 내의 글을 읽으면 된다. 즉, 큐비트_이름이나 상태_이름으로 읽으면 된다. 코드 예제를 제공할 때는 항상 고정된 폭의 글로 표현되고, 큐비트의 변수 이름은 항상 _qubit로 끝난다. 즉, zero_qubit 또는 one_qubit가 된다.

여기서는 가장 흔한 표현인 |"0"〉와 |"1"〉의 조합을 살펴보고, 파이썬 코드로 확인할 것이다.

한 가지 중요한 점은 양자 물리학의 모든 것은 수학 연산으로 표현될 수 있고, 그 반대도 가능하다는 점이다. 모든 수학 연산은 전통적인 컴퓨터 코드로 작성될 수 있다. 따라서 모든 양자 물리학은 수학이나 코드로 표현될 수 있다는 것이다. 이 책에서는 주로 코드로 작성할 것이다. 수학 표현에 관심이 있다면 이 책의 부록을 참고하기 바란다.

양자 컴퓨팅과 관련한 대부분의 교과서와 토론은 수학으로 표기하기 때문에 2장 마지막 부분에 수학으로 표현하는 방법을 간단히 검토할 것이다. 그 이후에는 수학에 대한 정확한 이해 없이도 코딩을 시작할 수 있겠지만, 수학식을 안다고 전제하는 다른 양자 컴퓨팅의 설명도 어느 정도 이해할 수 있을 것이다.

|"0"〉와 |"1"〉

큐비트는 어떤 스펙트럼의 반대쪽에 있는 두 가지 것들 사이의 조합을 표현하는 것이라고 배웠다. 따라서 큐비트의 각 타입에 대해서는 두 가지를 조합할 필요가 있다. 여기서는 |"0"〉와 |"1"〉인 두 가지 아이템을 선택한다. 실제로 |"앨리스"〉나 |"밥"〉 또는 다른 형태로 명명할 수도 있지만, 양자 커뮤니티에서는 |"0"〉와 |"1"〉를 사용하는 것이 관례다.

큐비트를 |"0"〉와 |"1"〉로 나타낸다면, 양자 컴퓨팅 전문가들은 의미를 바로 알 것이다. 다음은 이런 큐비트를 구현하는 파이썬 코드다.

```
import numpy as np
zero_qubit=np.matrix('1; 0')
one_qubit=np.matrix('0; 1')
```

|"0"〉와 |"1"〉의 조합

이제 큐비트의 가장 일반적인 형태인 |"0"〉와 |"1"〉를 합치는 방법을 알아야 한다. 물리학자, 수학자 그리고 양자 컴퓨팅을 연구하는 모든 사람은 이런 조합을 중첩^{superposition}이라고 한다. 무엇을 조합할지 그 선택은 |"0"〉와 |"1"〉 사이에 있다. 이런 선택 옵션은 기저^{basis}라고 한다. 양자 컴퓨팅에서는 기저로서 사용될 수 있는 다른 옵션들로 존재하며, 그중 몇 가지를 2장에서 살펴볼 것이다. |"0"〉와 |"1"〉는 가장 흔한 기저다. |"0"〉와 |"1"〉를 기저로 선택한다면, 중첩을 나타내기 위해서 원하는 0의 비율과 원하는 1의 비율을 명시할 수 있다.

|"0"〉와 |"1"〉는 스펙트럼에서 서로 반대편 끝에 있고, 1의 100% 이상이나 0의 0% 이하는 가질 수 없기 때문에 이런 두 가지 비율은 더해 100%가 돼야 하고, 둘 다 최소 0% 이상은 돼야 한다. 모든 큐비트를 나타낼 수 있는 1과 0의 조합은 |"0"〉 또는 코드에서는 a*zero_qubit+b*one_qubit가 될 것이다. 여기서 a와 b는 zero_qubit와 one_qubit의 비율을 나타낸다.

유감스럽게도 a와 b는 정확히는 비율(%)과 동일하지는 않지만 비율로 계산될 수는 있다. 그 이유는 2장의 '중첩과 큐비트의 측정' 절에서 설명할 것이다. 수학식의 작동 방식은 zero_qubit의 일부는 그 앞의 숫자 a의 제곱과 일치한다. 따라서 비율(퍼센트)에서 분수^{fraction}로 변경하기 위해서는 100으로 나눈 후에 분수에서 zero_qubit 앞에 위치할 숫자로 변경한다. 그리고 제곱근$^{square\ root}$, 즉 sqrt를 사용해야 한다. 이는 one_qubit의 앞에 오는 b도 마찬가지다.

파이썬 함수인 zero_to_one_qubit를 정의할 것이다.

```
def zero_to_one_qubit(percentage_zero,percentage_one):
    if not percentage_zero+percentage_one==100 or percentage_zero<0
        or percentage_one<0:
        raise Exception("percentages must add up to 100\% and both be positive ")
    return sqrt(percentage_zero/100.)*zero_qubit+sqrt(percentage_one/100.)*one_qubit
```

새로 만든 큐비트에 이름을 부여할 수 있다. 앞의 함수를 사용해 몇 가지 새로운 큐비트를 만들어보자.

```
fifty_fifty_qubit=zero_to_one_qubit(50,50)
ten_ninety_qubit=zero_to_one_qubit(10,90)
```

이것을 코드 대신에 글이나 대수학으로 표현한다면 fifty_fifty_qubit는 다음과 같을 것이다.

$$|\text{``fifty\_fifty ''}\rangle =$$
$$\sqrt{0.5} \, |\text{``0 ''}\rangle + \sqrt{0.5} \, |\text{``1 ''}\rangle =$$
$$0.70710678 \, |\text{``0 ''}\rangle + 0.70710678 \, |\text{``1 ''}\rangle$$

ten_ninety_qubit는 대수학 표현으로 다음과 같을 것이다.

$$|\text{``ten\_ninety ''}\rangle =$$
$$\sqrt{0.1} \, |\text{``0 ''}\rangle + \sqrt{0.9} \, |\text{``1 ''}\rangle =$$
$$0.31622777 \, |\text{``0 ''}\rangle + 0.9486833 \, |\text{``1 ''}\rangle$$

여기서 큐비트 "fifty_fifty"와 큐비트 "ten_ninety"는 "0" 큐비트의 일부와 "1" 큐비트의 일부로 구성됐음을 알 수 있다. 코드는 계산기의 도움 없이 제곱근 계산을 처리하고, 무엇을 나타내는지 보기 위해서 출력할 수 있기 전에 어떤 값을 갖는지 확인할 수 있게 한다.

print(fifty_fifty_qubit)는 다음을 출력한다.

```
[[ 0.70710678]
 [ 0.70710678]]
```

그리고 print(ten_ninety_qubit)는 다음을 출력한다.

```
[[ 0.31622777]
 [ 0.9486833 ]]
```

이 출력을 대수학 형태로 적은 것과 비교해보면 첫 번째 숫자는 첫 번째 기저 큐비트 앞의 숫자가 되고, 두 번째 숫자는 두 번째 기저 큐비트 앞의 숫자가 된다는 것을 알 수 있을 것이다. 이 파이썬 코드를 사용하고 대수학 부분은 생략할 수 있다.

▌큐비트의 세 가지 다른 형태의 표현

큐비트의 다른 표현과 중첩을 시뮬레이션하는 파이썬 코드를 사용하는 방법을 배울 것이다. |"0"〉와 |"1"〉는 여전히 기본 기저로 사용되지만, 여기서는 다양한 가능성이 존재함을 보여주고 양자 계산을 읽고 작성하는 것에 도움을 준다.

주로 |"0"〉와 |"1"〉 기저를 다루지만 많은 다른 물리적, 개념적인 것을 표현할 수 있는 전통적인 비트와 마찬가지로 큐비트도 다양한 표현을 할 수 있음을 보여준다. 여기서는 가장 흔한 표현들을 제시할 것이다. 즉, |"0"〉와 |"1"〉, |"+"〉와 |"−"〉, |"↻"〉와 |"↺"〉 기저가 해당한다. 어떤 기저를 사용할지는 알고리즘에 따라 다르다. 어떤 경우에는 특정 기저를 사용하는 것이 알고리즘 작성에 더 용이하다. 이와 더불어 각 기저의 물리 법칙은

다르며, 따라서 특정 기저의 물리적인 시스템을 설명하는 것이 더욱 편리할 것이다. 마지막으로 어떤 코드나 수식을 통해 하나의 기저에서 다른 기저로 변환하는 것이 가능하고, 이는 계산에 유용할 것임과 동시에 어떤 형태를 은유적으로 다른 각도에서 살펴보는 것도 가능하게 한다. 이 변환 자체를 2장에서 다루지는 않는다.

기저를 선택할 때 중요한 것은 어떤 뜻으로 "반대"가 되는지 확실히 하는 것이다. 이는 수학적으로 정의되고(자세한 사항은 이 책의 부록을 참고하기 바란다), 여기서 각 예제에 관해 기저의 두 부분은 서로 반대가 된다. 이는 흑과 백으로 나눈 페인트 비유로 생각하면 이해가 될 것이다. 흰색 페인트와 회색 페인트를 가진 경우, 새로운 회색을 만들 수는 만들 수는 없을 것이다. 이 경우 두 개의 다른 색인 흰색과 검은색 페인트가 필요하다. 이는 기저에 동일하게 적용된다. 선택이 정확히 "반대"가 아니라면 표현에 실패할 것이다.

다른 형태의 큐비트 표현에 사용될 기저에 대해 큐비트를 반환하는 코드를 다음과 같이 작성할 수 있다.

```python
def qubit(percentage_first,percentage_second,basis_first,basis_second):
    if not percentage_first+percentage_second==100
        or percentage_first<0 or percentage_second<0:
    raise Exception(
    "percentages must add up to 100\% and both be positive ")
    return sqrt(percentage_first/100.)
        *basis_first+sqrt(percentage_second/100.)*basis_second
```

이전 함수와 대비해 qubit(50, 50, zero_qubit, one_qubit)는 zero_to_one_qubit(50, 50)와 동일하고, qubit(10, 90, zero_qubit, one_qubit)는 zero_to_one_qubit(10, 90)와 동일하다.

0과 1 기저 - 추가적인 설명

이미 |"0"〉와 |"1"〉에 대해서는 알고 있다. 여기서는 양자 컴퓨터에 대한 다른 자료를 읽을 때 참조가 될 만한 세 가지 추가적인 내용을 설명할 것이다.

- 이 기저는 동의어로 계산적인 기저^{computational basis}, z 기저, 표준 기저^{standard basis}로도 사용되며, 모두 |"0"⟩와 |"1"⟩ 기저와 같다. 이후에 이런 상태들을 구체에 가시적으로 나타내고, |"0"⟩와 |"1"⟩가 z축에 위치함을 볼 것이다. 이것이 z 기저의 이름이 파생된 이유다. |"0"⟩와 |"1"⟩는 양자 계산에서 가장 표준 기저이기 때문에 계산적인 기저와 표준 기저의 이름이 여기서 파생됐다.

- 이 책의 전반에 걸쳐 확실히 하기 위해서 큐비트의 이름을 따옴표로 유지할 것이지만, 다른 책에서는 따옴표 없이 |0⟩과 |1⟩로 나타내기도 함을 알아두기 바란다. 이 책에서는 큐비트 이름은 항상 따옴표 안에 |"큐비트_이름"⟩으로 표기될 것이다.

- 어떤 경우에는 |와 ⟩의 위치가 변경돼 ⟨"0"|와 ⟨"1"|로 표현하기도 한다. 이 경우는 부호가 약간 변경된 것을 나타내는 수학식을 의미하지만 현재로서는 더 자세히 살펴볼 필요는 없다. 수학식의 자세한 내용이 궁금하다면 부록을 참고하기 바란다.

플러스 마이너스 기저

|"+"⟩와 |"−"⟩는 |"0"⟩, |"1"⟩와 마찬가지로 어떤 의미에서는 반대되는 개념이다. |"+"⟩와 |"−"⟩의 이름 자체가 말해주듯 반대의 개념을 포함하고, 하나의 기저로 그룹화할 수 있다. 이들은 다음과 같이 단어와 대수학으로 표현된다.

$$|"+"\rangle = \frac{|"0"\rangle + |"1"\rangle}{\sqrt{2}}$$

그리고 다음의 식이다.

$$|"-"\rangle = \frac{|"0"\rangle - |"1"\rangle}{\sqrt{2}}$$

프로그래밍 코드에서는 다음과 같이 나타낸다.

```
plus_qubit=1/sqrt(2)*np.matrix('1; 1')
minus_qubit=1/sqrt(2)*np.matrix('1; -1')
```

이 코드는 |"+"⟩와 |"−"⟩ 사이의 큐비트를 갖기 위한 새로운 큐비트 함수로 사용할 수 있다. 예를 들어 qubit(50,50,plus_qubit,minus_qubit)이나 qubit(10,90,plus_qubit,minus_qubit)을 사용해 반대되는 값 사이의 큐비트를 얻을 수 있다.

이 기저는 x 기저나 대각 기저diagonal basis로도 설명된다. 이후에 이런 상태를 구체에 가시화하는 것을 살펴보고, |"+"⟩와 |"−"⟩가 구체의 x축에 위치함을 확인할 것이다. 이것이 x 기저의 이름의 유래다.

시계 방향과 반시계 방향 기저

|"↻"⟩와 |"↺"⟩는 단어와 대수학에서 다음과 같이 표현한다.

$$| "↻" \rangle = \frac{|"0"\rangle + i\,|"1"\rangle}{\sqrt{2}}$$

그리고 다음의 식이다.

$$| "↺" \rangle = \frac{|"0"\rangle - i\,|"1"\rangle}{\sqrt{2}}$$

여기서 i는 $\sqrt{-1}$이다.

이를 프로그래밍 코드로 표현하면 다음과 같다.

```
clockwisearrow_qubit=1/sqrt(2)*np.matrix([[1],[np.complex(0,1)]])
counterclockwisearrow_qubit=1/sqrt(2)*np.matrix([[1],[-np.complex(0,1)]])
```

그리고 이 코드를 |"+"⟩와 |"−"⟩ 사이의 큐비트를 얻는 새로운 큐비트 함수로 사용할 수 있다. 예를 들어 qubit(50,50,clockwisearrow_qubit,counterclockwisearraow_qubit)나 qubit(10,90,,clockwisearrow_qubit,counterclockwisearraow_qubit)를 사용해 반대되는 값 사이의 큐비트를 얻을 수 있다.

이 기저는 y 기저나 원형 기저$^{circular\ basis}$로 설명된다. 이후에 이런 상태를 구체에 가시화하는 것을 살펴보고, |"↻"⟩와 |"↺"⟩가 구체의 y축에 위치함을 확인할 것이다. 이것이 y 기저의 이름의 유래다.

▌ 블로흐 구

여기서는 파이썬 코드를 사용해 블로흐 구$^{Bloch\ sphere}$에 하나의 큐비트를 가시화하는 방법을 배울 것이다. 큐비트가 가장 멀리 있거나 연속체의 다른 곳에 있지 않은 이상 코드에서 직접 다른 큐비트와 비교되는 것을 확인하는 것은 어려울 것이다. 블로흐 구라 부르는 곳에 큐비트를 가시적으로 나타내는 것은 이런 큐비트를 이해하는 기술이다. 이 기술은 특히 큐비트를 조작하는 과정에 있어서 매우 유용할 것이다. 하나의 큐비트에 대해서 살펴볼 것이며, 모든 동작은 미리 정의된 방식으로 블로흐 구에서 이동하는 것과 동일한 패턴이다. 유감스럽게도 블로흐 구는 하나의 큐비트 이상을 가시화할 수는 없지만, 하나의 큐비트만으로도 많은 것을 배울 수 있는 좋은 툴이다.

블로흐 구에 표현된 |"0"⟩와 |"1"⟩ 그리고 다른 기저

블로흐 구는 단위 반경을 갖는 3차원의 구체다. 다음 그림과 같이 모든 큐비트는 구의 중심에서 화살표로 가장자리를 가리키는 벡터로 표현할 수 있다.

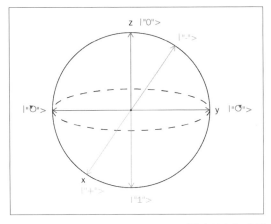

(컬러 이미지 p.347)

블로흐 구에서 지금까지 배운 모든 기저 큐비트를 가시화한다. 즉, |"0"⟩와 |"1"⟩, |"+"⟩와 |"−"⟩, |"↺"⟩와 |"↻"⟩를 포함한다.

블로흐 구에서 |"0"⟩와 |"1"⟩, |"+"⟩와 |"−"⟩, |"↺"⟩와 |"↻"⟩는 모두 반대임을 확인할 수 있다. 앞서 살펴봤듯이 기저는 어떤 면에서 반대되는 특성을 포함하므로 이는 타당한 표현이다. 여기서 각 기저는 반대되는 특성을 형성함으로 좋은 선택이다. 또한 |"+"⟩와 |"−"⟩, |"↺"⟩와 |"↻"⟩는 50% |"0"⟩와 50% |"1"⟩만큼 다른 방향을 향해 있음을 알 수 있다.

큐비트에서 블로흐 좌표

이제 |"0"⟩와 |"1"⟩, |"+"⟩와 |"−"⟩, |"↺"⟩와 |"↻"⟩ 중 어떤 것을 제시하면 블로흐 구에 표현할 수 있을 것이지만, 큐비트는 사실 구체의 어디에나 위치할 수 있다. 여기서는 큐비트의 좌표를 알아내는 방법을 살펴볼 것이다. 좌표를 계산하는 데는 약간의 수학이 들어가고, 따라서 큐비트의 블로흐 구 x, y, z 좌표를 반환하는 get_bloch_coordinates 함수를 제공한다. 수학식이 궁금하다면 부록을 확인하기 바란다. 이제 다음 제공되는 큐비트를 가시화하는 것을 돕는 함수를 사용해보기 바란다.

```
def get_bloch_coordinates(qubit):
    def get_x_bloch(qubit):
        qubit_x_basis=1./np.sqrt(2)*np.matrix('1 1; 1 -1')*qubit
        prob_zero_qubit=
          (qubit_x_basis.item(0)*qubit_x_basis.item(0).conjugate()).real
        prob_one_qubit=
          (qubit_x_basis.item(1)*qubit_x_basis.item(1).conjugate()).real
        return prob_zero_qubit-prob_one_qubit
    def get_y_bloch(qubit):
        qubit_y_basis=1./np.sqrt(2)*np.matrix('1 1; 1 -1')*np.matrix(
          [[1,0],[0,-np.complex(0,1)]])*qubit
        prob_zero_qubit=
          (qubit_y_basis.item(0)*qubit_y_basis.item(0).conjugate()).real
        prob_one_qubit=
          (qubit_y_basis.item(1)*qubit_y_basis.item(1).conjugate()).real
        return prob_zero_qubit-prob_one_qubit
    def get_z_bloch(qubit):
        qubit_z_basis=qubit
        prob_zero_qubit=
          (qubit_z_basis.item(0)*qubit_z_basis.item(0).conjugate()).real
        prob_one_qubit=
          (qubit_z_basis.item(1)*qubit_z_basis.item(1).conjugate()).real
        return prob_zero_qubit-prob_one_qubit
    return (get_x_bloch(qubit),get_y_bloch(qubit),get_z_bloch(qubit))
```

▌ 블로흐 구에 블로흐 좌표 나타내기

여기서는 재미있는 부분을 다룬다. 큐비트를 블로흐 구에 3차원으로 표현해보자. 다음
코드를 사용해 언제든지 큐비트를 가시화할 수 있다.

```
def plot_bloch(qubit,color='b',ax=None):
    import matplotlib.pyplot as plt
    from mpl_toolkits.mplot3d import Axes3D
    if not ax:
        fig = plt.figure()
```

```
        ax = fig.add_subplot(111, projection='3d')
        # 블로흐 구 그리기
        u, v = np.mgrid[0:2*np.pi:20j, 0:np.pi:10j]
        x = np.cos(u)*np.sin(v)
        y = np.sin(u)*np.sin(v)
        z = np.cos(v)
        ax.plot_wireframe(x, y, z, color="k",alpha=.1)
        ax.grid(False)

    coordinates=get_bloch_coordinates(qubit)
    ax.quiver([0],[0],[0],[coordinates[0]],[coordinates[1]],
     [coordinates[2]],length=1,color=color,arrow_length_ratio=0.3)
    ax.set_xlim([-1,1])
    ax.set_ylim([-1,1])
    ax.set_zlim([-1,1])
    ax.set_xlabel('x: |"-"> to |"+">')
    ax.set_ylabel('y: |"ʊ"> to |"ʊ">')
    ax.set_zlabel('z: |"1"> to |"0">')
    ax.view_init(azim=20)
    return ax
```

이제 모든 기저 큐비트뿐만 아니라 추가적인 큐비트도 동일한 구체에 가시적으로 표현할
수 있다.

```
# 모든 기저 큐비트를 구체에 표현하고, 색과 방향은 책의 그림과 동일하다.
ax=plot_bloch(zero_qubit,color='xkcd:red')
plot_bloch(one_qubit,color='xkcd:orange',ax=ax)
plot_bloch(plus_qubit,color='xkcd:yellow',ax=ax)
plot_bloch(minus_qubit,color='xkcd:green',ax=ax)
plot_bloch(clockwisearrow_qubit,color='xkcd:blue',ax=ax)
plot_bloch(counterclockwisearrow_qubit,color='xkcd:purple',ax=ax)

# 10% |"0">와 90% |"1">를 구체에 표현한다.
plot_bloch(zero_to_one_qubit(10,90),color="xkcd:turquoise",ax=ax)
```

이 코드는 다음 그림을 보여줄 것이다.

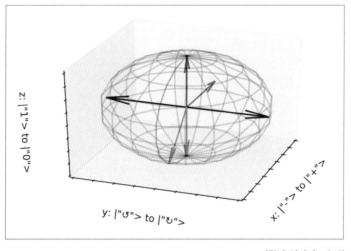

(컬러 이미지 p.348)

큐비트의 중첩과 측정

여기서는 중첩의 물리학적인 개념과 이를 설명하는 방법을 배울 것이다. 하나의 큐비트의 양자 측정과 이를 블로흐 구에 나타내는 방법을 배울 것이다.

큐비트의 양자 중첩

2장에서는 이미 큐비트의 중첩^{superposition}의 개념을 다뤘다. 다시 떠올리면 두 개 혹은 그 이상의 큐비트를 합쳐서 다른 큐비트를 만드는 것이다.

이에 대한 예로는 $|$"0"$\rangle$와 $|$"1"$\rangle$를 표현하기 위해서 $|$"+"$\rangle$, $|$"−"$\rangle$, $|$"↺"$\rangle$와 $|$"↻"$\rangle$를 사용한 것이다. $|$"+"$\rangle$, $|$"−"$\rangle$, $|$"↺"$\rangle$와 $|$"↻"$\rangle$ 중에 어떤 것도 100% $|$"0"$\rangle$나 100% $|$"1"$\rangle$는 아니며, 각각의 조합으로 이루어진다는 것을 배웠다. $|$"0"$\rangle$와 $|$"1"$\rangle$는 다른 큐비트의 조합으로 표현될 수도 있다. 각각은 $|$"+"$\rangle$, $|$"−"$\rangle$의 조합이나, $|$"↺"$\rangle$와 $|$"↻"$\rangle$의 조합으로 다음과 같이 나타낼 수 있다.

$$|\text{"}0\text{"}\rangle = \frac{|\text{"}+\text{"}\rangle + |\text{"}-\text{"}\rangle}{\sqrt{2}} = \frac{|\text{"}↺\text{"}\rangle + |\text{"}↻\text{"}\rangle}{\sqrt{2}}$$

그리고 |"1"⟩도 다음과 같이 조합으로 나타낼 수 있다.

$$|``1"\rangle = \frac{|``+"\rangle - |``-"\rangle}{\sqrt{2}} = \frac{|``\circlearrowright"\rangle - |``\circlearrowleft"\rangle}{\sqrt{2}}$$

> ⓘ 두 개 혹은 그 이상의 큐비트를 합쳐서 새로운 큐비트를 생성할 수 있다. 모든 큐비트는 두 개 혹은 그 이상의 다른 큐비트의 합으로 나타낼 수 있다. 큐비트에 대한 양자 중첩의 원리다.

3장에서는 양자 상태라고 알려진 여러 큐비트에 작동하는 중첩의 예제를 전체적으로 살펴볼 것이다.

큐비트의 양자 측정

양자 측정은 두 단계 과정으로 이루어진다. 첫째로, 어떤 기저로 측정을 하는지 결정하고, 다음으로 그 기저에 관해서 무엇을 측정할지 결정하고, 측정을 수행한다. 큐비트의 측정은 해당 기저의 상태를 부여한다.

|"0"⟩와 |"1"⟩ 기저에 해당하는 큐비트를 측정하는 경우, |"0"⟩나 |"1"⟩ 중에 하나를 얻을 것이다. |"+"⟩와 |"−"⟩ 기저에 해당하는 큐비트를 측정하는 경우, |"+"⟩나 |"−"⟩ 중에 하나를 얻을 것이다. 그리고 |"↻"⟩와 |"↺"⟩ 기저에 해당하는 큐비트를 측정하는 경우, |"↻"⟩나 |"↺"⟩ 중에 하나를 얻을 것이다. 어떠한 지름도 기저가 될 수 있다는 것을 블로흐 구에서 확인한 것처럼 무수한 기저가 있지만, 여기서는 이 세 가지 기저만 다룰 것이다.

기저 큐비트 중의 하나에서 큐비트 값을 측정한다면, 항상 동일한 것을 얻게 될 것이다. 예를 들어 |"0"⟩와 |"1"⟩ 기저에서 |"0"⟩ 큐비트를 측정한다면, 항상 |"0"⟩를 얻게 될 것이다. 동일하게 |"0"⟩와 |"1"⟩ 기저에서 |"1"⟩ 큐비트를 측정한다면, 항상 |"1"⟩를 얻게 될 것이다.

하지만 기저에 없는 큐비트를 측정할 때는 양자역학의 재미있는 부분이 적용된다. 예를 들어 $|"0"\rangle$와 $|"1"\rangle$ 기저에서 $|"+"\rangle$를 측정한다고 가정해보자. 이는 식으로 나타내면 $|"+"\rangle = \dfrac{|"0"\rangle + |"1"\rangle}{\sqrt{2}}$ 이 됨을 기억하고, 파이썬 코드로는 zero_to_one_qubit(50,50)이 된다. 즉, $|"+"\rangle$ 50%와 $|"1"\rangle$ 50%가 된다. 이는 어떤 의미인가? 만약 100개의 $|"+"\rangle$ 큐비트를 가지고, $|"0"\rangle$와 $|"1"\rangle$ 기저에서 100번을 측정한다면, 50번은 $|"0"\rangle$를 얻고 (50%), 나머지 50번은 $|"1"\rangle$를 얻을 것이다(50%). 이는 항상 정확히 50%는 아닐 것이지만, 더 많은 큐비트를 측정할수록 마지막 통계는 50%에 가까울 것이다.

 양자 물리학은 큐비트를 복사할 수 없음을 의미하지만 큐비트를 생성하는 과정을 복사할 수 있다. 이를 동일한 준비(identical preparation)라고 한다. 여기서 동일한 특성을 갖는 여러 개의 다른 큐비트를 생성할 수 있다. 예를 들어 수백 개의 $|"+"\rangle$를 생성할 수 있다. 동일한 준비로 인해 선택한 기저에서 동일한 측정을 각각 따로 수행할 수 있고, 이는 실제로 $|"+"\rangle$가 해당 기저에서 어떻게 보이는지 그 개념을 제공한다.

기저에 상대적으로 큐비트를 측정하기 위해서는 원하는 각 기저 큐비트의 퍼센트를 결정한다. 이는 글/대수학, 코드 또는 단순히 여러 동일하게 준비된 큐비트를 측정하고, 퍼센트를 확인함으로써도 가능하다.

측정에 관해 마지막으로 알아야 할 것은 하나의 기저에서 하나의 큐비트를 한 번 측정하는 것을 선택하면 그 측정은 큐비트의 기저 집합에서 큐비트를 제공할 것이라는 점이다. 여기서 측정을 여러 번 반복해 실행한다면 항상 동일한 큐비트를 얻을 것이다. 따라서 하나의 $|"+"\rangle$ 큐비트를 측정하고 결과로 $|"1"\rangle$를 얻는다면 얼마나 많은 측정을 하는 것과 상관없이 항상 $|"1"\rangle$를 얻을 것이다. $|"+"\rangle$ 큐비트에 대해서 아무것도 모르고 딱 한 번만 측정할 기회가 있다면, $|"+"\rangle$ 큐비트가 50%, $|"0"\rangle$가 50%가 된다는 것을 인지할 수 없을 것이다. 이러한 개념을 인지하기 위해서는 동일한 준비의 다른 $|"+"\rangle$ 큐비트에 여러 번 측정을 해야만 한다.

블로흐 구에서 하나의 큐비트 측정

블로흐 구에서 측정 과정을 가시화할 수 있다. 우선 기저를 선택한다. 이를 기저 큐비트를 통해 검은색 선으로 표현해 나타낸다. 여기서는 |"+">와 |"−">를 기저로 선택했고, 검은색을 부여했다. 다음으로 다른 색으로 측정을 원하는 다른 큐비트를 그린다. 10% |"0">와 90% |"1">를 선택하고, 코드에서 ten_ninety_qubit라 부른다.

$$|\text{"ten\_ninety "}\rangle =$$
$$\sqrt{0.1}\,|\text{"0 "}\rangle + \sqrt{0.9}\,|\text{"1 "}\rangle =$$
$$0.31622777\,|\text{"0 "}\rangle + 0.9486833\,|\text{"1 "}\rangle$$

여기서는 |"+">와 |"−"> 기저에서 측정함으로 |"+"> 몇 퍼센트와 |"−"> 몇 퍼센트인지 확인한다.

다음 그림에서 짐작해보자.

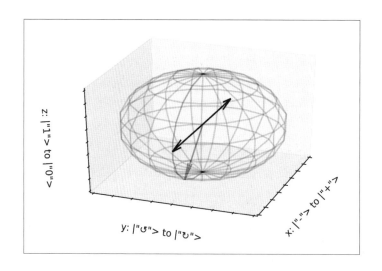

여기서 아래쪽 화살표 방향의 회색은 거의 |"+">에 가깝고, |"−">에서는 상당히 멀다는 것을 확인할 수 있다. 따라서 동일하게 준비된 |"ten_ninety">는 |"+">와 |"−"> 기저에서는 |"−">보다는 |"+">를 더 자주 반환할 것이다.

대수학이나 코드는 정확한 퍼센트를 제공할 수 있다. 2장의 마지막 연습 문제에서 확인해보기 바란다.

▌요약

큐비트는 양자 컴퓨팅에서 두 값의 가능한 조합을 나타내는 양자 정보다. 큐비트의 정보를 조작하는 것은 IBM QX와 같은 많은 현대 양자 컴퓨터를 가능하게 하는 힘이다. 우리가 말하는 모든 양자역학은 전통적인 컴퓨터에서 수학이나 코드로 작성할 수 있다. 2장에서는 큐비트를 이해하기 위해서 파이썬 코드로 하나의 큐비트를 시뮬레이션했다. 양자역학은 하나의 물리적인 공간에 하나의 큐비트 정보를 저장하도록 허용한다. 블로흐 구는 단위 반경을 갖는 3차원의 둥근 공 모양의 구다. 모든 큐비트는 중앙에서 구의 표면까지의 화살표 선으로 나타낼 수 있다. 하나의 큐비트의 중첩은 두 개 혹은 그 이상의 큐비트로 다른 큐비트를 만드는 것이다. 양자 측정은 두 단계 과정이다. 즉, 어떤 기저를 사용해서 측정할지 선택하고, 그다음에는 측정 대상을 선택하고 해당 기저로 측정을 수행한다.

2장은 하나의 큐비트 개요에 해당한다. 3장에서는 여러 큐비트를 다룰 것이다.

▌연습 문제

1. 다른 퍼센트로 zero_to_one_qubit 함수를 사용한다. 100% zero_qubit인 경우 무엇을 얻습니까? 또한 100% one_qubit인 경우에는 무엇을 얻습니까?

2. 큐비트에서 원래의 퍼센트를 얻는 함수를 작성하세요. 함수 이름은 qubit_to_percentages로 합니다.

3. 대수학으로 나타낸 |"↻">의 정의를 사용해 zero_qubit과 one_qubit의 합을 나타내는 clockwisearrow_qubit 함수를 다시 작성하세요.

4. 2장에서 배운 모든 기저 큐비트의 좌표를 확인하는 get_bloch_coordinates 함수를 사용해보세요. 다이어그램과 일치하는지 확인하세요.

5. plot_bloch와 zero_to_one_qubit을 사용해 50% $|\text{"0"}\rangle$와 50% $|\text{"1"}\rangle$인 큐비트를 그리세요. 2장의 코드에서는 4가지 가능한 옵션 중 하나만을 확인했습니다. 이는 제곱근을 사용할 때마다 양수나 음수 값이 될 수 있기 때문입니다. 예를 들어 4는 2^2과 (-2^2)에 해당하고, $\sqrt{4} = |\pm 2|$가 됩니다. 2장에서 배운 함수 zero_to_one_qubit와 qubit는 제곱근이 양수인 경우만 고려했지만, 실제로는 양수/양수, 양수/음수, 음수/양수, 음수/음수인 네 가지 가능성이 있습니다. 함수를 수정해 어떤 옵션을 선택할지 정합니다. 이제 새로운 코드를 사용해 50% $|\text{"0"}\rangle$와 50% $|\text{"1"}\rangle$인 모든 가능한 큐비트를 그리세요.

6. $|\text{"+"}\rangle$와 $|\text{"−"}\rangle$의 중첩을 사용하여 $|\text{"↻"}\rangle$와 $|\text{"↺"}\rangle$를 대수학이나 코드로 작성하세요.

7. $|\text{"+"}\rangle$와 $|\text{"−"}\rangle$ 기저에서 동일한 준비로 준비된 $|\text{"ten\_ninety"}\rangle$ 큐비트를 1000번 측정하는 것은 각각 $|\text{"+"}\rangle$와 $|\text{"−"}\rangle$에 관해 대략 몇 퍼센트씩을 나타내는지 확인하세요.

03

양자 상태, 양자 레지스터 그리고 측정

지금까지 전통적인 비트를 양자 버전에서 이해하는 방법을 배웠다. 3장에서는 전통적인 레지스터의 양자 버전인 양자 레지스터에 관해서 배운다. 양자 레지스터는 양자 상태를 저장하는 역할을 한다. 3장은 양자 상태와 레지스터를 시뮬레이션하는 파이썬 코드를 제공한다. 분리 가능한 상태와 얽힘을 논의하고, 이는 양자 측정과 여러 (가능하게 얽힌) 큐비트에 관해 양자 측정의 파이썬 구현을 집중적으로 배울 수 있는 기회를 제공한다. 3장은 양자 컴퓨팅의 중요한 장점인 결어긋남decoherence과 결어긋남을 수량화하는 변수를 설명하며 마무리한다.

3장은 다음 주제를 다룬다.

- 양자 상태와 레지스터
- 분리 가능한 상태

- 얽힘
- 양자 측정과 얽힘
- 결어긋남, T_1 그리고 T_2

기술적인 필요 조건

3장의 코드는 https://github.com/PacktPublishing/Mastering-Quantum-Computing -with-IBM-QX의 Chapter04 폴더의 주피터 노트북에 있다.

양자 상태와 레지스터

양자 상태는 물리적으로 관련된 하나 혹은 그 이상의 큐비트의 그룹이다. 여기서는 파이썬에서 양자 상태를 시뮬레이션하는 방법과 양자 레지스터의 개념을 배운다.

지금까지 다뤘던 개별 큐비트는 하나의 양자 상태다. 하지만 양자 상태는 둘 이상의 큐비트로도 구성될 수 있다. 하나의 양자 상태에서 각 큐비트는 얽힐 수 있고, 이는 양자역학에 있어서 특별한 방식과 연관돼 있다. 양자 계산 능력을 활용하기 위해서는 일반적으로 둘 이상의 큐비트가 필요할 것이다.

전통적인 레지스터는 임의의 n개의 비트를 가진다. 이와 동일한 개념의 양자 레지스터 n개의 큐비트 상태의 중첩을 가질 수 있다. 따라서 n비트의 전통적인 레지스터가 2^n개의 모든 숫자 조합 중에 한 번에 하나의 숫자만을 가질 수 있다. 하지만 n개의 큐비트 레지스터는 2^n 수의 모든 조합을 저장할 수 있다.

전통적인 n비트의 레지스터에서 각 비트는 0 또는 1의 수로 초기화될 수 있다. 예를 들어 전통적인 5비트 레지스터에서 10진수의 숫자 19를 표현하기 위해서는 10011로 설정할 수 있다. n 큐비트에서 동일한 상태를 만들기 위해서는 $|"10011"\rangle = |"1"\rangle \otimes |"0"\rangle$

$\otimes | \text{``0''} \rangle \otimes | \text{``1''} \rangle \otimes | \text{``1''} \rangle$ 상태를 준비한다. 여기서 $\otimes$ 연산자는 numpy(파이썬 라이브러리) 에서 크론^{kron}으로 표기되는 수학적인 함수이며, 부록에서 자세히 다룬다. 현재로서는 두 개의 상태를 하나로 결속시키는 함수라고 이해하고 나중에 자세한 개념을 습득하면 될 것이다.

주어진 큐비트 목록에서 크론 함수를 사용해 모두 결속할 수 있다. 다음 코드는 큐비트의 목록에서 양자 상태를 만드는 예제를 보여준다.

```
from functools import reduce
def create_quantum_state(qubits):
    return reduce(lambda x,y:np.kron(x,y),qubits)
```

이 함수의 입력으로 하나의 큐비트가 전달되면 그대로 반환한다. 하나 이상의 큐비트가 전달되면 함수는 첫 번째 큐비트로 시작해 $\otimes$ 연산자인 np.kron을 두 번째 큐비트와 함께 적용한다. 세 번째 큐비트가 있다면 다시 $\otimes$ 연산자를 지금까지의 결과와 세 번째 큐비트에 적용한다. 이 과정은 모든 큐비트가 $\otimes$ 연산자로 결속하면 끝이 난다. reduce 연산은 이런 연산 과정이 효율적으로 다뤄지도록 한다. 파이썬의 reduce 연산에 익숙하지 않다면 이는 함수형 프로그래밍 스타일이며, 목록 쌍의 연산을 풀어서 연산하는 것이라고 이해하면 된다. 예를 들어 목록이 있다면 sum(a)는 목록의 모든 값을 합한 결과를 도출할 것이다. 함수형 프로그래밍 형식을 사용해 reduce(lambda x,y:x+y,range(a))는 동일한 결과를 도출할 것이다.

이전 예제인 $| \text{``10011''} \rangle$ 상태는 다음 코드로 만들 수 있다.

```
zero_qubit=np.matrix('1; 0') # this qubit is |"0">
one_qubit=np.matrix('0; 1') # this qubit is |"1">
five_qubit_register=create_quantum_state([one_qubit,zero_qubit,zero_qubit,o
ne_qubit,one_qubit])
```

이 시뮬레이션에서 n 큐비트 양자 레지스터는 추상적인 개념이다. 즉 예제에서 파이썬 변수 five_qubit_register는 n 큐비트 상태를 저장할 능력을 가지고 있다. 물리적으로 실제 양자 컴퓨터에서 n 큐비트 레지스터는 n 큐비트 상태를 저장할 능력이 있는 물리적인 시스템이다.

여러 개의 다른 큐비트의 수를 create_quantum_state 함수에 적용한다면 결과는 원래의 큐비트 수보다 훨씬 많다는 것을 확인할 수 있다. 예를 들어 five_qubit_register.size는 32가 된다. 4개의 큐비트를 가진 것은 16이 되며, 세 개를 가진 것은 8, 두 개를 가진 것은 4, 한 개를 가진 것은 2가 된다. 근본적으로 n 큐비트 레지스터의 크기는 2^n이 될 것이다. 따라서 주어진 크기에 기반해서 밑^{base}이 2인 로그를 취하면 큐비트의 수를 알 수 있다. 이를 실행하는 함수는 다음과 같다.

```
def get_nqubits_quantum_state(state):
    return int(log(state.size,2))
```

▌ 분리 가능한 상태

이제 양자 상태가 만들어진 큐비트로 분리하려고 하는 알고리즘을 구현할 것이다. 여기서 알고리즘은 완성된 것이 아니기 때문에 개선할 방법을 논의하고, 어떤 양자 상태는 이런 방식으로는 분리될 수 없음을 보여줄 것이다.

create_quantum_state 함수로는 큐비트의 목록을 입력할 때마다 모든 큐비트를 표현하는 하나의 상태를 갖는다. 이와는 반대로 get_qubits_from_state라는 함수를 구현해 하나의 상태에서 원래의 큐비트를 반환하는 함수를 작성한다.

분리 가능성을 결정하는 함수가 아무리 훌륭해도 분리가 불가능한 상태가 존재한다. 수학적으로 아무리 애를 써도 상태의 부분들을 개별적으로 나타낼 수 없는 상태가 있다. 그러한 상태를 나타내는 하나의 예제는 다음과 같이 두 개의 큐비트로 구성될 수 있다.

```
non_separable_state_00_plus_11=1/np.sqrt(2)*(create_quantum_state([zero_qub
it,zero_qubit])+create_quantum_state([one_qubit,one_qubit]))
```

수학식은 두 개의 큐비트가 나눠질 수 없음을 보여주기 때문에 수식은 따로 설명할 수 있다. 두 개의 큐비트 a와 b가 있다고 하자. a와 b를 상태로 분리할 방법은 없기 때문에 non_separable_state_00_plus_11은 $a \otimes b$와 같다. 이는 분리될 수 없는 상태라고 하고, 이런 분리될 수 없는 상태는 양자 컴퓨팅의 계산 능력에 있어서 중요한 부분이다(이 부분은 뒤에 나오는 절에서 배울 것이다). 분리될 수 없는 상태는 얽힌entangled 상태라고 한다.

상태의 분리를 시도하기 위해서 상태는 2장에서 배운 기저 상태 중의 하나인 큐비트에서 만들어졌다고 가정할 것이다. 이러한 큐비트는 $|\text{"}0\text{"}\rangle$, $|\text{"}1\text{"}\rangle$, $|\text{"}+\text{"}\rangle$, $|\text{"}-\text{"}\rangle$, $|\text{"}\circlearrowright\text{"}\rangle$, $|\text{"}\circlearrowleft\text{"}\rangle$ 중에 하나가 될 것이다.

이제 특정 상태를 구성하는 기저 상태의 어떤 가능한 조합을 반환하는 함수를 정의할 수 있다. 이런 방식이 적용되지 않는 경우 None을 반환한다.

```
def get_qubits_from_state(state):
    basis_states=[zero_qubit,one_qubit,plus_qubit,minus_qubit,
                            clockwisearrow_qubit,counterclockwisearrow_qubit]
    for separated_state in itertools.product(basis_states,
                    repeat=get_nqubits_quantum_state(state)):
        candidate_state=create_quantum_state(separated_state)
        if np.allclose(candidate_state,state):
            return separated_state
```

이 함수는 원하는 길이의 모든 기저 상태의 가능한 조합을 계산한다. 그리고 각 조합에 관해 얽힌 양자 상태가 어떤 것인지 계산한다. 마지막으로 계산된 값이 논의되고 있는 상태와 동일한지 확인한다. 같다면 그 조합을 반환한다. 그러한 상태가 없다면 None을 반환한다. 하지만 위에서 보인 간략화된 코드는 세상의 모든 가능한 분리 상태를 발견하지는 못할 것이다.

get_qubits_from_state가 분리에 실패하지만 실제로는 분리가 가능한 한 가지 예제는 2장에서 보인 큐비트와 같이 매우 간단한 형태가 될 것이다. 즉 10% |"0"〉와 90% |"1"〉 이며, ten_ninety_qubit=np.sqrt(0.1)*zero_qubit+np.sqrt(0.9)*one_qubit로 정의된다. get_qubits_from_state(ten_ninety_qubit) 함수가 None을 반납할 뿐만 아니라, get_qubits_from_state(create_quantum_state([ten_ninety_qubit,ten_ninety _qubit]))도 None을 반납할 것이다. get_qubits_from_state 함수는 단순히 어떤 목록이 create_quantum_state 함수로 입력될지 알려주는 역할을 하기 때문에 이는 완전한 함수가 아니라는 것은 명확하다. 아마도 get_qubits_from_state 함수를 원래의 상태 중 하나가 ten_ninety_qubit가 될 가능성을 고려하는 것으로 변경할 수 있을 것이다. 이러한 함수를 get_qubits_from_state_with_additional_guess라 하고, 다음과 같이 나타낸다.

```
def get_qubits_from_state_with_additional_guess(state):
    basis_states=[zero_qubit,one_qubit,plus_qubit,minus_qubit,
                clockwisearrow_qubit,counterclockwisearrow_qubit,
                ten_ninety_qubit]
    for separated_state in itertools.product(basis_states,
            repeat=get_nqubits_quantum_state(state)):
        candidate_state=create_quantum_state(separated_state)
        if np.allclose(candidate_state,state):
            return separated_state
```

이제야 잘 동작한다!

get_qubits_from_state_with_additional_guess(ten_ninety_qubit)는 ten_ninety_qubit를 반환하고, get_qubits_from_state_with_additional_guess(create_quantum_state([ten_ninety_qubit,ten_ninety_qubit]))는 [ten_ninety_qubit,ten_ninety_qubit]를 반환한다. 하지만 이렇게 간단한 알고리즘으로는 모든 가능한 시나리오를 고려하기 위해서는 많은 추측이 필요하다. 아마도 2장에서 배운 몇 개의 기저 상태의 조합만이 아닌 모든 가능한 상태의 모든 가능한 조합을 고려하는 함수로 변경해야 할 것이다. 이는 매우 어려운 일이 될 것이다! 이 문제는 실제로 수학에서 전통적으로 무척 풀기 어려운 문제를 나타내는

NP-난해[1]에 속한다. 여기서 이 문제를 풀지는 않을 것이며 get_qubits_from_state에 있는 것과 같은 기저 상태 중의 하나를 구성하는 상태만을 분리할 것이다. 중요한 것은 원칙적으로 큐비트를 ⊗ 연산으로 나타낼 수 있는 모든 상태는 분리 가능한 상태라고 한다. 단지 가끔 이런 분리가 가능한지 여부와 분리 자체를 찾는 것은 계산하기 어려울 수 있다.

▍얽힘

이제 얽힘이 무엇이며 어떻게 시뮬레이션하는지 학습할 것이다. 그리고 얽힘의 강력함과 그것이 양자 계산에 있어서 왜 그렇게 중요한 자원이 되는지 논의할 것이다. 얽힘은 분리될 수 없는 상태를 의미한다. 얽힘의 훌륭한 점은 컴포넌트 큐비트의 어느 큐비트를 다른 것에서 분리해 설명할 수는 없지만, 실제 물리적으로 개별 큐비트를 분리할 수 있다. 그렇기 때문에 어떠한 큐비트도 시스템을 전체적으로 고려하지 않고는 설명될 수 없다.

예를 들어 이전에 정의한 non_separable_state_00_plus_11을 고려해보자. 이를 글/대수학[2]으로 표현한 파이썬 코드는 다음과 같다.

$$| \text{``non\_separable\_state''} \rangle = \frac{1}{\sqrt{2}} (| \text{``00''} \rangle + | \text{``11''} \rangle)$$

이제 A라는 사람이 큐비트 중의 하나를 택하고, B라는 사람이 다른 큐비트를 택하고, 그 둘을 물리적으로 멀리 떨어뜨려 놓는다고 상상해보기 바란다. $| \text{``0''} \rangle$와 $| \text{``1''} \rangle$ 기저에서 측정한다면 $| \text{``0''} \rangle$를 50% 확률로 갖고, $| \text{``1''} \rangle$를 50% 확률로 얻을 것이다. 이제 B라는 사람이 $| \text{``0''} \rangle$를 얻는다고 상상해보자. 이후에 A라는 사람이 큐비트를 측정한다면 어떤 현상이 발생할 것인가? A도 역시 $| \text{``0''} \rangle$를 100% 확률로 얻을 것이다. B라는 사람이 다시 $| \text{``1''} \rangle$를 측정 결과로 얻는다고 상상해보자. 그러면 A는 $| \text{``1''} \rangle$를 100% 확률로 얻을 것이

---

1   NP 문제는 비결정론적 튜링머신으로 다항시간 내에 풀 수 있는 문제이며, NP-난해는 적어도 NP 문제보다는 어려우며, "모든" NP 문제를 다항 시간 내에 어떤 문제 A로 환원(reduction)할 수 있다면, 그 A 문제를 NP-난해 문제라고 한다. – 옮긴이
2   파이썬 코드를 영어 단어와 수학식으로 나타내는 것을 의미한다. – 옮긴이

다. 어떤 경우든 한 사람이 |"0"〉와 |"1"〉 기저에 있는 큐비트를 얻고, 상대가 반대를 얻는 경우는 없다. 이제 반대로 B의 큐비트를 측정하는 것보다 A의 큐비트를 먼저 측정하면 어떤 상황이 발생하는가? 이때 역할은 반대가 되고, A가 |"0"〉를 50% 확률, |"1"〉를 50% 확률로 얻고, B가 측정할 때는 A가 얻는 것을 100% 확률로 얻게 될 것이다. 2장에서 논의한 것처럼 큐비트에 측정을 실행한 후에 뒤이어 오는 측정은 100% 확률로 동일한 결과를 반환할 것이다. 더욱이 큐비트를 복제할 방법은 없기 때문에 동일한 큐비트를 여러 번 복제하고, 각 복제본에 측정을 해 정보를 추출할 수는 없다. 이런 복제가 불가능한 특성이 양자 계산을 가능하게 하는 근본적인 물리학인 양자역학이 가진 훌륭하고 차별화되는 특징 중의 하나다.

여기서 한 가지 자연스러운 질문이 떠오른다. '무한 속도에서 정보를 보내는데 이런 특성을 사용할 수는 없을까?' 답은 '없다'이다. 이런 특성을 사용해 빛의 속도보다 빠르게 정보를 전송할 수는 없다. A와 B라는 사람이 각자 큐비트를 가지고 우주선에서 여러 광년을 떨어지기 위해서 반대로 나아가고, 빛의 속도는 A에서 B까지 여행하기 위해 10년이 걸린다고 상상해보자. 큐비트 자체를 변경하려는 시도 없이는 누가 먼저 측정을 하면 항상 |"0"〉 50% 확률과 |"1"〉 50% 확률로 얻게 될 것이다.

다시 한 번 A가 큐비트를 그대로 가지고 확실히 측정을 하는 방법이 있고, 다음으로 B가 측정을 한다고 상상해보자. A는 B에게 아무런 정보를 보낼 수 없었다. 여기서 A의 측정은 50/50 확률로 0 또는 1이 되고, 따라서 B의 것도 마찬가지이기 때문이다. A는 B가 둘 중에 어떤 것을 갖는지 결정할 수는 없고, 따라서 A는 어떠한 정보도 B에게 보낼 수 없다.

이제 A는 결과를 0이나 1이 되도록 측정을 강제하기 위해서 자신의 큐비트를 조작하려고 한다. 이는 두 개의 큐비트 간의 의존성을 훼손하는 것을 수학적으로 확인할 수 있으며, 따라서 A 측에서는 100% 확률로 1을 측정할 수 있고, B 측에서는 50/50의 확률로 1이나 0을 갖게 될 것이다. 반대로 A가 100% 확률로 0을 가질 수 있고, B 입장에서는 50/50의 확률로 1이나 0을 가질 것이다. 따라서 결과적으로 임의성randomness 외에는 어떠한 정보도 전달되지 않았다.

이 모든 것은 측정의 순서에 동의한다는 데서 기인하고, 누구든 먼저 측정하는 사람은 항상 임의성을 갖게 되는 것이다. 하지만 이렇게 하기 위한 좋은 방법조차 없다고 할 수 있다. 측정의 순서에 동의하고, 모두 동의한 순서를 따르기 위해서 어떤 정확한 시간을 따른다고 하더라도, 측정을 통해서 정보를 받으려고 하는 사람(즉, 두 번째 사람)이 첫 번째 사람이 이미 측정을 수행했다고 확신할 만한 근거는 없다는 것이다. 두 사람 모두 한 번의 측정 기회만 있기 때문에 0 또는 1을 갖는 것이 전부다. 이것이 반대로 A가 이미 측정을 했고, 동일한 결과를 얻었다는 것을 의미하는가? 또는 B가 첫 번째 측정을 하고, 0과 1의 결과는 동일한 확률이 되는 것을 의미하는가? 누가 먼저 측정을 한다는 신호를 보낼 수 있는 방법이 있기 전까지는 방법이 없다는 것이다. 그리고 신호를 보내는 것은 빛의 속도로 이루어진다.

따라서 유감스럽게도 측정이 연관됐다고 하더라도 서로 간에 메시지를 전달하기 위해서 그런 연관성을 사용할 방법은 없다.

▌ 양자 측정과 얽힘

이 절에서는 여러 개의 큐비트에 관한 양자 측정을 논의하고, 파이썬에서 양자 측정^{quantum measurement}을 시뮬레이션하는 알고리즘을 학습할 것이다.

2장에서 하나의 큐비트에 관한 양자 측정을 다뤘다.

 양자 측정은 두 단계의 과정을 가진다. 첫 번째는 어떤 기저에 측정을 하는지 선택하고, 다음으로 무엇을 측정하는지 결정한 이후에 해당 기저에서 측정을 한다. 큐비트의 측정은 항상 해당 기저에서의 상태를 제공한다.

여러 큐비트에 관한 양자 측정도 다르지 않다. 가령 |"0"⟩와 |"1"⟩ 기저에서 다섯 개의 큐비트를 측정한 이후에 각각 |"0"⟩ 또는 |"1"⟩로 나타나는 다섯 개의 큐비트를 얻게 된다. 따라서 이 측정에는 25개에 해당하는 결과가 가능하다. 각 결과의 확률은 다섯 개의 큐비트가 얽힌 방식에 따라 다를 것이다. 큐비트를 측정한 이후에는 더 이상 얽힌 상태가 아니고 항상 동일한 결과를 얻게 될 것이다.

파이썬에서 양자 측정 시뮬레이션하는 알고리즘

여기서는 파이썬으로 양자 측정을 시뮬레이션하는 알고리즘을 제공한다. 우선 전통적인 컴퓨터에서 양자 측정을 시뮬레이션하는 데 필요한 과정을 살펴본다.

1. 양자 측정을 위한 알고리즘을 구현하기 위해서는 기저를 선택할 것이다. 예를 들어 여기서는 |"0"⟩와 |"1"⟩ 기저를 선택한다.

2. 상태가 몇 개의 큐비트를 나타낼지 알아야 한다. n개의 큐비트의 상태를 나타내기 위해서는 2^n개의 숫자가 필요하다. 여기서 각 숫자는 n 큐비트 상태의 각 2^n개의 가능성에 대한 확률을 나타낸다. 따라서 해당 상태에서 몇 개의 숫자를 포함하는지 계산한 후에 상태가 나타내는 큐비트의 수인 n을 얻기 위해서 밑이 2인 로그를 취한다.

3. n 큐비트 상태의 상태가 가질 수 있는 2^n개의 가능성에 대해 각각의 확률을 계산하기 위해서, 각 상태를 나타내는 값에 루트를 취하여 확률을 구한다. 이때 값은 복소수이기 때문에 제곱된 숫자를 얻기 위해 복소 켤레complex conjugate를 곱한다.

4. 임의의 숫자를 선택해 결과의 임의성을 시뮬레이션한다.

5. n 큐비트에 대해서 각각 가능한 2진수의 값에 대해서 2^n개의 다른 가능한 측정이 있다. 예를 들어 3개의 큐비트에 대해서는 $2^3 = 8$의 가능성이 존재한다. 즉, 000, 001, 010, 011, 111, 101, 110, 100이 된다. 모든 2^n개의 가능성을 고려한다.

6. 모든 상태의 확률의 합은 1이 된다. 시뮬레이션에서 "측정"된 상태를 찾기 위해서 각 상태를 순서대로 확인한다. 선택된 임의의 숫자에 대한 첫 번째 상태가 지

금까지 확인한 모든 상태의 확률의 합보다 작다면 그 상태를 나타내는 문자열을 반환한다.

다음 알고리즘은 지금까지 설명한 내용을 구현한다.

```python
from math import log
from random import random
import itertools
def measure_in_01_basis(state): #1.
    n_qubits=int(log(state.shape[0],2)) # 2.
    probabilities=[((coeff*coeff.conjugate())
                    .real for coeff in state.flat] # 3.
    rand=random() #4.
    for idx,state_desc in enumerate([''.join(map(str,state_desc))
                                    for state_desc in itertools.product(
                                    [0, 1], repeat=n_qubits)]): #5.
        if rand < sum(probabilities[0:(idx+1)]): # 6.
            return '|"%s">' % state_desc #7.
```

이제 몇 개의 상태를 확인해보자. 각 큐비트의 확률이 100%의 확률로 반환하는 기저 상태들의 상태를 구성하기 때문에 measure_in_01_basis(create_quantum_state([one_qubit,zero_qubit,ze ro_qubit,one_qubit,one_qubit]))는 항상 |"10011"⟩를 반환한다.

측정은 얽힌 여러 개의 큐비트를 다룰 때 더욱 흥미로워진다. 다음 상태를 bell_state_phi_plus라고 하고 측정해보자.

$$\text{Bell state } \Phi^+ = \frac{|\text{``00''}\rangle + |\text{``11''}\rangle}{\sqrt{2}}$$

연속으로 10번을 동일한 상태를 준비하고 측정하는 파이썬 코드를 작성한 이후에 다음 코드와 같이 나타낼 수 있다.

```python
for i in range(10):
    bell_state_phi_plus=(create_quantum_state([zero_qubit,zero_qubit])+create_
```

```
quantum_state([one_qubit,one_qubit]))/ np.sqrt(2)
      print(measure_in_01_basis(bell_state_phi_plus))
```

이 코드를 실행하면 다음과 같은 결과를 얻는다.

```
|"11">
|"00">
|"00">
|"00">
|"11">
|"00">
|"11">
|"00">
|"00">
|"11">
```

하지만 코드를 실행할 때마다 측정의 일부로써 선택되는 새로운 임의의 숫자가 있기 때문에 다른 결과를 도출할 것이다. 여기서 보여준 결과는 예상대로 |"00"〉 50%와 |"11"〉 50%를 갖는 것을 보여준다. 하지만 다른 실행은 다른 결과를 보여줄 것이다.

이제 이 코드는 양자역학과 관련해 한 가지를 놓치고 있다. 상태를 한 번 측정한 후에 뒤이어 오는 모든 측정은 동일한 결과를 보장해야 한다는 것이다. 이런 특성을 보장할 수 있는 새로운 measure_in_01_basis_collapse 함수를 작성할 수 있을 것이다.

measure_in_01_basis_collapse 함수는 다음 코드가 항상 |"00"〉를 연속으로 두 번, 또는 |"11"〉를 연속으로 두 번 출력하게 만들어야 한다. 이 함수는 연습 문제에서 구현할 기회를 가질 것이다.

```
bell_state_phi_plus=(create_quantum_state([zero_qubit,zero_qubit])+create_q
uantum_state([one_qubit,one_qubit]))/np.sqrt(2)
print(measure_in_01_basis_collapse(bell_state_phi_plus))
print(measure_in_01_basis_collapse(bell_state_phi_plus))
```

현재 사용 중인 함수는 이런 특성을 보장하지 않지만 연습 문제 6번에서 이런 함수를 구현할 기회를 제공한다.

여러 bell_state_phi_plus를 준비한다면, 그중 하나의 측정은 다른 측정에 영향을 미치지 않는다. 따라서 코드는 다음과 같다.

```
bell_state_phi_plus=(create_quantum_state([zero_qubit,zero_qubit])
                    +create_quantum_state(
                    [one_qubit,one_qubit]))/np.sqrt(2)
print(measure_in_01_basis_collapse(bell_state_phi_plus))
print(measure_in_01_basis_collapse(bell_state_phi_plus))
bell_state_phi_plus=(create_quantum_state([zero_qubit,zero_qubit])
                    +create_quantum_state(
                    [one_qubit,one_qubit]))/np.sqrt(2)
print(measure_in_01_basis_collapse(bell_state_phi_plus))
print(measure_in_01_basis_collapse(bell_state_phi_plus))
```

이 코드는 다음과 같은 결과를 도출한다.

```
|"00">
|"00">
|"11">
|"11">
```

▌ 결어긋남, T_1 그리고 T_2

양자 컴퓨팅의 진정한 힘을 최대한 활용하기 위해서는 얽힘의 힘을 잘 활용하고 통제해야 한다. 어떤 큐비트가 다른 큐비트와 얽힘이 되는지 선택하고, 선택된 것 이외의 다른 것과는 얽힘이 없음을 확실히 할 필요가 있다. 큐비트가 원하는 계산의 일부가 아닌 큐비트와 얽힘이 되는 즉시 잡음이 발생하고, 잠재적인 계산 오류를 발생할 것이다. 이런 가능성을 줄이는 한 가지 방법은 계산이 외부와 물리적으로 차단되게 하는 것이며, 양자 계산에서 이는 시스템을 물리적으로 차갑게 하고, 외부의 영향으로부터 보호 장치를 함으로써 가능하다.

결어긋남

양자 시스템이 얼마나 잘 격리가 되는지는 결맞음^{coherence}과 결어긋남^{decoherence}의 개념을 설명함으로써 논의할 수 있다.

결맞음은 파동^{wave}의 특성이다. 파동들이 결맞음 상태라면 "함께 일을 할 수 있음"을 의미할 수 있다. 결맞음은 파동의 물리적인 양이나 파동의 그룹 간의 상관관계가 될 수 있다. 이런 상관관계는 두 개의 물리적인 양 사이에 관계가 있음을 보여주므로 "함께 일을 할 수 있음"을 증명한다. 양자역학은 큐비트의 물리적인 특성이 파동으로 나타낼 수도 있음을 설명해주기 때문에 이런 사실은 양자 컴퓨팅에서 매우 중요하다. 따라서 다른 큐비트가 "함께 일을 할 수 있음" 상태로 만들기를 원한다면 해당 큐비트는 결맞음이 돼야 할 것이다.

결맞는 파동은 동일한 주파수를 가지고 연속적인 위상차$^{phase\ difference}$를 갖는다. 바다에서 두 개의 파도를 상상해보기 바란다. 두 개의 결맞는 파도는 동일한 주기^{frequency}를 가지며 따라서 고점^{peak}과 저점^{trough} 사이에 동일한 공간을 가질 것이다. 하지만 두 개의 파도가 동일한 고점과 저점을 가질 필요는 없다. 이는 결맞음의 정의에 포함되지 않는다. 따라서 두 개의 파도가 3피트나 1미터 정도 떨어져서 고점과 저점을 가진다고 상상해보자. 고점과 저점이 동일한 위치에 있지 않은 어떤 조합의 두 파도는 위상차를 갖는다. 당연히 3피트나 1미터 차이가 나는 두 개의 파도는 위상차가 존재한다. 하지만 고점과 저점의 간격은 일정하고 (즉, 증가하거나 감소하지 않고) 이는 불변의 위상차가 된다. 이 예제에서 동일한 주기의 두 파도와 불변의 위상차가 있고, 따라서 두 개의 결맞는 파도가 있다. 이 파도들은 "함께 일을 할 수 있음"의 상태에 있다. 이 경우 두 파도가 고점일 경우에는 각각의 고점보다 큰 고점을 얻게 되고, 마찬가지로 각각의 저점보다 큰 저점을 갖게 된다. 다른 측면에서 한 파도가 고점이고 다른 파도가 저점인 경우 고점은 저점의 양만큼 줄어든다.

시뮬레이션에서 결맞는 큐비트로 시작한다면 영원히 그 상태를 유지할 것이다. 실제 양자 컴퓨터에서 연산을 하는 경우 큐비트들은 결맞음 상태로 유지되지는 않을 것이다. 큐비트는 환경과 상호작용하고, 이 과정은 계산의 결과로 도출해야 하는 결맞음으로 인한 상관관계를 이 과정에서 잃게 된다. 다시 말해서 계산으로부터 얻은 정보는 나빠지거나 환경과의 물리적인 상호작용으로 인해서 정보를 잃게 되기도 한다. 결어긋남은 환경으로부터 발생한 잡음에 기인한 정보의 소실이다. 물리적으로 이는 $|“1”\rangle$ 상태가 $|“0”\rangle$ 상태가 되는 것을 의미할 수 있다. 이 경우 결어긋남은 상태에 대한 정보를 잃게 되는 원인이 된다. 계산을 실행하고 결과가 $|“1”\rangle$이지만 결어긋남이 발생한다면 결과적으로는 $|“0”\rangle$를 갖게 되는 것이다. 이는 좋은 소식이 아니다!

앞서 설명한 블로흐 구로 나타내는 설명을 기억한다면 결맞은 큐비트는 블로흐 구 표면에 있지만 결어긋남을 겪는 큐비트는 블로흐 구 내부에 있게 되는 것이다. 블로흐 구의 표면에 있는 모든 큐비트는 1의 길이를 갖고, 따라서 결어긋남을 겪는 큐비트는 블로흐 구 내부에 있고 그 길이는 1보다 작다.

T_1과 T_2

양자 컴퓨팅의 파이썬 시뮬레이션에서 결어긋남은 시뮬레이션하지 않았지만, 실제 양자 컴퓨터에서 결어긋남을 무시할 수는 없다. 모든 양자 컴퓨터는 결어긋남을 경험하지만 결어긋남을 지연하거나 최소화하는 양자 컴퓨터가 더 좋은 성능을 낸다. 양자 컴퓨터와 계산 능력을 논의할 때, 결어긋남을 얼마나 잘 처리하는지 이야기할 필요가 있는 것이다. 이를 수치화하기 위해서는 T_1과 T_2 매개변수가 특히 중요하다.

- T_1은 큐비트가 환경적인 상호작용으로 인해서 얼마나 빠르게 에너지를 잃는지 측정하는 것을 돕는다. 여기서 에너지의 소실은 파동의 변화를 가져오고, 결국 결맞는 큐비트가 결어긋남 상태가 되게 한다.

- T_2는 큐비트가 환경적인 상호작용으로 인해 얼마나 빨리 위상차를 경험하는지 측정하는 것을 돕는다. 여기서도 당연히 원인은 결어긋남에 있다.

에너지 완화$^{energy\ relaxation}$는 시스템에서 에너지 소실이다. 즉, 더 많은 에너지를 가진 상태에서 더 적은 에너지를 가진 상태로 퇴화되는 과정이다. 예를 들어 T_1은 높은 에너지를 가진 $|\text{“1”}\rangle$ 상태가 낮은 에너지를 가진 $|\text{“0”}\rangle$ 상태가 되는 시간을 측정한다. 에너지 완화는 실제 양자 컴퓨터에서 항상 발생하고 이 과정에서 더 높은 에너지 상태에서 낮은 에너지 상태로의 기하급수적인 퇴화가 발생한다. 즉, 최초에 $|\text{“1”}\rangle$ 상태가 될 확률이 100%를 가지지만, t 시간이 지난 이후에는 $|\text{“1”}\rangle$ 상태가 될 확률이 기하급수적으로 줄어드는 것이다. 따라서 0의 시간일 때는 100% 확률로 $|\text{“1”}\rangle$를 갖지만, t 시간 이후에는 그 확률이 e^{-t/T_1} 값으로 줄어드는 것이다. 여기서 T_1은 어떤 상수다. 글/대수학으로 표현하면 다음과 같다.

$$\text{상태 } |\text{“1”}\rangle \text{의 확률} = e^{-t/T_1}$$

T_1은 에너지 완화가 얼마나 오래 발생하는지에 관한 측정이다. 이후에 IBM QX에서 직접 T_1을 측정할 것이다. 에너지가 높은 $|\text{“1”}\rangle$ 상태의 큐비트를 입력하고, t 시간 동안 기다린 후에 여전히 $|\text{“1”}\rangle$ 상태가 될 확률을 계산한다. 그리고 앞의 식에서 T_1을 제외한 모든 숫자를 얻게 되고, 결과적으로 T_1의 값을 계산할 수가 있게 되는 것이다.

파이썬에서 한 가지 예제를 실행해보자. 3장의 마지막에 있는 질문 중에 다른 계산식을 연습할 것이다. $|\text{“1”}\rangle$ 상태를 가지고 있고, 0.1밀리초(0.0001초) 이후에 $|\text{“1”}\rangle$가 될 확률은 10%(10/100 = 0.1)로 떨어진다고 가정해보자. 이 컴퓨터의 T_1 값은 얼마인가?

```
probability_state_one_after_point1millisecond=0.1
t=0.0001
# probability_state_one_after_point1millisecond = np.e**(-t/T1) so T1 = -
t/np.log(probability_state_one_after_point1millisecond)
T1=-t/np.log(probability_state_one_after_point1millisecond)
print(T1)
```

이 컴퓨터에서 T_1은 $4.34*10^{-5}$초나 $43.4~\mu s$의 값으로 산출한다. T_2는 두 번째로 중요한 양자 컴퓨팅 측정값이다. 결어긋남은 두 개 혹은 그 이상의 결맞는 큐비트 간의 위상차로부터 발생하고, 이는 중첩의 상태에 있는 것이므로 T_2는 오직 중첩 상태에만 영향을 미친다. 위상차를 발생하는 모든 환경적인 방해 요인은 이런 결어긋남을 유발할 수 있다. T_1과 같이 T_2도 얼마의 시간 동안 예상한 결과에 관한 기하급수적인 퇴화를 측정한다.

양자 컴퓨팅은 시간이 많이 걸린다. 특히 여러 단계가 필요한 계산은 더욱 그렇다. 이는 양자 컴퓨팅을 실제로 유용하게 하는 여러 단계의 과정이 필요한 알고리즘이다. 만약 계산 중간에 큐비트가 결어긋남을 겪는다면, 그 계산은 손상된 것이다. T_1과 T_2가 클수록, 큐비트가 결어긋남을 경험하기까지는 긴 시간이 걸리고, 양자 컴퓨터는 더 많은 계산을 할 수 있게 돼 실제로 유용하게 된다. 따라서 현대적인 양자 컴퓨터는 항상 T_1과 T_2를 늘리기 위해서 노력하고, 이에 대해 관심이 있다면 T_1과 T_2 값으로 다른 양자 컴퓨터와 비교를 통해 얼마나 유용한지 가늠해볼 수 있을 것이다.

요약

양자 상태는 두 개 이상의 큐비트로 구성될 수도 있다. 하나의 양자 상태를 이루는 각 큐비트는 서로 연관돼 있을 수 있으며, 이를 얽혀 있다고 부른다. 얽힘은 양자 컴퓨팅의 강력한 힘의 원천이다. 여러 큐비트로 구성된 상태의 측정 과정은 하나의 큐비트 상태의 과정과 동일하다.

결맞음은 파동의 특성이며, 파동이 결맞음의 상태에 있다면 어떤 의미로 "함께 일을 할 수 있는" 것이다. 큐비트는 환경과 상호작용하고, 이 과정은 계산의 결과로 나타내야 하는 결맞음에 기인한 연관성을 잃게 한다. 양자 컴퓨터가 결맞음을 유지할 수 있는가에 관한 시간을 수량화하기 위해 T_1과 T_2를 측정했다.

4장에서는 전통적인 게이트와 대비되는 양자 게이트가 원하는 방식으로 양자 상태를 변경해 양자 계산을 수행하게 하는 법을 배울 것이다.

▌ 연습 문제

1. 분리 가능한 상태이지만, get_qubits_from_state의 동작은 실패하는 적어도 하나의
   상태를 찾으세요.

2. 문제 1에서 찾은 상태에 관해 get_qubits_from_state가 동작하도록 코드를 수정하세요.

3. 당신이 새로운 양자 컴퓨터를 디자인하고, 0.1밀리초 이후에도 여전히 |"1"⟩ 상태인
   큐비트를 찾을 확률이 0.7%입니다. 이때 이 컴퓨터의 T_1 값은 얼마인가요?

4. 양자 컴퓨터 A는 T_1이 63 마이크로초이고, T_2는 60마이크로초이며, 다른 양자 컴퓨
   터 B는 T_1이 70마이크로초이며, T_2는 78마이크로초입니다. A와 B 컴퓨터는 모두 동
   일한 수의 큐비트에 동작할 수 있습니다. 더 이상의 정보가 없다면 어떤 양자 컴퓨터
   를 사용하길 선호하시겠습니까?

5. |"0"⟩와 |"1"⟩ 기저에서 상태를 측정하는 measure_in_01_basis 알고리즘을 수정해 상
   태의 (수학적인) 표현을 출력하는 대신에 상태 자체를 반환하게 만드세요.

6. 한 번 상태가 측정이 되면 이후의 모든 상태가 동일한 결과를 반환하는 클래스나 함
   수를 만들기 바랍니다. 이 함수는 2장에서 보여준 measure_in_01_basis_collapse의
   내용을 따라야 합니다.

04

양자 게이트로
양자 상태 전개하기

4장은 양자 게이트를 다루고 전통적인 게이트와의 유사성을 논의한다. 양자 컴퓨팅에서 가장 흔하게 사용되는 게이트이자 모든 양자 계산을 수행하기 위해 합쳐질 수 있는 보편적인 게이트 집합인 I, X, Y, Z, H, S, $S^\dagger$, T, $T^\dagger$와 CNOT의 개요를 제공한다. 구체적으로는 상태를 변경하기 위해서 게이트가 어떻게 동작하는지 그리고 왜 이 과정이 전통적인 계산과 양자 계산에서 모두 중요한지 다룬다. 일반적으로 사용되는 양자 게이트의 파이썬 구현을 살펴보고, 지금까지 살펴본 상태에 적용되는 이런 게이트들을 파이썬 코드의 여러 예제로 다룰 것이다.

4장은 다음 주제를 다룬다.

- 게이트
- 상태에 대한 게이트 동작

- 하나의 큐비트 게이트
- 여러 개의 큐비트 게이트

▌ 기술적인 필요 조건

4장의 코드는 https://github.com/PacktPublishing/Mastering-Quantum-Computing-with-IBM-QX의 Chapter04 폴더의 주피터 노트북에 있다.

▌ 게이트

큐비트는 전통적인 비트의 양자 버전이고 양자 레지스터는 전통적인 레지스터의 양자 버전이며 양자 게이트는 전통적인 논리 게이트의 양자 버전이라고 보면 된다.

이미 전통적인 n-비트 레지스터와 동일한 개념인 n-큐비트 양자 레지스터는 양자 데이터를 기록하는 데 사용된다는 점을 말했다. 여기서는 전통적인 게이트와 양자 게이트에 동일한 부분을 다루고 전통적인 상태와 양자 상태의 개념을 개진해 나간다. 전통적인 계산에서 전통적인 게이트는 상태를 개진하기 위해서 전통적인 레지스터에 동작한다. 양자 계산에서는 양자 게이트가 상태를 개진하기 위해 양자 레지스터에 동작한다.

전통적인 게이트

전통적인 게이트는 전통적인 상태를 발전시키고 변경한다. 예를 들어 0과 1비트를 각각 갖는 두 개의 전통적인 레지스터가 있다면 전통적인 OR 게이트는 이 두 개의 비트를 입력으로 하고, 1을 출력할 것이다. 다른 전통적인 게이트의 예는 AND, NOT, XOR(배타적 논리합), NAND(AND의 반대)를 포함한다. 여기서 몇몇 게이트 XOR, AND, NAND는 두 개의 비트를 입력으로 필요로 하고 하나의 출력을 만든다. NOT과 같은 게이트는 하나의 비트를 입력으로 하고, 하나의 비트를 출력한다. 또 다른 게이트는 어떤 정수 m과 n에 대해서 m-비트를 입력으로 하고, n-비트를 출력으로 한다.

오직 하나의 게이트 타입인 NAND로 모든 다른 타입의 전통적인 논리 게이트를 만들 수 있다. 따라서 모든 전통적인 계산은 오직 NAND 게이트만으로 구성해 작성될 수 있다. 한편으로 모든 전통적인 계산을 실행하기에 충분한 전통적인 게이트의 다른 부분집합도 존재한다. 다른 예제로는 AND와 NOT 게이트만으로 모든 전통적인 계산을 실행할 수 있다. 여기서 모든 전통적인 계산을 수행하기에 충분한 게이트의 집합을 범용 게이트 집합이라고 부를 것이다. 이미 두 개의 범용 게이트 집합인 NAND 집합과 AND와 NOT 집합을 살펴봤다.

양자 게이트

양자 게이트는 상태를 변경하기 위해 양자 레지스터에 동작한다. 어떤 양자 게이트는 하나의 큐비트에만 동작한다. 다른 게이트는 두 개의 큐비트에 동작해 두 큐비트 모두를 계산한다. 또 다른 양자 게이트는 두 개 이상의 큐비트에 동작한다. 이 책에서는 한 개 혹은 두 개의 큐비트에 동작하는 양자 게이트만을 다루는데, 그 이유는 이런 게이트들은 한 개 혹은 두 개의 큐비트만으로도 수식이나 코드를 통해서 어떤 크기의 양자 상태에도 동작하도록 확장할 수 있기 때문이다. 모든 한 개의 큐비트에 동작하는 게이트는 블로흐 구에 놓은 큐비트를 취하고, 그것의 위치를 변경해 가시적으로 나타낼 수 있다. 이런 위치 변경이 계산을 수행할 수 있도록 하고 입력 큐비트를 취하고 양자 게이트를 적용해 처리하고 결국 가능하게 다른 큐비트가 되도록 한다.

게이트의 첫 번째 예제는 항등 게이트$^{identity\ gate}$이며, I로 표현한다. 항등 게이트는 하나의 큐비트를 취하고 변경되지 않은 큐비트를 출력한다. 블로흐 구에서 큐비트에 동작하는 이 게이트를 가시화한다면, 단순히 위치를 변경하지 않을 것이다. 일치 혹은 I 게이트는 파이썬에서 다음과 같이 정의한다.

```
identity_gate=np.eye(2,2)
```

게이트가 상태에 동작해야 한다는 사실을 글로 쓰는 것은 상태 이전에 게이트를 작성해야 한다는 것만큼 간단하다. 따라서 상태 $|"0"\rangle$에 동작하는 항등 게이트는 $I|"0"\rangle$로 표현된다.

이 책에서 다루는 한 개 혹은 두 개의 큐비트 게이트는 두 개 이상의 큐비트를 갖는 상태를 포함한 양자 레지스터에 동작을 수행하기 위해서 코드/수학으로 다시 작성될 수 있다. 예를 들어 하나의 큐비트 상태에 동작하는 항등 게이트를 20개의 큐비트에 대한 하나의 상태를 포함한 양자 레지스터에 세 번째 큐비트에 동작하도록 다시 작성할 수 있다. 일반적으로 임의의 개수로 구성된 큐비트의 상태를 포함하는 레지스터에 동작하도록 한 개 혹은 두 개의 큐비트를 가진 게이트를 다시 작성하고, 선택된 한 개 혹은 두 개의 큐비트에만 동작을 수행할 수 있다. 그리고 선택된 한 개 혹은 두 개의 큐비트에 동작은 하지만 이 큐비트들이 다른 큐비트와 얽힘이 있다면, 동작의 효과는 다른 큐비트에서도 확인이 될 것이다.

▎상태에 대한 게이트 동작

파이썬에서 모든 게이트의 동작을 시뮬레이션하는 것은 게이트와 동작이 요구되는 상태 사이에 곱하기 부호인 *를 사용하는 것만큼이나 간단하다. 이에 대한 예는 다음과 같다.

```
identity_gate*zero_qubit
```

$a*b$는 $b*a$와 같이 교환법칙commutative이 성립하는 동일한 정수나 부동소수점의 곱하기와는 달리 상태와 게이트의 경우에는 곱하기의 순서는 중요하다. 즉, 교환법칙이 성립하지 않는다. 파이썬 코드의 곱하기에서 I 게이트 전에 $|"0"\rangle$ 상태를 위치하면 예외exception가 발생한다. 작성된 글/대수학의 표현으로는 의미가 통하지 않는다. 이는 상태와 게이트의

수학적인 구조가 정수나 부동소수점보다 더욱 복잡하고 미묘하기 때문에 결과적으로 곱하기에 교환법칙이 성립하지 않는다. 상태와 게이트의 수학적인 구조에 관한 더욱 자세한 내용은 부록을 참고하기 바란다.

 정수나 부동소수점(실수)의 곱하기에서 순서는 관계가 없다. x*y*z는 z*y*x와 동일하다. 이를 교환법칙이라고 한다. 하지만 게이트를 작성할 때는 순서가 중요하고, 곱하기는 항상 오른쪽에서 왼쪽으로 수행한다. 따라서 XYZ|"0">는 일반적으로 게이트 ZYX|"0">와 동일하지 않다. ZYX|"0">의 경우 X, Y, Z의 순서로 적용한다. 양자 게이트에 결합법칙은 성립하고, 이는 정수나 부동소수점(실수)의 곱과 동일하다. 다시 말해서 순서만 지키면 원하는 방식으로 그룹 짓는 것은 문제가 되지 않는다. 따라서 XYZ|"0"> = (XYZ)|"0"> = (XY)(Z|"0">) = X(YZ|"0">)가 성립한다.

I|"0">는 |"0">와 동일해야 하고, I|"1">는 |"1">와 동일해야 한다는 것을 알고 있다. 파이썬에서 확인해보자.

```
print(np.array_equal(zero_qubit,identity_gate*zero_qubit))
print(np.array_equal(one_qubit,identity_gate*one_qubit))
```

이 파이썬 코드는 다음을 출력한다.

```
True
True
```

 |"state">로 작성된 상태는 곱셈에서 항상 게이트의 뒤에 나타난다. 이 책에서는 이를 다루지는 않지만, 양자 계산에서 이에 대한 내용을 볼 것이기 때문에 상태를 변환하는 방법이 있고, 따라서 곱셈에서 게이트의 전에 위치될 수 있다는 것을 여기서 언급한다. 그런 상태는 반대로 〈"state"| 형태로 작성된다. 따라서 〈"state"|I는 I〈"state"|와 동일하게 유효한 동작이다. 하지만 |"state">I나 I|"state">는 타당하지 않고, 예외를 발생한다. 더 자세한 내용은 부록을 참고하기 바란다.

예를 들어 $III|“1”\rangle$와 같이 여러 개의 게이트를 함께 연결할 수도 있다. 항등 게이트는 다른 게이트보다 연결하기 쉽다. 암산으로도 할 수 있다. 단지 게이트의 연결 뒤에 오는 상태가 변경되지 않고 그대로 유지되며, 따라서 원하는 수만큼 게이트를 연결하고 원래의 상태를 얻을 수 있다.

양자 컴퓨터 시뮬레이션에서 $I|“1”\rangle$는 $III|“1”\rangle$와 동일하지만 물리적인 양자 컴퓨터에서 이 두 가지는 매우 다른 결과를 도출할지도 모른다. 이는 3장에서 다룬 것처럼 물리적인 양자 컴퓨터에서는 환경적인 잡음이 발생하고 얼마간의 시간이 지난 후에는 잡음이 쌓이고 결국 계산이 안정적으로 이뤄질 수 없기 때문이다.

각 게이트 동작은 시간이 걸리기 때문에 오류가 쌓이기 전까지의 시간에 더해진다. 따라서 물리적인 양자 컴퓨터가 더 적은 게이트를 가지고 동작하는 것이 유리하다. 이는 결국 계산의 마지막 결과가 갖는 잡음이 적다는 것을 의미한다.

▌ 하나의 큐비트 게이트

이제 파이썬에서 일반적으로 사용되는 양자 게이트를 구현하는 것을 배울 것이다. 어떤 게이트의 집합은 모든 전통적인 계산을 할 수 있는 범용 게이트 집합을 구성한다는 것을 배웠다. 그런 특성을 갖는 9개 게이트의 집합을 소개할 것이다. 이 집합만으로 어떠한 양자 계산도 수행할 수 있는 범용 게이트 집합이다. 이 범용 게이트 집합은 물리적인 양자 컴퓨터 IBM QX에 의해 적용되는 것과 동일하다. 이는 IBM QX 범용 게이트 집합이라 부를 것이다.

이 절에서는 보통 복소수로 알려진 숫자 형식인 $\sqrt{-1}$ 또는 i 나 j의 값으로 알고 있는 게이트를 정의할 것이다. 파이썬은 복소수에 대해서 이미 내장된 지원을 하고, 여기서 복소수 부분은 어떤 숫자 이후에 j를 붙임으로써 만들어진다. 알파벳 i는 순환loop 변수로 매우 자주 사용되기 때문에 오해를 방지하고, 구분하기 위해서 i_를 변수 이름으로 정의해서 사용한다. 4장 전반에 걸쳐서 다음과 같이 정의한다.

IBM QX 범용 게이트 집합에서 대부분의 게이트는 하나의 큐비트로 된 게이트다. 파울리 ^{Pauli} 게이트라 부르는 X, Y, Z의 세 가지 게이트가 있다. 위상^{phase} 게이트라고도 부르고 S, S[†]로 나타내는 관련된 게이트 집합이 있고, $\pi/8$ 게이트라 부르고 T, T[†]로 나타내는 관련된 게이트 집합도 있다. 마지막으로 아다마르^{Hadamard} 게이트(H)도 있다. 4장에서 이런 하나의 큐비트로 구성된 게이트를 하나씩 살펴보고, 파이썬에서 정의하고, 블로흐 구에서 큐비트에 어떤 형태로 나타나는지 확인할 것이다. 하나의 큐비트 게이트는 단순히 블로흐 구에서 예상이 가능한 방식으로 큐비트를 이동한다는 것을 떠올려보기 바란다.

각 하나로 구성된 게이트에 대해서 블로흐 구에 |"0"〉나 |"1"〉 큐비트에서 동작을 가시화할 것이다. 각 하나로 구성된 게이트는 블로흐 구에서 큐비트를 이동할 것이다. 게이트의 동작을 가시화하기 위해서 2장, '큐비트'에서 정의된 plot_bloch 메소드와 큐비트 정의 zero_qubit와 one_qubit를 사용한다.

2장, '큐비트'에서 학습한 6개의 기저 큐비트를 다시 살펴보는 것이 도움이 될 것이다. 그리고 지금까지 배운 6개의 모든 기저 큐비트 |"0"〉, |"1"〉, |"+"〉, |"−"〉, |"↺"〉, |"↻"〉를 블로흐 구에서 위치를 살펴볼 것이다.

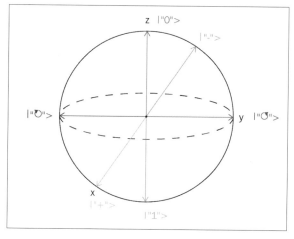

(컬러 이미지 p.348)

다음 구체는 게이트를 적용하기 전에 |"0"⟩와 |"1"⟩를 참고로 보여준다. plot_bloch
(zero_qubit)문으로 |"0"⟩는 위쪽을 가리킨다는 것을 다음 그림에서 확인할 수 있다.

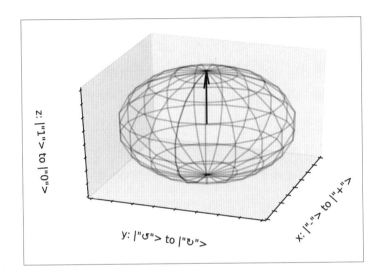

그리고 |"1"⟩는 plot_bloch(one_qubit)문으로 다음 그림과 같이 아래로 가리킨다는 것을
확인할 수 있다.

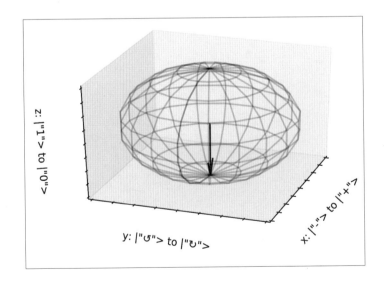

아다마르 게이트

파이썬에서 H 게이트로도 알려진 아다마르 게이트는 다음과 같이 정의한다.

```
H=1./np.sqrt(2)*np.matrix('1 1; 1 -1')
```

아다마르 게이트는 최초의 큐비트를 x축으로 180도, y축으로 90도 회전한다.

구체의 적도 부분에 위치한 큐비트는 $|$"0"$\rangle$와 $|$"1"$\rangle$의 중첩에 있다는 것을 알고 있다. $|$"0"$\rangle$ 큐비트가 H$|$"0"$\rangle$로 적용될 때 아다마르 게이트는 $|$"0"$\rangle$와 $|$"1"$\rangle$의 동일한 부분의 중첩에 위치하게 변환한다.

H$|$"0"$\rangle$의 그림은 plot_bloch(H*zero_qubit) 코드로 다음과 같이 나타낼 수 있다.

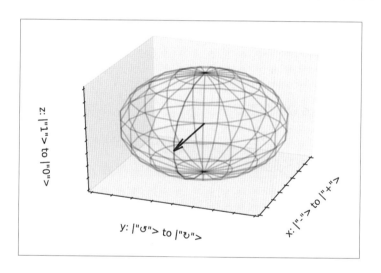

여기서 방향은 $|$"+"$\rangle$와 동일함을 알 수 있다. 글/대수학의 표현으로 이는 H$|$"0"$\rangle$ = $|$"+"$\rangle$라는 뜻이다. H$|$"1"$\rangle$도 동일하지만 초기 위치가 다르고, 게이트가 실행하는 회전이 다르기 때문에 결과는 적도에서 H$|$"0"$\rangle$의 반대 끝에 위치하게 된다. H$|$"1"$\rangle$의 그림은 plot_bloch(H*one_qubit) 코드로 다음과 같이 나타낼 수 있다.

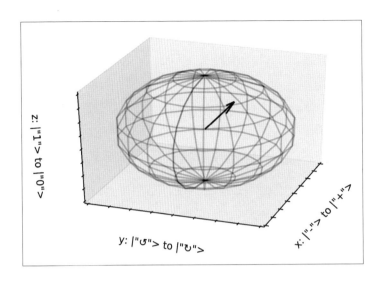

여기서 그림은 "−"〉와 동일함을 알 수 있다. 글/대수학으로 표현하면 H|"1"〉 = |"−"〉를 의미한다.

파울리(Pauli) 게이트(X, Y, Z)

각각의 게이트는 게이트가 동작하는 큐비트를 180로 회전한다. X 게이트의 회전은 x축을 기준으로 하고, Y 게이트의 회전은 y축을 기준으로 하고, Z 게이트의 회전은 z축을 기준으로 한다.

파이썬에서 이 세 개의 게이트는 다음과 같이 정의된다.

```
X=np.matrix('0 1; 1 0')
Y=np.matrix([[0, -i_],[i_, 0]])
Z=np.matrix([[1,0],[0,-1]])
```

X 게이트

X 게이트는 전통적인 논리 게이트인 NOT의 양자 버전이며, |"0"〉와 |"1"〉로 나타난다.

x축을 기준으로 동작하는 큐비트를 180도 회전한다. 우선 |"0"⟩에서 X|"0"⟩로 동작하는 것을 확인하고, plot_bloch(X*zero_qubit) 코드로 다음과 같은 결과를 확인할 수 있다.

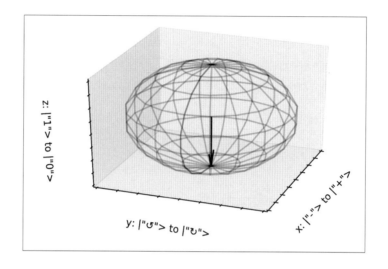

아나나 다를까, X|"0"⟩ = |"1"⟩임을 확인할 수 있다. 다음으로 plot_bloch(X*one_qubit)로 X|"1"⟩를 다음 그림에서 확인하면, X|"1"⟩ = |"0"⟩인 것을 알 수 있다.

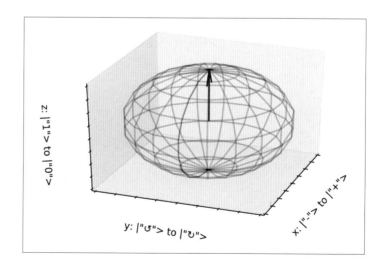

마찬가지로 X 게이트는 |"0"⟩를 |"1"⟩나 그 반대로 변환해 NOT 게이트와 동일하게 동작함을 확인할 수 있다.

Y 게이트

Y 게이트는 동작하는 큐비트를 y축으로 180도 회전한다. |"0"⟩와 |"1"⟩ 큐비트에 동작하는 결과는 X 게이트와 동일하며, 이는 두 개의 큐비트가 z축으로 나란히 배치되기 때문이다. 그리고 x축이나 y축으로 180도 회전하는 것은 결과적으로 구의 반대편의 동일한 곳에 위치하게 된다. 글/대수학으로 이는 X|"0"⟩ = Y|"0"⟩와 X|"1"⟩ = Y|"1"⟩를 의미한다.

하지만 x축 |"+"⟩에 나란하지 않은 큐비트를 다루는 경우 두 게이트의 차이를 확인할 수 있다. 이는 x축의 큐비트에 나란히 위치하고, plot_bloch(plus_qubit) 코드로 다음 그림에서 확인할 수 있다.

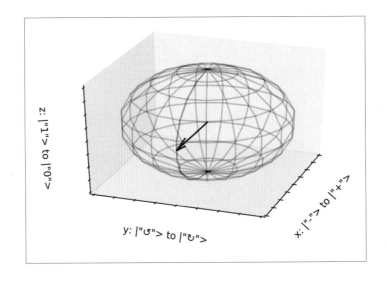

이전에 확인한 것처럼 X 게이트로 |"+"⟩를 x축으로 180도 회전하는 |"+"⟩에 아무런 효과가 없고, 이는 |"+"⟩가 이미 x축에 나란하기 때문이다. 글/대수학으로 표현하면 X|"+"⟩ = |"+"⟩를 의미한다.

하지만 Y 게이트로 |"+"⟩를 y축을 기준으로 180도 회전하는 경우에는 효과를 볼 수 있다. 다음 그림에서 plot_bloch(Y*plus_qubit) 코드를 사용해 Y|"+"⟩를 보여준다.

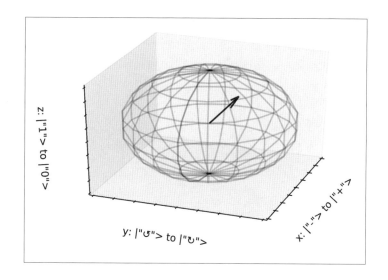

여기서 |"+"⟩는 y축을 기준으로 180도 변경됐고, 이제는 |"−"⟩와 동일하다. 글/대수학으로 나타내면 이는 Y|"+"⟩ = |"−"⟩를 의미한다. 반대로 |"−"⟩에 대해 Y 게이트를 적용한 결과는 Y|"−"⟩ = |"+"⟩가 된다.

Y 게이트는 |"+"⟩와 |"−"⟩를 사용한 NOT 게이트와 같이 동작하고, |"+"⟩를 |"−"⟩로, |"−"⟩를 |"−"⟩로 변경한다.

Z 게이트

Z 게이트는 동작하는 큐비트를 z축을 중심으로 180도 회전한다. 큐비트 |"0"⟩과 |"1"⟩은 이미 z축에 나란하기 때문에, Z 게이트로 180도 회전하는 것은 아무런 효과가 없다. |"+"⟩와 |"−"⟩는 z축에 나란하지 않기 때문에 Z 게이트를 사용하는 것은 효과가 있다. 하지만 효과는 |"+"⟩와 |"−"⟩에 Y 게이트를 사용하는 것과 동일하다. 이는 큐비트들이 x축에 나란하기 때문에 y축이나 z축으로 회전하는 것은 동일한 효과를 낸다. 즉, |"+"⟩를 |"−"⟩로, |"−"⟩를 |"+"⟩로 변경한다.

큐비트에서 Z 게이트가 효과를 내는 것과 Y 게이트에서 다른 효과가 나는 것을 확인하기 위해 |"↻"⟩ 큐비트를 다룬다. 이는 다음 그림과 같이 plot_bloch(clockwisearrow_qubit) 코드로 y축에 나란하게 나타남을 확인할 수 있다.

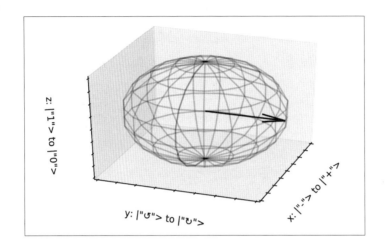

|"↻"⟩는 이미 y축에 나란하기 때문에 Y 게이트로 y축을 기준으로 회전하는 것은 아무런 효과가 없다. 글/대수학으로 나타내면 이는 Y|"↻"⟩ = |"↻"⟩와 같다. 하지만 z축을 기준으로 |"↻"⟩를 180도 회전하는 것은 효과가 있고, 이는 plot_bloch(Z*clockwisearrow_qubit) 코드로 다음 그림에서 확인할 수 있다.

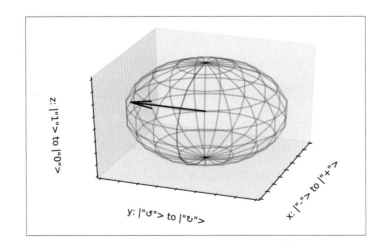

여기서 |"↺"⟩는 180도 회전돼 |"↻"⟩와 동일하다. 글/대수학으로는 Z|"↺"⟩ = |"↻"⟩로 표현된다. 반대로 |"↻"⟩에 대해 Z 게이트를 실행하면 Z|"↻"⟩ = |"↺"⟩가 된다.

Z 게이트는 |"↺"⟩와 |"↻"⟩에 대해서 NOT 게이트와 같이 동작하고, |"↺"⟩를 |"↻"⟩로, |"↻"⟩를 |"↺"⟩로 변환한다.

위상 게이트(S)와 π/8 게이트(T)

이 두 가지 게이트 중의 하나를 적용한 이후에 |"0"⟩나 |"1"⟩를 측정할 확률은 변하지 않는다. 즉, 큐비트는 z축을 기준으로 동일한 위치를 유지하지만 큐비트는 블로흐 구의 z축을 중심으로 일정한 크기만큼 회전한다. |"0"⟩나 |"1"⟩를 측정할 확률은 변하지 않는다고 하더라도, |"+"⟩와 |"−"⟩ 또는 |"↺"⟩와 |"↻"⟩ 같은 다른 기저에 측정을 한다면, 측정은 변할 수도 있다.

이 게이트들은 Z 게이트와 유사하고 따라서 Z, S, T는 모드 z축을 중심으로 회전을 수행한다. 각 게이트가 회전하는 각도가 다를 뿐이다. S 게이트는 90도를 회전하고, T 게이트는 45도를 회전하며 앞서 배웠듯이 Z 게이트는 180도 회전한다.

위상 게이트(S)

S 게이트는 x-y 평면을 중심으로 90도($\pi/2$ 호도) 회전한다.

파이썬에서 다음과 같이 나타낼 수 있다.

```
S=np.matrix([[1,0],[0,np.e**(i_*np.pi/2.)]])
```

plot_bloch(S*zero_qubit) 코드를 통해 S 게이트는 |"0"⟩에는 효과가 없음을 확인할 수 있다.

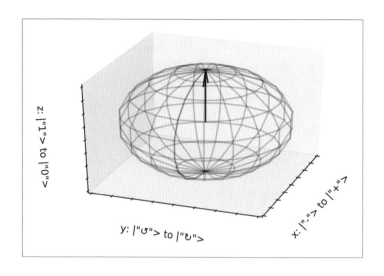

하지만 x-y 평면에서 |"+"⟩와 같은 큐비트를 선택한다면, plot_bloch(S*plus_qubit) 코드를 통해서 90도로 회전하는 것을 알 수 있다.

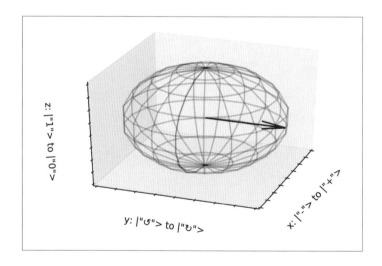

여기서 S|"+"⟩는 |"+"⟩를 z축을 중심으로 90도 회전하고, 이는 |"↻"⟩가 되는 것을 확인한다. 다시 S 게이트를 적용하면 한 번 더 회전을 하고, plot_bloch(S*S*plus_qubit) 코드를 통해 다음 그림을 확인할 수 있다.

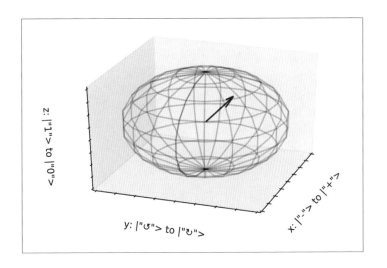

이와 같이 S 게이트의 두 번 적용은 |"+"⟩를 90도 + 90도 = 180도 회전해, |"−"⟩ 큐비트로 변환한다. |"+"⟩에 대해서 S 게이트를 네 번 적용하는 것은 90도*4 = 360도로 원래 자리로 되돌아온다.

π/8 게이트(T)

T 게이트는 x-y 평면을 중심으로 45도(π/4호도) 회전한다. 이 게이트를 π/4로 부르지 않는 데는 역사적인 이유가 있다.

파이썬에서 다음과 같이 표현될 수 있다.

```
T=np.matrix([[1,0],[0, np.e**(i_*np.pi/4.)]])
```

다시 말해서 이 게이트는 z축에 대해서는 큐비트에 아무런 영향을 미치지 않지만, z축 주변의 모든 다른 큐비트에 대해서는 회전을 한다. plot_bloch(T*plus_qubit) 코드를 통해 T|"+"⟩를 가시화해 |"+"⟩의 회전을 확인할 수 있다.

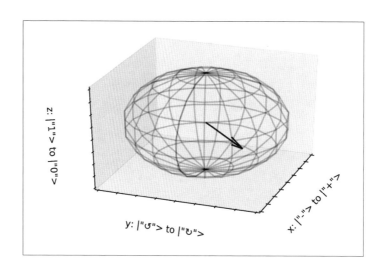

역시나 T 게이트는 |"+"⟩를 45도 회전한다. T 게이트를 두 번 적용해 45도 + 45도 = 90도
로 z축으로 회전을 하고, `plot_bloch(T*T*plus_qubit)` 코드로 아래와 같이 확인할 수
있다.

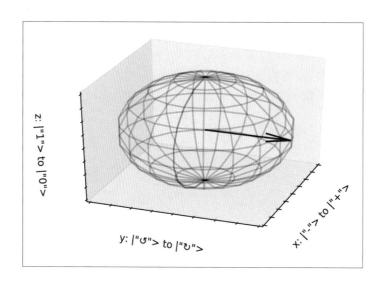

여기서 TT|"+"⟩ = S|"+"⟩ = |"↻"⟩를 확인할 수 있다.

"대거" 게이트 $S^\dagger$와 $T^\dagger$

"대거"^{dagger} 게이트 $S^\dagger$와 $T^\dagger$를 확인해보자. $\dagger$ 기호는 "대거"라고 읽는다. 파이썬에서 S와 T에 대해서 Sdagger = S.conjugate().transpose()와 Tdagger = T.consugate().transpose()로 정의된다. 이런 게이트는 S와 T 게이트와 같이 z축에서 각도로 동일한 회전을 수행하지만 방향성이 다르다.

파이썬 plot_bloch(S*plus_qubit) 코드로 $S|"+"\rangle$를 확인해보자.

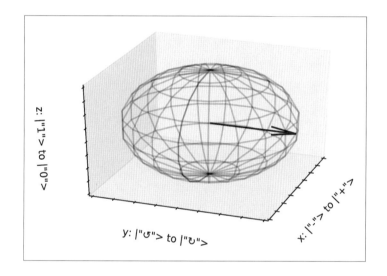

이에 대비해서 plot_bloch(Sdagger*plus_qubit) 코드로 $S^\dagger|"+"\rangle$를 확인해보자.

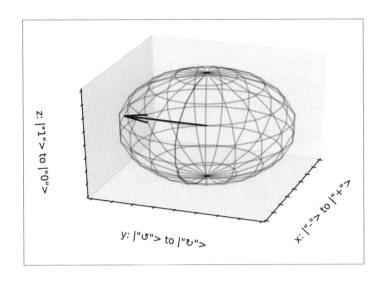

그리고 파이썬 코드 plot_bloch(T*plus_qubit) 코드로 블로흐 구에서 $T|\text{"+"}\rangle$를 비교해 보자.

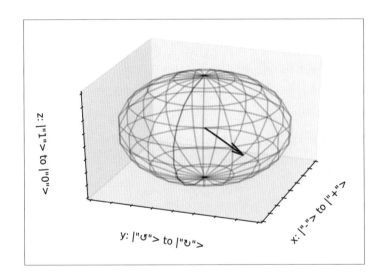

이와 비교해 plot_bloch(Tdagger*plus_qubit) 코드로 $T^\dagger|\text{"+"}\rangle$를 비교해보자.

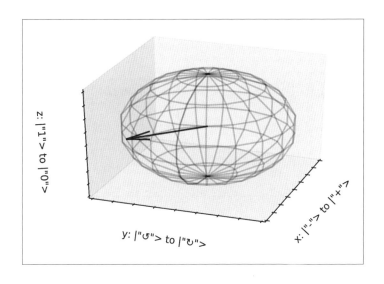

▎다수 큐비트 게이트

여기서는 다수 큐비트 게이트인 CNOT을 살펴볼 것이다. CNOT은 얽힘 상태를 만들기 때문에 양자 계산에서 매우 중요한 역할을 갖는다. 얽힘 상태는 각각의 큐비트가 개별적으로는 의미를 가질 수 없는 상태이고, 그룹에서만 의미를 갖는다는 것을 떠올리기 바란다.

CNOT 게이트

CNOT 게이트는 제어된 부정 게이트^{controlled-not gate}를 의미하고, 한 번에 두 개의 큐비트에 동작한다. 이 게이트는 전통적인 XOR 게이트의 양자 버전이라고 생각하면 된다. 첫 번째 큐비트는 제어 큐비트로 동작하고, 게이트의 동작의 결과로는 결코 변하지 않는다. 첫 번째 큐비트가 |"1">인 경우, NOT 동작은 두 번째 큐비트에 적용된다. 첫 번째 큐비트가 |"0">라면, 두 번째 큐비트에는 어떠한 것도 하지 않는다.

이는 |"00"⟩, |"01"⟩, |"10"⟩, |"11"⟩ 상태를 기반으로 테이블로 설명하는 것이 훨씬 이해가 빠를 것이다.

시작 상태	시작 상태에 대한 CNOT 동작
|"00"⟩	|"00"⟩
|"01"⟩	|"01"⟩
|"10"⟩	|"11"⟩
|"11"⟩	|"10"⟩

두 번째 큐비트는 첫 번째 큐비트에 따라 동작하고, 따라서 첫 번째 큐비트의 상태가 CNOT의 입력 이전에 변경된다면 두 번째 큐비트는 변할 것이다. 이 게이트는 두 개의 큐비트를 다루기 때문에 블로흐 구에 일반적인 형태로 나타내기에는 무리가 있다. 따라서 여기서는 말로 설명할 것이다.

제어 큐비트가 |"0"⟩와 |"1"⟩의 중첩에 있는 시작 상태라면 차트로 나타내기에는 더욱 어려운 부분이 있지만, 글/대수학 또는 코드의 형태로 설명을 할 수 있을 것이다. 글/대수학의 형태로 시작하고 어떻게 동작하는지 코드로 확인해볼 것이다.

우선, 0과 1 사이 중간에 있는 상태의 |"+"⟩ 큐비트를 제어 큐비트로 가지고 있다고 해보자. $|"+"⟩ = \dfrac{|"0"⟩ + |"1"⟩}{\sqrt{2}}$ 수식과 |"+"⟩ 큐비트를 측정하는 것은 |"0"⟩가 50% 시간, |"1"⟩가 50%의 시간만큼 측정이 된다는 것을 떠올려보기 바란다.

 |"+"⟩로써 |"0"⟩에 아다마르 게이트를 실행해 |"0"⟩에서 |"+"⟩ 상태를 만들 수도 있다. 물리적인 양자 컴퓨터를 프로그래밍하는 것은 |"0"⟩ 상태의 큐비트에서 시작하는 것이 필요하다. 따라서 |"0"⟩ 게이트를 적용해 다른 원하는 시작 상태에 도달하는 것은 양자 프로그래밍에서 중요한 기술임을 기억하기 바란다. 이 때문에 앞서 여러 게이트를 가지고 하나의 큐비트에서 다른 큐비트를 얻는 과정을 가시화하는 데 많은 시간을 할애한 것이다.

두 번째 큐비트를 $|$"0"$\rangle$ 상태로 할 것이다. 따라서 두 개의 큐비트를 작성할 수 있고, 이는 "starting"으로 시작할 것이다.

$$|\,"starting\,"\rangle = |\,"{+}0\,"\rangle$$

$|$"starting"$\rangle$ 상태는 두 개의 큐비트로 돼 있지만, 첫 번째 큐비트로 $|$"+"$\rangle$, 두 번째 큐비트로 $|$"0"$\rangle$로 나눌 수 있기 때문에 얽혀 있지 않은 상태다. 다음 단계로 다음 식을 사용해보자.

$$|\,"{+}\,"\rangle = \frac{|\,"0\,"\rangle + |\,"1\,"\rangle}{\sqrt{2}}$$

$|$"starting"$\rangle$ 상태를 다시 작성하면 다음과 같다.

$$|\,"starting\,"\rangle = \frac{|\,"00\,"\rangle + |\,"10\,"\rangle}{\sqrt{2}}$$

여기서 두 가지를 함께 작성하기로 했고, 따라서 다음 단계에서 CNOT을 적용할 때 어떤 현상이 발생했는지 확인하는 것이 더 쉬울 것이다.

이제 "final"이라는 상태를 얻기 위해서 $|$"starting"$\rangle$에 CNOT 게이트를 적용해보자.

$$|\,"final\,"\rangle = CNOT\,|\,"starting\,"\rangle = CNOT\frac{|\,"00\,"\rangle + |\,"10\,"\rangle}{\sqrt{2}}$$

$$= \frac{CNOT\,|\,"00\,"\rangle + CNOT\,|\,"10\,"\rangle}{\sqrt{2}} = \frac{|\,"00\,"\rangle + |\,"11\,"\rangle}{\sqrt{2}}$$

따라서 마지막 상태는 다음과 같이 된다.

$$|\,"final\,"\rangle = \frac{|\,"00\,"\rangle + |\,"11\,"\rangle}{\sqrt{2}}$$

3장의 '분리 가능한 상태' 절에서 이 상태는 분리가 불가능한 상태에 있고, 따라서 각각의 큐비트를 따로 떼어 설명할 수 없다는 것을 기억할 것이다. 또한 3장의 '얽힘' 절에서 분

리 불가능한 것은 얽힘의 상태에 있다고 설명했다. 따라서 CNOT을 사용해 두 개의 얽히지 않은 큐비트에서 얽힌 상태를 생성한 것이다. 이런 얽힌 상태를 측정한다면 3장에서 확인한 것처럼 |"00">를 약 50% 시간, |"11">를 약 50% 시간만큼 얻게 될 것이다.

CNOT 게이트의 파이썬 코드

파이썬에서 CNOT을 다음과 같이 정의한다.

```
CNOT=np.matrix('1 0 0 0; 0 1 0 0; 0 0 0 1; 0 0 1 0')
```

시뮬레이션에서 CNOT이 동작하는 것을 확인하기 위해서 3장에서 사용한 코드가 필요하다. 특히 create_quantum_state와 measure_in_01_basis 함수가 필요하다. 다음 상태를 가지고 확인해보자.

$$|\text{``starting''}\rangle = \frac{|\text{``00''}\rangle + |\text{``10''}\rangle}{\sqrt{2}}$$

이 상태는 다음 코드를 사용해 생성한다.

```
starting_state=create_quantum_state([plus_qubit,zero_qubit])
```

다음으로 |"starting">에 CNOT 게이트를 실행한다.

```
final_state=CNOT*starting_state
```

마지막 결과를 가시화하기 위해서 더 이상 블로흐 구를 사용하지 않기 때문에 시뮬레이션에서는 |"0">와 |"1"> 기저의 어떤 상태를 얻기 위한 확률을 가시화할 도움 함수를 만들 수 있다.

```
def probability_table_in_01_basis(state,n_measurements=1000):
    from collections import Counter
    measured=[measure_in_01_basis(final_state) for i in
range(n_measurements)]
    for s,c in Counter(measured).items():
        print(s,"{0:.0%}".format(c/n_measurements))
```

 상태를 한 번 측정하는 것은 향후 모든 측정이 동일하다는 것을 의미하기 때문에 probability _table_in_01_basis는 시뮬레이션 밖에서는 작동하지 않는다. 시뮬레이션 밖에서 유사한 함수를 얻기 위해서는 동일한 방식으로 큐비트 쌍을 여러 개 준비할 필요가 있다. 그리고 각 쌍을 개별적으로 측정하고, 확률을 이후에 계산한다.

이제 결과를 보여주기 위해 probability_table_in_01_basis를 사용해보자.

```
probability_table_in_01_basis(final_state)
```

이 코드는 다음 결과를 출력한다.

```
|"11"> 48%
|"00"> 52%
```

저자의 컴퓨터에서 처음으로 실행했을 때는 다음과 같은 결과를 얻었다.

```
|"11"> 50%
|"00"> 50%
```

두 번째 결과는 이전에 글/대수학에서 (이론적으로) 기대했던 것과 동일하다. 실제로 측정 과정은 확률을 기반으로 하기 때문에 코드를 실행할 때마다 다른 결과를 출력할 것이다. 측정 수가 많을수록 마지막 결과는 글/대수학에서 이론적으로 기대했던 결과에 가까울 것이다.

선택된 제어 큐비트와 대상 큐비트를 가진 CNOT

첫 번째 큐비트 대신 제어 큐비트, 두 번째 큐비트 대신 대상 큐비트로 CNOT을 작성할 수 있다. 예를 들어 제어 큐비트가 두 번째 큐비트가 되고, 대상 큐비트가 첫 번째 큐비트가 되는 CNOT 게이트가 되는 것이다. 파이썬 코드에서는 다음과 같이 표현할 수 있다.

```
CNOT_control1_target0=np.kron(H,H)*CNOT*np.kron(H,H)
```

시뮬레이션의 레지스터에서 제어로 동작하는 어떤 큐비트와 목표로 동작하는 어떤 큐비트를 가질 수 있다. 물리적인 양자 컴퓨터에서는 큐비트의 물리적인 연결성에 기반해 특정 상태의 큐비트만을 제어할 수 있고, 각 제어에 대해 특정 큐비트만이 대상 큐비트로 동작할 수 있는 제한 사항이 있을 수 있다.

▌요약

전통적인 계산이든 양자 계산이든 계산은 입력을 받고, 원하는 대로 입력값을 변환해 특정한 출력값을 얻는 것이다. 양자 컴퓨팅에서 이것은 양자 게이트를 통해 이뤄진다.

양자 게이트는 상태를 변경하기 위해 양자 레지스터에 동작을 한다. 양자 게이트는 한 개, 두 개, 혹은 그 이상의 큐비트 상태에 동작할 수 있다. 4장에서는 한 개 혹은 두 개의 큐비트에 동작하는 양자 게이트를 다뤘다. 여기서 설명한 게이트의 집합은 범용 게이트 집합이 된다. 즉, 범용 게이트의 조합으로 모든 양자 계산을 수행할 수 있다는 것이다.

하나의 큐비트 상태에 적용되는 양자 게이트의 동작은 하나의 큐비트를 블로흐 구에서 다른 위치로 옮겨 놓는다. 4장에서 몇 가지 하나의 큐비트 게이트에 관해 배웠다. 항등 게이트 I는 큐비트의 위치가 블로흐 구에서 변경되지 않는다. 아다마르 게이트 H는 최초 큐비트를 x축을 중심으로 180도 회전하고, y축을 중심으로 90도 회전한다. 파울리 게이트(X, Y, Z)는 180도 회전한다. X 게이트의 회전은 x축을 중심으로, Y 게이트의 회전은 y축을 중심으로, Z 게이트의 회전은 z축을 중심으로 이뤄진다. 위상 게이트(S)와 π/8 게이트(T)는 z축을 중심으로 돈다는 측면에서 Z 게이트와 유사하다. 하지만 큐비트가 회전하는 양이 다르다. Z 게이트가 180도 회전하는 것과 달리 S 게이트는 90도로 회전하고, T 게이트는 45도로 회전한다. S†와 T† 게이트는 S와 T 게이트와 동일하게 동작하지만 회전 방향이 다르다.

두 개의 큐비트를 다루는 CNOT 게이트는 한 개 이상의 큐비트에 동작해 얽힘을 만든다. 이 게이트는 전통적인 XOR 게이트의 양자 버전이다. 첫 번째 큐비트는 제어 큐비트로 동작하고, 게이트의 동작의 결과로써 결코 변하지 않는다. 첫 번째 큐비트가 |"1"⟩인 경우, NOT 동작은 두 번째 큐비트에 적용된다. 첫 번째 큐비트가 |"0"⟩라면, 두 번째 큐비트에는 아무런 동작을 취하지 않는다.

4장에서 배운 범용 게이트인 I, X, Y, Z, H, S, S†, T, T†, CNOT 게이트와 동작 방식에 대한 이해를 바탕으로 양자 컴퓨터의 프로그래밍을 시작할 준비가 됐다.

▌ 연습 문제

1. 다른 전통적인 범용 게이트 집합을 찾아보세요.

2. |"0"⟩I는 허용되지 않은 동작입니다. 파이썬에서 큐비트 다음에 게이트를 적용하세요. 어떤 현상이 발생합니까?

3. IIII|"0"⟩의 결과는 무엇입니까? I|"+"⟩의 결과는 무엇입니까?

4. XH|"0"⟩를 블로흐 구에 그려 보시기 바랍니다. |"1"⟩로 동일한 결과를 얻기 위해서는 어떤 게이트를 적용해야 합니까?

5. |"+"⟩ 큐비트로 시작해, |"0"⟩를 얻기 위해서는 어떤 게이트를 적용해야 합니까? |"↻"⟩를 결과로 얻기 위해서는 어떤 게이트를 적용해야 합니까?

6. X 게이트를 두 번 적용하면 어떤 게이트가 되는 것입니까? Y 게이트를 두 번 적용하는 것은 어떤 게이트가 되는 것입니까? 그리고 Z 게이트를 두 번 적용하는 것은 어떤 게이트가 되는 것입니까?

7. $SS^{\dagger}$와 $|\text{"}+\text{"}\rangle$는 무엇입니까? $TT^{\dagger}|\text{"}+\text{"}\rangle$는 무엇입니까?

8. $|\text{"}++\text{"}\rangle$ 상태에 CNOT 게이트를 적용하면 어떤 결과가 나옵니까?

05

양자 회로

5장은 전통적인 회로의 양자 버전인 양자 회로를 설명하기 위해 양자 게이트의 개념을 확장한다. 여기서는 전통적인 게이트가 양자 회로에서 어떻게 재생산될 수 있는지를 넘어서서 수식이나 프로그래밍 언어를 사용하지 않고 양자 회로를 쉽게 정의하는 데 사용할 수 있는 양자 회로의 가시적인 표현을 소개한다. 되돌릴 수 있는 계산의 개념을 설명하고, 어떤 양자 계산을 되돌리기 위해 게이트를 합치는 방법을 배운다. 마지막으로 더욱 복잡한 양자 알고리즘을 만드는 구성 요소로 유용하게 사용될 여러 개의 간단한 회로를 정의할 것이다.

5장에서는 다음 주제를 다룬다.

- 양자 회로와 양자 회로 다이어그램
- 양자 회로를 만들기 위해 키스킷 사용하기

- 되돌릴 수 있는 계산
- 양자 회로 예제

기술적인 필요 조건

5장의 코드는 https://github.com/PacktPublishing/Mastering-Quantum-Computing-with-IBM-QX의 Chapter05 폴더의 주피터 노트북에 있다.

양자 회로와 양자 회로 다이어그램

파이썬을 사용해 양자 회로를 시뮬레이션할 것이다. 좋은 소식은 이미 앞에서 살펴봤기 때문에 쉽다는 것이다. 양자 회로는 단지 양자 게이트의 순서대로 나열해 연결한 것에 불과하다. 예로는 Y|"+"⟩, 다른 예로는 XH|"0"⟩가 된다. 회로는 IBM QX를 사용하고, 주어진 큐비트에 대해 최초 상태는 항상 |"0"⟩가 될 것이다.

양자 회로 다이어그램quantum circuit diagram은 양자 회로를 가시화하는 방법이다. 일반적으로 양자 회로 다이어그램의 왼쪽에는 여러 |"0"⟩ 큐비트로 시작하고, 전선처럼 보이는 선들이 연결된 모습을 보여준다. 이런 이유로 양자 회로라고 부르는 것이다. 양자 게이트는 |"0"⟩ 큐비트에 적용되는 순서로 전선을 따라 순서대로 배치될 수 있고, 이름과 상자 형태가 위치하게 된다. CNOT과 같은 다수 큐비트 제어 게이트에서 게이트는 대상 큐비트 전선에 위치하고, 선은 그 게이트에서 제어 큐비트 선까지 이어진다. 대상 큐비트는 크고, 열린 원형으로 돼 있고, 제어 큐비트는 작은 검정색 원으로 돼 있다.

글/대수학 또는 코드로 게이트를 작성할 때, XYZ|"0"⟩와 같이 |"0"⟩를 오른쪽에 위치하고, 큐비트와 가장 가까운 게이트를 먼저 실행하고, 오른쪽에서 왼쪽으로 이동한다. 이는 게이트 적용에 내재된 수학적인 동작 구조다. 양자 회로에서는 영어 문장을 읽는 것과 같은 설정이 적용된다. 즉, 왼쪽에서 오른쪽으로 이동하고, |"0"⟩ 큐비트에 사용할 게이트

를 순서대로 적용한다. 지금부터 가시적인 양자 회로를 주로 다룰 것이다. 따라서 양자 회로에서는 왼쪽에서 오른쪽으로 이동하고, 파이썬 코드나 글/대수학에서는 오른쪽에서 왼쪽으로 이동한다는 것을 기억하기 바란다.

우선 이전에 살펴본 양자 회로에 대한 양자 회로 다이어그램을 살펴보자.

- X|"0"〉에 대한 양자 회로 다이어그램은 다음과 같다.

$$|0\rangle \ -\boxed{X}-$$

- XH|"0"〉에 대한 양자 회로 다이어그램은 다음과 같다.

$$|0\rangle \ -\boxed{H}-\boxed{X}-$$

CNOT은 제어된 NOT 게이트이고, 항상 한 번에 두 개의 큐비트에 동작함을 기억하기 바란다. 이 게이트는 전통적인 XOR 게이트의 양자 버전을 제공한다. 첫 번째 큐비트는 제어 큐비트로 동작하고, 게이트 동작의 결과는 결코 변하지 않는다. 이 첫 번째 비트가 |"1"〉인 경우 NOT 동작은 두 번째 큐비트에 적용된다. 반대로 첫 번째 큐비트가 |"0"〉인 경우 두 번째 큐비트에는 아무런 동작도 일어나지 않는다.

이제 |"+"〉를 제어 큐비트로 사용하고, |"0"〉를 대상 큐비트로 사용해 CNOT을 계산하길 원한다고 가정해보자. 양자 회로 다이어그램에서는 항상 |"0"〉로 시작한다는 것을 떠올려보기 바란다. 따라서 |"0"〉에서 |"+"〉로 가는 방법을 알아야 한다. 4장에서 배운 내용을 토대로 |"+"〉 = H|"0"〉와 동일함을 알 수 있다. 따라서 CNOT을 적용하기 전에 |"0"〉에 H 게이트를 실행하면 된다. 다음 양자 회로 다이어그램은 이를 표현한다.

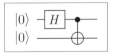

4장에서 확인한 것처럼 이런 얽힌 상태를 측정하는 경우 |"00"⟩를 약 50% 시간만큼 가지고, |"11"⟩를 약 50%의 시간만큼 갖게 된다. 측정은 양자 회로에서 얻을 수 있고, 기본 측정 기저는 |"0"⟩와 |"1"⟩ 기저가 된다. 이는 3장에서 배운 것처럼 z 기저임을 알고 있다. 주어진 큐비트에 대한 측정은 |"0"⟩와 |"1"⟩ 기저가 되기 때문에 측정은 항상 |"0"⟩이나 |"1"⟩를 도출한다. 그리고 측정의 결과는 전통적인 레지스터로 출력할 수 있다. 즉, 측정이 |"0"⟩이면 0 비트를 설정하고, |"1"⟩인 경우 측정이 |"1"⟩인 경우 1비트를 설정한다. 측정 과정을 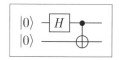 기호로 나타낼 수 있다. 전통적인 레지스터를 0비트를 포함한 것을 시작으로 표현할 수 있고, 양자 레지스터와 구분하기 위해서 두 선의 전선으로 나타낼 수 있다. 더욱 간단하게 표현하기 위해서 하나의 선에 대각을 그리고, 표식으로 0^n(0의 n 승수)으로 나타낸다. 이때 n은 레지스터가 몇 개의 비트 0을 포함하는지 나타낸다. 이는 단순히 요약한 것이며, IBM QX에서 이런 형태를 보게 될 것이다. 예를 들어 다섯 개의 비트(모두 0으로 초기화)를 가진 전통적인 레지스터는 하나의 선에 대각을 긋고, 표식을 0^5로 나타낼 수 있다. 그리고 기호에서 두 개의 선을 그려서 측정의 결과를 두기 원하는 레지스터에 연결할 수 있다. 이는 회로의 두 큐비트 모두 측정한다.

결과적으로 다음과 같은 형태가 된다.

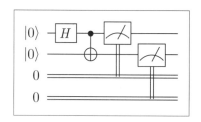

따라서 이 회로를 여러 번 준비하는 경우 약 50%의 시간에 대해서 전통적인 레지스터는 00을 포함하고, 약 50%의 시간에 대해 전통적인 레지스터는 11을 포함할 것이다.

양자이나 전통적인 레지스터를 이름 지어서 코드에서 다르게 처리하고, 결과를 다르게 논의할 수 있도록 다른 이름으로 부르는 것이 도움이 될 것이기 때문에 |"0"⟩의 왼쪽에 각각의 이름을 표기한다. 다음은 표식을 가진 이전 회로의 예제다. 여기서 두 개의 큐비트는 $q0_0$와 $q0_1$으로 나타내고, 두 개의 전통적인 비트는 $c0_0$와 $c0_1$으로 나타낸다.

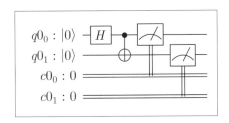

IBM은 양자 회로 다이어그램을 양자 스코어로 나타낸다. 음악 다이어그램을 본 적이 있다면 양자 스코어는 악보와 비슷하게 보일 것이다. IBM QX에서 양자 스코어는 양자 컴포저로 만들어지고, 이는 악보와 비슷하다. 지금까지 배운 모든 게이트는 양자 컴포저에 있고, 추가로 몇 가지 게이트가 더 존재한다. 지금까지 배운 게이트는 범용 게이트 집합을 구성하지만 모든 양자 프로그램을 만들기 위해서 게이트들의 조합을 사용할 수 있다. 실제 양자 컴퓨터에서는 적은 게이트가 사용될수록 더 좋은 것이다. 그 이유는 게이트의 동작은 많은 시간이 걸리고, 시간이 길어질수록 오류를 발생할 확률이 높아지기 때문이다.

▌ 양자 회로를 만들기 위해 키스킷 사용하기

키스킷^{Qiskit}은 양자 정보 과학 키트$^{Quantum\ Information\ Science\ Kit}$다. 이는 IBM QX 양자 프로세서를 프로그램하기 위한 SDK$^{software\ development\ kit}$다. 또한 파이썬에서 양자 컴퓨터를 시뮬레이션하기 위한 여러 가지 프로그램도 포함한다. 자세히 알아보고자 하나의 장을 할애해 설명하면 도움될 것이다. 5장에서는 양자 회로를 만들기 위한 사용법을 배울 것이다.

키스킷에서 하나의 큐비트 회로

우선 전통적인 레지스터, 양자 레지스터, 양자 회로를 만들기 위한 프로그램을 qiskit에서 불러오도록 하자.

```
from qiskit import QuantumCircuit, ClassicalRegister, QuantumRegister
```

다음으로 qiskit을 사용해 $X|\text{"}0\text{"}\rangle$ 회로를 만들어보자.

```
qr = QuantumRegister(1)
circuit = QuantumCircuit(qr)
circuit.x(qr[0])
```

QuantumRegister의 입력변수는 1이다. 이는 양자 레지스터가 한 개의 큐비트를 포함하는 것을 나타낸다.

qiskit에서 $XH|\text{"}0\text{"}\rangle$ 회로는 다음과 같다.

```
qr = QuantumRegister(1)
circuit = QuantumCircuit(qr)
circuit.h(qr[0])
circuit.x(qr[0])
```

키스킷의 양자 회로 클래스와 범용 게이트 메소드

QuantumCircuit 클래스는 양자 레지스터에서 특정 큐비트에 여러 가지 게이트를 실행할 수 있게 한다는 것을 알 수 있다. 전체 게이트 집합은 QuantumCircuit 문서에서 찾을 수 있지만, 지금까지 배운 게이트와 동일한 부분을 표로 보여준다.

게이트	키스킷 QuantumCircuit 클래스 메소드 이름
I	iden
X	x
Y	y
Z	z
H	h
S	s
S†	sdg
T	t
T†	tdg
CNOT	cx

키스킷에서 다수 큐비트 게이트

이제 qiskit을 사용해 |"+"⟩를 제어 큐비트로 갖고, |"0"⟩를 대상 큐비트로 갖는 CNOT
에 대한 회로를 설계하길 원한다고 해보자. 두 개의 큐비트를 갖는 양자 레지스터 qr =
QuantumRegister(2)를 만들어야 할 것이다. 그리고 QuantumCircuit 클래스의 cx 메소드에
입력변수로써 레지스터의 각 큐비트를 제공해야 한다. cx에 첫 번째 큐비트 입력변수는
제어 큐비트이고, 두 번째는 대상 큐비트다. 코드는 다음과 같다.

```
qr = QuantumRegister(2)
circuit = QuantumCircuit(qr)
circuit.h(qr[0])
circuit.cx(qr[0],qr[1])
```

키스킷 회로에서 전통적인 레지스터

양자 회로에 전통적인 레지스터를 추가할 수 있다. 전통적인 레지스터가 측정의 결과를 가지게 할 것이다. 다음 코드는 |"+">를 제어 큐비트로, |"0">를 대상 큐비트로 사용하는 CNOT에 대한 회로에 전통적인 레지스터를 추가하는 예제를 보여준다.

```
qr = QuantumRegister(2)
cr = ClassicalRegister(2)
circuit = QuantumCircuit(qr, cr)
circuit.h(qr[0])
circuit.cx(qr[0],qr[1])
```

여기서 QuantumRegister 클래스를 만드는 것이 양자 레지스터의 길이를 큐비트로 나타내도록 하는 것과 같이 ClassicalRegister 클래스를 만드는 것은 전통적인 레지스터의 크기를 비트로 명시하는 것을 필요로 한다. 여기서 전통적인 레지스터로 QuantumCircuit 클래스의 멤버를 초기화하는 것은 QuantumCircuit의 생성자^{constructor}에 두 번째 입력변수로써 ClassicalRegister 인스턴스를 제공해야 함을 의미한다.

키스킷 회로에서 측정

두 개의 큐비트를 포함한 양자 레지스터와 두 개의 비트를 포함한 전통적인 레지스터를 가진 회로를 만들었기 때문에 QuantumCircuit 클래스의 measure 메소드로 회로에서 모든 큐비트의 측정을 수행할 수 있다. 이 메소드는 측정을 위해 양자 레지스터와 결과를 담을 전통적인 레지스터를 입력으로 취한다. 다음은 예제 코드다.

```
qr = QuantumRegister(2)
cr = ClassicalRegister(2)
circuit = QuantumCircuit(qr, cr)
circuit.h(qr[0])
circuit.cx(qr[0],qr[1])
circuit.measure(qr, cr)
```

어떤 큐비트를 측정하고, 어떤 비트에 결과로 저장할지 명시함으로써 개별적인 큐비트를 측정하게 만들 수도 있다. 다음 코드는 예를 보여준다.

```
qr = QuantumRegister(2)
cr = ClassicalRegister(2)
circuit = QuantumCircuit(qr, cr)
circuit.h(qr[0])
circuit.cx(qr[0],qr[1])
circuit.measure(qr[0], cr[0])
```

▍되돌릴 수 있는 계산(Reversible Computation)

양자 컴퓨터에서 수행하는 모든 계산은 측정 이전에 되돌릴 수 있고, 이는 입력에 상관없이 시작한 지점으로 다시 돌아갈 수 있다는 것을 의미한다. 양자 컴퓨팅은 되돌릴 수 있는 특성이 있고, 이는 전통적인 컴퓨터에서 수행한 논리적인 동작의 어떤 결과는 되돌릴 수 없는 것과 대비된다.

다음과 같은 전통적인 AND 함수를 살펴보자.

비트 1	비트 2	AND(Bit1Bit2)
0	0	AND(00) = 0
0	1	AND(01) = 0
1	0	AND(10) = 0
1	1	AND(11) = 1

이 계산이 되돌릴 수 있다면, 출력으로 주어진 하나의 비트에서 입력인 두 개의 비트로 다시 돌아살 수 있는 UNDO_AND 게이트와 같은 동작을 찾아야 할 것이다. 이러한 함수가 존재한다면 UNDO_AND(AND(00))은 00, UNDO(AND(01))은 01, UNDO(AND(10))은 10, UNDO(AND(11))은 11이 될 것이다. 따라서 UNDO(AND(11))은 11은 오직 하나의 입력과 출력

쌍이 동일한 결과를 내기 때문에 쉽게 알 수 있다. 하지만 AND의 다른 입력에 대해서는 어떻게 UNDO_AND 함수를 작성할 수 있을지에 대해서는 의문이다. 이는 AND(00), AND(01), AND(10)은 모두 동일하게 0을 출력하기 때문이다. 따라서 UNDO_AND 함수가 00, 01, 10에 대해서 어떻게 결과를 도출할지에 관한 논리가 부족하다. 답은 단순히 UNDO_AND 함수를 만들 수 없다고 귀결된다. 아마도 유일한 방법은 입력을 기억해 저장해놓은 것이다. 전통적인 AND 게이트는 되돌릴 수 없다. 입력에 대한 정보는 결과로부터 구별할 수 없기 때문이다.

하지만 양자 컴퓨팅에서 모든 게이트는 되돌릴 수 있다. 게이트에 따라서 게이트를 되돌리는 방법은 다르다. 다음 표는 각 게이트와 되돌리는 게이트를 나타낸다.

게이트	되돌리는 게이트
I	I
X	X
Y	Y
Z	Z
H	H
S	$S^\dagger$
$S^\dagger$	S
T	$T^\dagger$
$T^\dagger$	T
CNOT	CNOT

여기서 지금까지 살펴본 대부분의 게이트의 되돌리는 방법은 동일한 게이트를 다시 한 번 더 실행하는 것이다. S와 T 게이트는 되돌리는 방법이 해당되는 대거 게이트 $S^\dagger$와 $T^\dagger$를 사용하는 것이고, 반대로 대거 게이트들은 대거가 없는 형태를 사용하는 것이다. 이런 메소드는 모든 회로를 되돌리기 위해서 합쳐질 수 있다. 회로 다이어그램에 작성될 때, 되돌리는 회로는 원래 회로 다이어그램의 투사된 이미지 형태처럼 보인다. 글/대수학 형

태로 작성될 때도 동일하다. 예를 들어 하나의 큐비트 게이트 $XYZS^\dagger T^\dagger HHTSZYX$ $|“0”\rangle = |“0”\rangle$와 $XYZS^\dagger T^\dagger HHTSZYX$ $|“1”\rangle = |“1”\rangle$가 된다. 투사된 형태는 두 개의 H 게이트 사이의 오른쪽에서 시작하고 대거를 포함하는 형태를 가져야 하는 S와 T를 제외하고는 나머지는 동일하게 투사된다.

다음은 다섯 개의 큐비트에 대해 되돌릴 수 있는 형태로 지금까지 배운 모든 게이트를 사용한 예제를 보여준다.

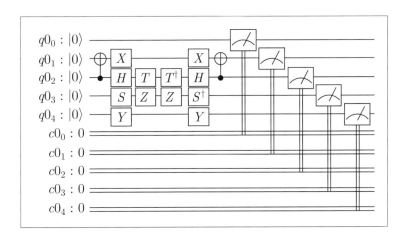

이 예제에서 모든 큐비트는 $|“0”\rangle$로 시작하고, 따라서 모드 $|“0”\rangle$를 측정하고, 전통적인 레지스터에 00000을 위치하지만 회로는 어떠한 입력 조합에도 동작할 것이다. $|“11111”\rangle$는 11111, $|“10101”\rangle$는 10101 등이 될 것이다. 정확하게 회로를 되돌릴 수 있는 방법을 따랐기 때문에 어떤 입력도 정확하게 동일한 결과를 도출한다. 이런 처방전은 아무리 복잡한 회로의 형태라도 모두 동작할 것이다.

 되돌릴 수 있는 특성은 각 큐비트 기저마다 실행된다. 따라서 큐비트의 선을 따라 정확한 투사의 형태가 제공돼 선을 따라 반대되는 게이트에 위치할 수 있는 것이다. 앞의 다이어그램에서 한 개 혹은 두 개의 Y 게이트는 결과에 영향을 주지 않고 측정 이전에 어떤 방향으로든 선을 따라 이동할 수 있음을 의미한다.

유용한 양자 회로

지금까지 배운 기저에 바탕해 결과를 이해할 수 있는 몇 가지 유용한 양자 회로를 살펴볼 것이다. 이후에 더욱 복잡한 양자 알고리즘을 다루기 시작할 때, 여기서 배운 회로를 구성 요소로 사용할 것이다.

2진 입력을 준비하기 위해 X 게이트 사용하기

n개의 전통적인 비트가 있다고 상상해보자. n개의 비트로는 2^n개의 조합이 가능하다는 것을 안다. $n=1$인 경우 답은 간단하다 $2^1=2$개의 가능성이 있고, 이는 0이나 1이 될 것이다. $n=2$인 경우 $2^2=4$개의 가능성이 있고, 이는 00, 01, 10, 11이 된다. $n=3$인 경우 8개의 가능성 그리고 수는 계속해서 증가할 수 있다. n개의 큐비트가 있다면 결과로 측정할 수 있는 가능성의 수는 2^n개가 된다.

양자 컴퓨터를 사용할 것이라면, 양자 컴퓨터에 입력을 제공하고, 주어진 입력에 관해 계산을 수행하고 결과를 도출한다. 입력과 출력은 전통적인 비트가 되고, 이는 큐비트로 부호화될 필요가 있다. 가령 두 개의 큐비트로 이루어진 입력이 있다고 한다면 4개의 가능성이 있음을 보장한다. 00, 01, 10, 11 대신에 $|"00"\rangle$, $|"01"\rangle$, $|"10"\rangle$, $|"11"\rangle$ 상태가 될 것이다.

지금까지 다룬 양자 회로에서는 항상 각 큐비트에 대해서 $|"0"\rangle$에서 시작을 했다는 것을 안다. 그렇다면 어떻게 $|"1"\rangle$를 포함한 상태를 가질 수가 있는가? 쉬운 답은 단순히 $|"0"\rangle$나 $|"1"\rangle$에 X 게이트를 적용해 $|"0"\rangle$를 $|"1"\rangle$로 변경하고, $|"1"\rangle$는 $|"0"\rangle$로 변경하는 것이다. X 게이트를 사용해 $|"1"\rangle$가 필요한 곳에 $|"0"\rangle$에 X 게이트를 적용해 $|"1"\rangle$를 얻는 것이다. 다음은 몇 개의 예제를 보여준다.

- 00은 다음과 같이 $|"00"\rangle$로 부호화된다.

- 01은 다음과 같이 |"01"⟩로 부호화된다.

- 10은 다음과 같이 |"10"⟩로 부호화된다.

- 11은 다음과 같이 |"11"⟩로 부호화된다.

이 방법은 모든 큐비트 크기의 레지스터에 동작한다. 단순히 |"1"⟩가 돼야 하는 입력의 모든 큐비트에 X 게이트를 적용한다. 입력이 준비된 이후에는 계산이 실행될 수 있고, 측정은 전통적인 레지스터에 출력을 내보낼 수 있다.

두 개의 큐비트 바꾸기

다음 회로는 두 개의 큐비트를 변경한다.

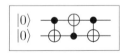

여기서 |"01"⟩ 상태로 시작한 경우 |"10"⟩ 상태가 되고, 반대도 성립한다. |"00"⟩나 |"11"⟩ 입력은 그대로 유지될 것이다. 이 게이트는 어떻게 동작하는가? 첫 번째와 세 번째 CNOT에서 제어 큐비트는 첫 번째 큐비트가고, 대상 큐비트는 두 번째 큐비트가다.

반대로 두 번째 CNOT에서 제어 큐비트는 두 번째, 대상 큐비트는 첫 번째가 된다. 다음 표는 단계적인 과정을 보여준다.

입력	첫 번째 CNOT 이후	두 번째 CNOT 이후	세 번째 CNOT 이후(결과)
|"00"⟩	|"00"⟩	|"00"⟩	|"00"⟩
|"01"⟩	|"01"⟩	|"11"⟩	|"10"⟩
|"10"⟩	|"11"⟩	|"01"⟩	|"01"⟩
|"11"⟩	|"10"⟩	|"10"⟩	|"11"⟩

 두 개의 입력 큐비트가 100% \|"1"⟩나 100% \|"0"⟩에 있는 상태일 때는 변환은 쉽게 이해가 되지만, \|"1"⟩와 \|"0"⟩ 사이에 중첩이 있는 경우에도 변환이 잘 동작한다는 것이 중요하다. 예를 들어 최초에 첫 번째 큐비트가 90% \|"1"⟩와 10% \|"0"⟩이고, 두 번째 큐비트가 50% \|"1"⟩와 50% \|"0"⟩인 경우 변환 회로를 실행한 이후에 첫 번째 큐비트는 50% \|"1"⟩와 50% \|"0"⟩가 되고, 두 번째 큐비트는 90% \|"1"⟩와 10% \|"0"⟩가 된다.

▮ 요약

양자 회로는 단지 양자 게이트의 연속된 형태에 불과하다. 양자 회로 다이어그램은 양자 회로를 가시화하는 방법이다. 일반적으로 양자 회로 다이어그램의 왼쪽에는 여러 \|"0"⟩ 큐비트로 시작하고, 전선처럼 보이는 선들이 연결된 모습을 보여준다. 이런 이유로 양자 회로라고 부르는 것이다. 키스킷은 Quantum Information Science Kit의 줄임말로 IBM QX 양자 프로세서를 프로그램하기 위한 SDK다. 5장에서는 여러 가지 양자 회로를 나타내기 위해 파이썬 코드에서 키스킷을 사용하는 방법을 배웠다.

양자 컴퓨터에서 수행하는 모든 계산은 측정 이전에 되돌릴 수 있고, 이는 입력에 상관없이 시작한 지점으로 다시 돌아갈 수 있다는 것을 의미한다. 양자 컴퓨팅은 되돌릴 수 있는 특성이 있다. 여기서 지금까지 살펴본 대부분의 게이트의 되돌리는 방법은 동일한 게

이트를 다시 한 번 더 실행하는 것이다. S와 T 게이트는 되돌리는 방법이 해당되는 대거 게이트 $S^\dagger$와 $T^\dagger$를 사용하는 것이고, 반대로 대거 게이트들은 대거가 없는 형태를 사용하는 것이다. 이런 메소드는 모든 회로를 되돌리기 위해서 합쳐질 수 있다. X 게이트를 사용해 $|"1"\rangle$가 필요한 곳에 $|"0"\rangle$에 X 게이트를 적용해 $|"1"\rangle$를 얻는 것이다. 이런 식으로 연속된 전통적인 비트와 동일한 모든 형태의 큐비트 조합을 만들 수 있다.

이 책의 후반부는 IBM QX에서 직접 프로그램을 할 것이다. 우선 6장은 IBM QX 하드웨어와 소프트웨어를 소개한다.

▌ 연습 문제

1. $S^\dagger|"\_"\rangle$의 양자 회로를 그려보세요.

2. $S^\dagger|"\_"\rangle$의 측정을 위한 양자 회로를 그려보세요.

3. $S^\dagger|"\_"\rangle$을 측정하는 회로에서 큐비트와 비트에 표시를 달아보세요.

4. $S^\dagger|"\_"\rangle$의 회로를 만들기 위해서 qiskit을 사용해 파이썬 프로그램을 작성해보세요.

5. $S^\dagger|"\_"\rangle$를 제어 큐비트, $|"0"\rangle$를 대상 큐비트로 동작하는 CNOT 게이트를 측정하기 위해서 qiskit을 사용해 파이썬 프로그램을 작성해보세요.

6. 글/대수학으로 $XXYSZTS^\dagger HHTS\ |"+"\rangle$ 계산을 되돌려보세요.

7. 을 되돌리는 양자 회로를 그려보세요.

8. 8-큐비트 양자 회로에서 $|"01011101"\rangle$ 상태를 준비해보세요. 그리고 코드나 종이에 글/대수학으로 임의의 게이트를 선택해 상태를 계산해보세요. 다음으로 계산을 되돌리기 위한 게이트를 추가하세요. 마지막으로 $|"0"\rangle$와 $|"1"\rangle$ 기저로 각 큐비트를 측정한다고 가정하고, 결과를 전통적인 레지스터로 출력하세요. 이 레지스터는 무엇을 포함합니까?

06

양자 컴포저

6장은 양자 컴포저$^{Quantum Composer}$를 다룬다. 양자 스코어를 통해서 양자 회로를 만들고, 이전에 배운 양자 회로를 가시적으로 표현하기 IBM QX의 사용자 인터페이스를 구성한다. 양자 컴포저를 통해서 IBM QX 하드웨어나 소프트웨어 시뮬레이터에서 구현을 위한 자신의 회로를 정의할 수 있다. 6장은 이전에 배운 많은 파이썬 코드 예제를 양자 컴포저 형태로 옮기고, IBM QX 하드웨어에서 구동할 수 있는 기회를 제공한다. 마지막으로 시뮬레이션에서 실행하고, 추가적으로 실제 양자 컴퓨터에서 구동할 것이다.

6장은 다음 주제를 다룬다.

- 양자 컴포저
- 양자 회로를 양자 컴포저로 옮기기
- 양자 컴포저에서 시뮬레이션이나 하드웨어로 구동하기

❙ 기술적인 필요 조건

먼저 현대적인 웹 브라우저가 필요하다. 1장에서 설정한 사용자로 IBM QX(https://quantum experience.ng.bluemix.net/)에 등록이 돼 있어야 한다.

❙ 양자 컴포저

1장에서 IBM QX에 계정을 등록했다. IBM QX에 로그인하면 여러 가지 옵션이 있다. 양자 컴포저를 보기 위해 Composer 탭을 클릭하고, 새로운 스코어를 만들기 위해 New를 클릭한다. 이 시점에 어떤 IBM의 양자 컴퓨터에 코드를 실행할지 선택하는 것이 허용된다. 여기서는 ibmqx4를 선택한다. 이 책에서는 5-큐비트 컴퓨터나 시뮬레이터를 다룰 것이다. 큰 개념을 다루기에는 충분하게 크지만, 동작을 쉽게 다루기에는 충분히 작아서 학습에 도움이 될 것이다. IBM은 더 많은 큐비트를 가진 장치도 있다. 이 책에서 배운 모든 내용은 그러한 장치에도 그대로 적용된다. Composer 탭은 화면과 같다.

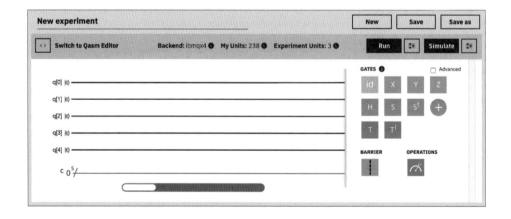

왼쪽에는 다섯 개의 이름이 있는 큐비트가 있고, 0부터 시작하는 숫자가 q[0], q[1], q[2], q[3], q[4] 형태로 할당돼 있다. 각각은 |"0"⟩ 상태로 초기화돼 있고, 선이 연결돼 있는 부분에 게이트, 장벽barriers, 연산operations을 위치할 수 있다.

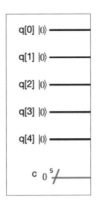

> ⓘ IBM의 표기법에서 "0"이 상태의 유일한 레이블 또는 표시이지 숫자가 아님을 나타내는 따옴 표가 지워졌고, |"0"〉 상태는 |0〉으로 표기된다. 이런 표기 스타일은 양자 컴퓨팅에서 더욱 흔한 것이다. 지금까지 내용에서 |〉 사이에 있는 것이 레이블이지 숫자가 아님을 알아차리기에 충분한 연습이 됐기를 바란다.

아래쪽에 c가 있고, 이는 전통적인 레지스터를 나타내고, 0^5는 레지스터가 5개의 비트로 수정되고, 모드 0으로 초기화됐음을 의미한다. 선에 있는 대각은 레지스터가 여러 비트를 포함한다는 것을 의미한다. 양자 컴포저에서 측정을 실행할 때 측정은 전통적인 레지스터가 있는 아래쪽으로 선을 연결할 것이며, 이는 측정이 그곳에 저장된다는 것을 의미한다.

하드웨어

양자 스코어$^{Quantum Score}$가 ibmqx4에서 동작할 수 있다는 것을 확인할 것이다. IBM은 구동할 하드웨어의 현재 상태의 자세한 모습을 보여준다.

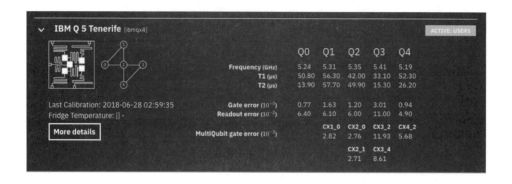

오른쪽에 각 큐비트의 여러 가지 조정 파라미터를 보여주며, 3장에서 본 T1과 T2가 있음을 확인하기 바란다.

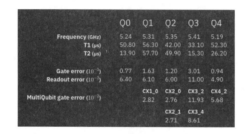

T1과 T2는 양자 컴퓨터가 결맞음의 상태를 유지할 수 있는 시간을 수치화한 것이며, T1과 T2가 클수록 계산에서 결어긋남으로 인해 발생하는 오류가 생기기 전에 긴 시간 동안 더 많은 계산을 할 수 있다는 것을 의미한다.

왼쪽에 컴퓨터의 설정과 칩 다이어그램을 그려 놓은 것과 오른쪽에 연결 다이어그램을 그려 놓은 것을 확인할 수 있다.

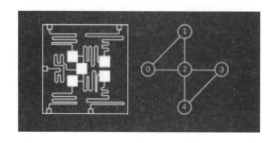

이 연결 다이어그램은 T_1과 T_2와 같이 양자 컴퓨터의 물리적인 구현과 관련된 새로운 개념이다. 두 개의 큐비트 게이트인 CNOT을 살펴볼 때, 파이썬 코드를 통해서 시뮬레이션에서 게이트를 사용했었다. 모든 큐비트는 제어 큐비트로 동작할 수 있고, 모든 큐비트는 대상 큐비트로도 동작할 수 있다. 이상적인 상황에서 물리적인 양자 컴퓨터에서도 동일하게 적용된다. 실제로 물리적인 구현에서 모든 큐비트가 다른 모든 큐비트에 연결을 유지하는 것은 어려운 것이다. 이는 하드웨어 디자이너들은 종종 하드웨어의 설정에 따라서 어떤 큐비트가 제어 큐비트가 될 것인지 제한한다는 것을 의미한다. 연결 다이어그램은 이런 관계를 나타낸 것이다.

이 다이어그램은 제어 큐비트에서 대상 큐비트로 화살표가 없기 때문에 도식으로 나타낸 것이다. 다이어그램의 선들은 양방향성이 아니다. 다이어그램을 완전하게 사용하기 위해서는 게이트의 방향을 알아야 할 것이다. 이를 위해 IBM은 깃허브에 있는 릴리즈 노트에 좀 더 많은 정보를 제공하고 있고, 현재 **ibmqx4** 양자 컴퓨터는 다음과 같은 연결 다이어그램을 가지고 있음을 보여준다.

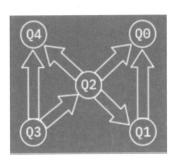

게이트, 연산, 장벽

양자 스코어를 다시 살펴보자. 양자 스코어의 오른쪽에는 지금까지 배운 게이트들이 있다.

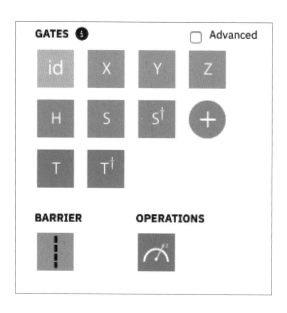

[id]는 항등 게이트 I이고, [+]로 표시된 게이트는 CNOT 게이트다. 모든 다른 게이트는 지금까지 배운 것과 동일한 레이블을 가지고 있다. CNOT 게이트에 대해서는 제어 큐비트가 되는 곳에 [+]를 위치하고, 대상 큐비트가 되는 큐비트로 드래그할 수 있는 선이 나타날 것이다. 다른 모든 큐비트는 하나의 큐비트를 처리하는 게이트이고, 따라서 단순히 게이트가 동작길 원하는 큐비트에 드래그하면 된다.

하나의 아이템을 갖는 연산이라고 된 부분이 있다. [⌐] 연산은 측정을 한다. 측정 연산을 위해서 측정하려는 큐비트에 [⌐]을 위치한다. 아이콘 안의 z는 z 기저로 측정을 수행할 것임을 알려준다. 이는 표준 기저인 |"0"⟩와 |"1"⟩를 뜻한다. 모든 측정은 전통적인 레지스터에 0을 저장하는 |"0"⟩나 전통적인 비트에 1을 저장하는 |"1"⟩를 도출할 것이다. 원론적으로 양자 컴퓨터는 다른 기저 집합에서 측정할 수 있는 인터페이스를 구현하고, 제공할 수 있다. 현시점에서 IBM은 이를 제공하지 않는다. 독자들이 학습하기에는 더 좋은 환경이라 생각된다.

이전에 본 적이 없는 아이템인 [⫶]로 표시된 장벽이 있다. 이는 선을 넘어서 전달하는 것을 막는다. 회로의 이론적인 결과에 영향을 미치지는 않지만, 계산 시간이나 정확성에는

영향을 미칠 수도 있다(회로가 오래 구동할수록 정확도는 낮아진다). 이는 장벽의 함수는 해당 장벽을 넘어서 회로가 최적화되는 것을 막는 기능을 하기 때문이다. 예를 들어 5장에서 X 게이트를 되돌리기 위해서는 다른 X 게이트를 적용하면 된다고 배웠다. 최적화 과정에서 다음 회로(0번 q 양자 레지스터의 |"0"〉에 X 게이트를 두 번 적용)를 본다면 다음과 같다.

장벽은 다음과 같이 항등 게이트를 동일한 큐비트에 적용할 것이다. 이는 X 게이트를 두 번 적용하는 것은 결국 항등 게이트를 적용하는 것과 동일하기 때문이다.

더 나아가 항등 게이트는 아무것도 하지 않는 것과 같기 때문에 아예 게이트를 없앨 수도 있다.

효율적인 최적화 과정은 게이트를 없애서 양자 컴퓨터에서 I 게이트에 걸리는 시간도 줄이려고 할 것이다. 하지만 이는 프로그래머가 원하는 바는 아닐 것이다. 아마도 테스트의 일환으로 T_1이나 T_2를 측정하고 있는 것일 수도 있고, 이 경우 실행 전에 회로가 변경되는 것을 원하지 않을 것이다. 이 경우 두 개의 X 게이트 사이에 장벽을 설치할 수 있다.

이는 어떠한 최적화도 두 개의 X 게이트를 그룹으로 묶어서 최적화할 수 없다는 것을 의미한다. 이 책에서는 장벽을 많이 사용하지 않지만, 용도를 알아 두면 나중에 유용할 것이다. 양자 스코어 인터페이스에서 장벽을 사용하기 위해서는 장벽을 시작하길 원하는 위치로 드래그하고 장벽을 설치하기 원하는 큐비트로 선을 드래그한다.

게이트, 연산, 장벽은 모두 게이트를 스코어에서 오른쪽 위로 드래그해 제거할 수 있다.

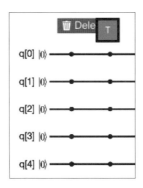

▌ 양자 회로를 양자 컴포저로 옮기기

이 절에서는 이미 존재하는 양자 회로를 가지고 양자 컴포저에서 구현해볼 것이다. 5장에서 다음 회로를 다뤘다.

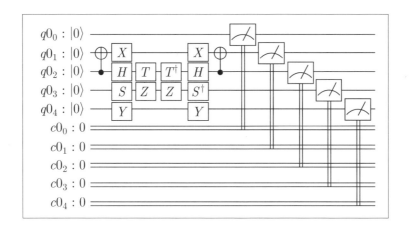

양자 컴포저를 사용해 이 회로를 구현하는 것이 쉬움을 확인할 것이다.

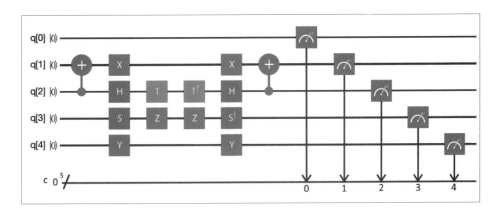

앞서 본 회로를 양자 컴포저에 표현한 것은 거의 동일하게 보인다. 각 큐비트의 레이블의 표시는 다를 수도 있고, 마찬가지로 전통적인 레지스터에 대한 표시도 다를 수 있다. 하지만 게이트와 측정 연산은 동일할 것이다. 다른 점은 아마도 게이트의 레이블에 사용된 정확한 표시가 될 것이다.

순서가 변하지 않는 한 게이트, 장벽, 연산에 공간을 조절하는 것도 가능하고 그들을 가깝거나 혹은 멀게도 위치할 수 있다. 계산은 동일할 것이다. 다음 회로는 정확하게 앞에서 보여준 회로와 일치한다.

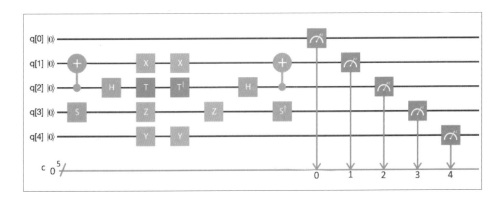

이 예제는 양자 컴퓨터의 모든 5개의 큐비트를 사용하지만, 모두 사용할 필요는 없다. 회로를 시뮬레이션이나 IBM 하드웨어에 구동하기 위해서는 적어도 하나의 측정 동작이 필요하다. 적어도 하나의 측정 동작 없이는 결과도 없을 것이며, 따라서 실행을 할 의미가 없게 된다. 양자 회로의 모든 선이 측정 게이트가 필요한 것은 아니지만 적어도 하나는 있어야 한다. 다음은 양자 컴포저에서 측정을 포함한 회로를 보여준다.

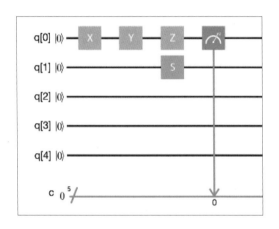

이 예제에서 입력은 항상 전통적인 5비트의 "00000"이 5개의 큐비트로 변환한 것이다. 이는 |"00000"⟩로 생각하면 되고, 이 시점에서는 다섯 개의 분리된 큐비트 |"0"⟩, |"0"⟩, |"0"⟩, |"0"⟩, |"0"⟩로 만들 수 있다. 입력 중에 1을 포함한다면(예를 들어 "10000"), 회로에 게이트를 위치하기 전에 |"10000"⟩의 상태를 입력으로 준비하는 게이트를 포함해야 한다. 5장에서 X 게이트가 |"0"⟩ 상태를 |"1"⟩로 변경한다는 것을 배웠다. 따라서 필요한 것은 큐비트가 1이 되는 선에 X 게이트를 설치하는 것이다. |"10000"⟩ 예제의 경우 회로는 다음과 같이 시작한다.

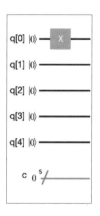

▍ 양자 컴포저에서 시뮬레이션이나 하드웨어로 구동하기

이제 흥미로운 부분이다. 양자 컴퓨터에 첫 번째 프로그램을 구동할 것이다. 조금 전 살펴본 |"10000"〉 상태를 준비해 회로를 테스트해보자. 양자 컴포저에 새로운 양자 회로를 만들고, 첫 번째 큐비트에 X 게이트를 설치한다. 그리고 각 선에 측정 게이트를 설치한다. 회로는 다음과 같을 것이다.

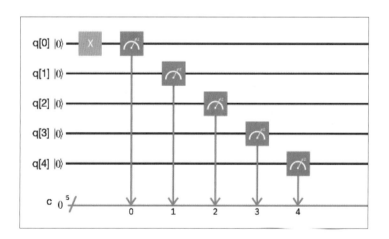

시뮬레이션에서 양자 회로 실행하기

이제 Simulate 버튼을 클릭한다. 실험의 이름을 "10000"으로 한다. 기본 시뮬레이션 변수는 Simulate 버튼의 옆에 수정이 가능하고, 여기서 회로는 100번 실행한다고 명시한다. 양자 컴퓨터에서 입력을 준비하고, 동일한 회로를 구동할 때마다 1과 0의 확률이 있기 때문에 측정의 결과는 다를 수도 있음을 떠올려보기 바란다. 따라서 한 번의 실행으로는 결과의 정확한 확률을 도출할 수 없을 것이다. 다행히도 시뮬레이션이나 실제 양자 컴퓨터 하드웨어에서는 초기화하고, 큐비트를 다시 설정하고, 회로를 다시 실행할 수 있게 선택할 수 있다. 충분히 많은 실행으로 각 결과에 대한 확률을 추론할 수 있을 것이다. 여기서 다루는 회로는 쉽게 예측할 수가 있을 것이다. 즉, q[1], q[2], q[3], q[4]는 100%의 확률로 0이 되고, 큐비트 q[0]은 100%의 확률로 1이 돼야 한다.

자원이 현재 가용 한지 여부에 따라서 실행은 보류라는 팝업이 뜰 것이다. 이 경우 Quantum Scores에서 실행을 확인할 수 있다. 아마 Refresh를 눌러야 새로운 정보를 확인할 수 있을 것이며, 회로 "10000"을 확장해 실행이 계획됐는지[planned], 준비가 됐는지[ready]를 확인할 수 있다. 다음 화면은 오른쪽에 두 개의 완료된 실행과 하나의 보류된 실행을 보여준다.

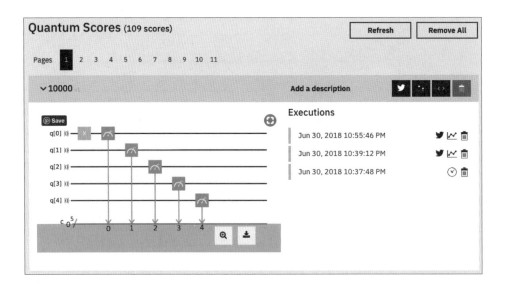

결과가 준비되면 큰 윈도우가 뜰 것이다.

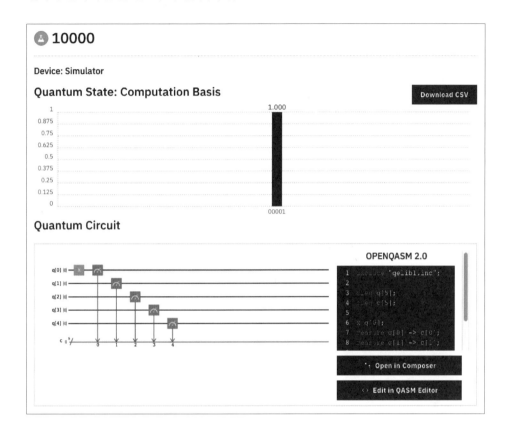

결과는 q[0]가 마지막, q[4]가 처음으로 표시돼서 10000는 <u>00001</u>로 나타나는 반대 순서로
나오기 때문에 약간 혼동이 있을 수 있다.

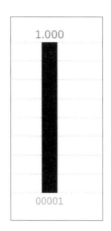

이런 혼란을 막기 위해 IBM 인터페이스에서 나오는 측정의 결과를 설명할 때는 비트에 밑줄을 그어서 q[0], q[1], q[2], q[3], q[4]의 순서가 아닌 그 반대의 순서로 나타내는 것을 강조할 것이다. IBM의 방식은 혼란을 야기할 수 있기에 다소 아쉽다.

상단의 숫자는 전체 실행의 일부분이고, 이 경우 100은 전체 100/100 또는 실행 비율이 1.000이고, 결과는 아래에 00001로 표시된다. 이것은 정확히 예상한 값이다.

양자 컴퓨팅 하드웨어에서 양자 회로 실행하기

실제 하드웨어에서 회로를 실행해보자. 시뮬레이션, 양자 게이트의 학습, 양자 스코어 작성 등을 통해 이미 이 회로의 결과를 예상할 수 있다. 결과는 10000을 예상한다. 하지만 3장에서 배운 것처럼 실제 양자 컴퓨터는 잡음이 발생할 수 있다. 이는 양자 컴퓨터 하드웨어에서 실행할 때 대부분의 경우에는 10000을 출력하지만 어떤 경우에는 다른 확률을 출력할 수도 있음을 의미한다. 회로는 작기 때문에 실행 시간은 그리 길지 않다. 따라서 오류가 발생할 충분한 시간이 안 될 것이다. 따라서 10000 외에 다른 값을 출력할 확률은 아마도 작을 것이다.

실제 하드웨어에서 회로를 실행하기 위해 Run을 클릭한다. 회로가 최근 다른 사용자에 의해 실행됐다면, 이미 얻은 결과를 사용할 수 있는 옵션이 있다. 이 예제의 경우에는 이전 값을 사용하지 않고 실제로 구동하길 원한다. 기본적으로 회로는 동일하게 준비된 큐비트를 1,024번 실행할 것이다. 이 숫자는 Run 옆에 있는 버튼을 통해 변경될 수 있다. 회로를 실행한다. 다시 말하지만 시뮬레이션과 같이 결과가 준비됐다는 것을 확인하기 위해서는 기다림이 필요하고, 내용 확인을 위해서는 화면을 다시 불러와야 한다. 결과가 준비되면 이메일을 받을 것이다. 아마도 다른 사용자가 기다리고 있을지도 모르기 때문에 결과를 얻기까지는 더 많은 시간이 소요될 것이다.

결과를 확인해보자.

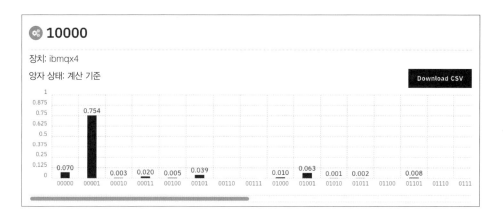

화면에 보여줄 수 있는 만큼 결과의 일부를 보여준다. 1,024 실행 중에 여러 실행을 보여주고, 0.754나 772/1024 실행은 정확히 기대하는 값인 **00001**을 반환한다(실제 값의 순서는 10000). 실제 하드웨어에서 실행하기 때문에 이 확률은 매번 변할 것이다. 마지막 252 실행은 다른 값을 반환했고 일반적으로는 예상하는 비트 중에 하나가 다른 값이 되지만, 항상 그런 것은 아니다.

결과의 아래쪽에 IBM은 실행하는 시점에 각 큐비트에 대해 T1과 T2를 포함한 장치 보정을 공유한다. 이는 큐비트가 얼마나 오류에 민감한지에 대한 정보를 준다. 값이 작을수록 더욱 오류에 약하다는 것을 이미 배웠다.

▌ 요약

6장에서는 양자 회로를 양자 컴포저로 변환하고, 양자 컴포저 스코어를 시뮬레이션이나 하드웨어에서 구동하는 양자 컴포저를 배웠다. 스코어에서 모든 큐비트는 $|"0"\rangle$ 상태로 시작하고, 상태를 변환하기 위해 게이트를 설치할 수 있는 선이 연결돼 있다. 양자 회로에 입력 전에 상태를 $|"1"\rangle$로 변경하기 위해 X 게이트를 실행할 수 있다. 하나의 비트에 동작하는 게이트를 사용하기 위해서는 단순히 해당 큐비트에 게이트를 드래그하면 된다. 시뮬레이션이나 하드웨어에서 실행하는 것은 쉽다. Run이나 Simulate 버튼을 클릭하면 된다.

7장에서는 양자 회로를 최소한으로 나타내기 위해서 특별히 고안된 맞춤형 프로그래밍 언어인 오픈 양자 어셈블리 언어OpenQASM, Open Quantum Assembly Language를 다룰 것이다.

▌ 연습 문제

1. 양자 컴포저를 사용해 다음 회로를 만드세요.

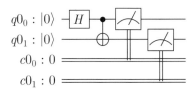

2. 양자 컴포저를 사용해 $XYZS^{\dagger}T^{\dagger}HHTSZY\ X\ |"0"\rangle$ 회로를 구현하세요.

3. 양자 컴포저를 사용해 전통적인 비트 "01010"에 해당하는 입력을 만드세요.

4. 시뮬레이션이 반환해야 하는 값을 100% 확신할 수 있는 회로를 고안하고 시뮬레이션을 돌려서 결과를 확인하세요.

07

OpenQASM 다루기

7장은 최소한으로 양자 회로를 나타내기 위해 특별히 고안된 맞춤형 프로그래밍 언어인 오픈 양자 어셈블리 언어^{OpenQASM, Open Quantum Assembly Language}('오픈 카즘'으로 읽는다)를 배운다. 단순히 언어를 소개하는 것을 넘어 IBM QX와 다른 양자 컴퓨팅에서 사용할 수 있음을 배운다. 6장에서 배운 몇 가지 양자 회로를 다시 복습하고, OpenQASM 언어로 다시 정의한다. 그리고 다시 정의된 회로를 IBM QX에서 양자 컴포저가 아닌 OpenQASM을 직접 사용해 구동할 기회를 제공한다. 이 책을 쓴 시점에 IBM QX에서 사용하는 OpenQASM 버전의 명세와 구현을 집중해서 다룰 것이다.

7장은 다음 주제를 다룬다.

- OpenQASM 프로그램을 읽고 작성하기
- OpenQASM 프로그램에서 양자 스코어 나타내기

- OpenQASM 프로그램을 양자 스코어로 변환하기

기술적인 필요 조건

최신 웹 브라우저가 필요하며, 1장에서 설정한 사용자로 IBM QX(https://quantumexperience. ng.bluemix.net/)에 등록이 돼 있어야 한다.

OpenQASM

양자 컴포저는 GUI^{Graphic User Interface}로 양자 프로그램을 명세할 수 있는 툴이며, 현대적인 언어(일반적으로 파이썬을 사용)로 양자 프로그램을 나타내는 계산 코드를 작성하기 위해 여러 SDK와 API가 존재한다. 양자 컴포저와 같이 OpenQASM은 컴퓨터 프로그램이 아닌 양자 프로그램을 나타내기 위한 높은 수준의 언어지만, 양자 컴포저와는 다르게 그래픽 혹은 특정한 사용자 인터페이스를 제공하지 않는다. 따라서 긴 프로그램을 작성해 쉽게 양자 시뮬레이터나 IBM QX와 같은 장치에 직접 복사할 수 있는 형태로 돼 있다. 양자 컴포저는 OpenQASM으로 된 프로그램을 입력으로 받고, 그래픽적으로 나타낼 수 있다. 동일하게 양자 컴포저에서 명시된 모든 프로그램은 IBM QX 사용자 인터페이스에서 OpenQASM의 형태로 접근하기도 쉽다.

파이썬 관련 도서가 모든 파이썬의 기능을 다루기는 힘든 측면이 있는 것처럼 이 책에서도 OpenQASM에 대한 설명의 범위는 제한되며, OpenQASM 2.0 버전으로만 한정한다. 7장에서는 이 책에서 설명하는 프로그램과 알고리즘에 사용되고 IBM QX와의 인터페이스가 필요한 부분에 관련된 문법만을 자세하게 살펴볼 것이다. 맞춤형 게이트를 만드는 것과 같은 기능은 이 책의 범위를 벗어나지만 OpenQASM 2.0(https://github.com/Qiskit/openqasm/blob/master/spec/qasm2.rst)에서 모든 세부 사항을 찾을 수 있다. 더해서 7장의 마지막 부분에 약간의 설명을 추가할 것이다.

OpenQASM은 C의 문법과 유사하다.

- 주석은 줄마다 붙일 수 있고, //로 시작한다.
- 공백은 중요하지 않다.
- 대소문자는 중요하다.
- 프로그램의 모든 줄은 세미콜론(;)으로 끝나야만 한다.

추가적으로 다음 사항도 적용된다.

- 모든 프로그램은 OPENQASM 2.0;으로 시작해야 한다. 이 책을 쓰는 시점에는 버전 2.0이었지만 더 높은 버전으로 업그레이드됐을 수도 있음을 염두에 두기 바란다.
- IBM QX에서 연산을 할 때 include "qelib1.inc"; 헤더가 추가돼야만 한다. 다른 파일도 동일한 문법으로 추가될 수 있다. OpenQASM은 단순히 포함된 위치에 파일의 내용을 복사해서 넣는다. 파일 경로는 현재 프로그램에서 상대적인 경로가 된다.

IBM QX에서 OpenQASM 2.0 프로그램을 읽고 작성하는 것은 다음 동작들을 포함한다.

헤더 포함	include "qelib1.inc";
양자 레지스터 선언(qregname은 양자 레지스터에 부여한 임의의 이름임)	qreg qregname[k];
양자 레지스터 참조	qregname[1];
전통적인 레지스터 선언(cregname은 양자 레지스터에 부여한 임의의 이름임)	creg cregname[k];
전통적인 레지스터 참조	cregname[i];
하나의 큐비트를 사용하는 게이트 목록, IBM QX의 qelib1.inc를 포함하는 부분에 있다.	h,t,tdg,s,sdg,x,y,z,id
하나의 큐비트를 사용하는 동작 문법	gate q[i];
두 개의 큐비트를 사용하는 CNOT 게이트 목록, IBM QX의 qelib1.inc를 포함하는 부분에 있다.	cx
두 개의 큐비트를 사용하는 CNOT 게이트 동작(이전에 선언된 양자 레지스터에서 두 큐비트를 제어와 목표로 함)	cnot control, target;

측정 동작	measure, bloch
측정 동작 문법	measure q[i] –⟩ c[j]; bloch q[i] –⟩ c[j];
장벽 동작(args는 콤마로 구분된 큐비트 목록)	barrier args;
프리미티브 게이트(OpenQASM 표준이지만 IBM QX나 이 책에서는 사용되지 않음)	CX, U

각각의 동작을 세부적으로 살펴보진 않을 것이다. 대신 실습을 통해 OpenQASM 프로그램을 읽고, 양자 스코어로 변환하고, 다시 양자 스코어를 OpenQASM 프로그램으로 변환해볼 것이다.

 i와 j는 정수 카운터이며, 0에서 시작하고, 프로그램에서 양자 레지스터나 전통적인 레지스터에서 어떤 큐비트/비트를 명시하는지 나타낸다. k는 0보다 큰 정수 카운터이며, 전통적인 레지스터나 양자 레지스터를 선언할 때 크기를 명시한다.

▎ OpenQASM 프로그램을 양자 스코어로 변환하기

7장 후반부에 IBM QX가 OpenQASM 프로그램을 자동적으로 양자 스코어로 변환하는 부분이 있다. 여기서는 OpenQASM 코드를 읽는 것을 연습하기 위해 손으로 직접 할 것이다.

하나의 큐비트를 부정하는 OpenQASM

다음 프로그램을 보자.

```
OPENQASM 2.0;
include "qelib1.inc";
qreg q[1];
```

```
    x q[0];
```

다음 두 줄은 IBM QX에서 동작하기 위한 표준적인 헤더에 해당한다.

```
OPENQASM 2.0;
include "qelib1.inc";
```

그리고 다음 줄은 크기가 1이고 q로 이름 지은 양자 레지스터를 선언한다.

```
qreg q[1];
```

양자 레지스터는 자동적으로 $|“0”\rangle$를 포함하도록 초기화된다.

마지막으로 다음 줄은 q 양자 레지스터에서 첫 번째 큐비트에 X 게이트를 실행한다.

```
    x q[0];
```

모든 것을 하나로 하면 다음과 같은 양자 스코어를 만들 것이다.

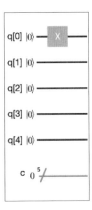

두 개의 큐비트에 게이트를 적용하고 첫 번째 큐비트를 측정하는 OpenQASM

다음 OpenQASM 프로그램을 살펴보자.

```
OPENQASM 2.0;
include "qelib1.inc";
qreg q[2];
creg c[1];
x q[0];
y q[0];
z q[0];
s q[1];
measure q[0] -> c[0];
```

첫 번째 두 줄은 프로그램, OpenQASM 프로그램, IBM QX 인터페이스를 위한 표준 헤더를 선언하기 위한 표준 헤더에 해당한다. 다음 두 줄은 |"00">로 초기화된 두 개의 큐비트를 가진 양자 레지스터와 0으로 초기화된 한 개의 비트를 가진 전통적인 레지스터를 선언한다.

```
qreg q[2];
creg c[1];
```

다음 세 줄은 q 양자 레지스터에서 첫 번째 큐비트에 순서대로 게이트를 적용한다.

```
x q[0];
y q[0];
z q[0];
```

다음 줄은 q 양자 레지스터의 두 번째 큐비트에 게이트를 적용한다.

```
s q[1];
```

그리고 마지막 줄은 q 양자 레지스터의 첫 번째 큐비트에 측정을 하고, 결과를 전통적인 레지스터 c의 첫 번째 비트에 입력한다.

```
measure q[0] -> c[0];
```

모두 조합한 양자 스코어는 다음 그림과 같을 것이다.

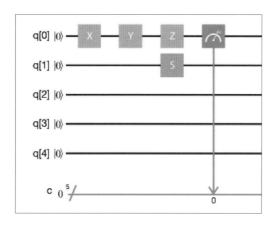

▮ OpenQASM 2.0 프로그램에서 양자 스코어 나타내기

여기서는 양자 스코어에서 OpenQASM 2.0 프로그램을 작성하는 예제를 살펴볼 것이다. 명확성을 위해 스코어의 위에서 아래 순서로 열^{column}을 구분하고, 열의 번호를 명시해 다이어그램에서 이 번호들을 나타냈다.

6장에서 양자 계산의 되돌릴 수 있는 특성을 살펴볼 때 다음 회로를 살펴봤다.

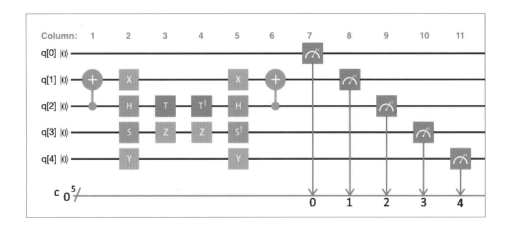

이 회로를 생성하는 OpenQASM을 분석해보자.

항상 그렇듯이 처음 두 라인은 헤더이고 코드가 OpenQASM이고, 표준 IBM QX 헤더를 사용한다는 것을 명시한다.

```
OPENQASM 2.0;
include "qelib1.inc";
```

다음 줄은 |"00000"〉로 초기화된 5개의 큐비트를 가진 q로 명명된 양자 레지스터와 00000로 초기화된 5비트의 c로 명명된 전통적인 레지스터를 선언한다.

```
// 사용할 양자 레지스터와 전통적인 레지스터 선언
qreg q[5];
creg c[5];
```

다음 줄은 회로 다이어그램에서 열별로 순서대로 코드를 만드는 과정을 살펴볼 것이다. 첫 번째 열로 시작할 것이다.

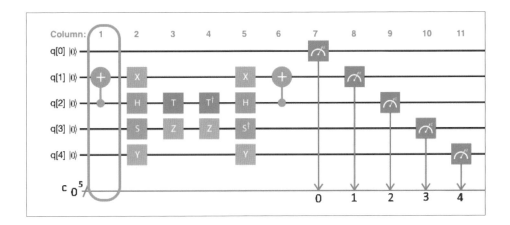

첫 번째 열은 q 양자 레지스터의 세 번째 큐비트 q[2]를 제어로, 두 번째 큐비트 q[1]을 대상 큐비트로 가진 CNOT 게이트만을 포함한다. 이전에 테이블로 보여준 CNOT 게이트의 OpenQASM의 문법을 살펴보면 cnot control, target;이며, 이는 첫 번째 열이 다음과 같이 코드로 표현됐음을 알 수 있다.

```
//열 1
cx q[2],q[1];
```

다음으로 두 번째 열로 이동하고, 여기서는 몇 가지 게이트가 사용된다. 두 번째 열의 코드는 다음과 같다.

```
//열 2
x q[1];
h q[2];
s q[3];
y q[4];
```

각 연속적인 열은 양자 스코어에서 OpenQASM으로 변환하는 데 이미 익숙해졌을 것이다. 전체 프로그램은 다음과 같다.

```
OPENQASM 2.0;
include "qelib1.inc";
// 사용할 양자 레지스터와 전통적인 레지스터 선언
qreg q[5];
creg c[5];
// 열 1
cx q[2],q[1];
// 열 2
x q[1];
h q[2];
s q[3];
y q[4];
// 열 3
t q[2];
z q[3];
// 열 4
tdg q[2];
z q[3];
// 열 5
x q[1];
h q[2];
sdg q[3];
y q[4];
// 열 6
cx q[2],q[1];
// 열 7
measure q[0] -> c[0];
// 열 8
measure q[1] -> c[1];
// 열 9
measure q[2] -> c[2];
// 열 10
measure q[3] -> c[3];
// 열 11
measure q[4] -> c[4];
```

이 코드는 정확하게 양자 스코어에 나타난 회로를 재생산하지만 여러 개의 동일한 양자 스코어를 만들 수도 있다. 즉, 동일한 모양의 회로이지만 여러 OpenQASM 프로그램을 만들 수 있는 것이다. 다음은 몇 가지 알아야 할 내용이다.

- 각 열은 다른 순서가 될 수 있다. 일례로 열 3은 다음과 같을 수 있다.

```
t q[2];
z q[3];
```

- 또는 다음과 같을 수도 있다.

```
z q[3];
tdg q[2];
```

이에 더해 어떤 열에서 큐비트에 동작하는 게이트는 앞의 열에 아무런 게이트가 없는 경우 계산에 영향을 주지 않고 앞으로 이동할 수 있다.

▌ IBM QX와 인터페이스하는 OpenQASM 사용하기

양자 컴포저에는 항상 Switch to Qasm Editor(OpenQASM 편집기로 변환) 버튼이 있다.

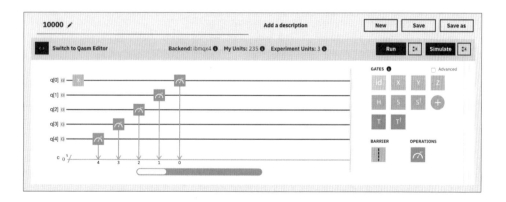

버튼을 클릭하면 편집기에서 연산할 경우 양자 스코어에 영향을 줄 수 있다는 경고 메시지를 보게 될 것이다.

다음 화면은 OpenQASM 편집기가 된다.

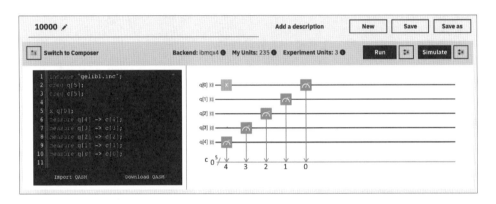

유용하게도 편집기는 오른쪽에 회로의 양자 컴포저 화면을 가지고 있지만, 더 이상 게이트를 옮겨 놓을 수는 없다. 대신 OpenQASM을 직접 편집할 수 있고 양자 컴포저에서 바로 수정하거나 외부 파일에서 OpenQASM을 불러와 변화를 확인할 수 있다. 회로 연산이 끝나면 Download 버튼을 통해 OpenQASM을 다운로드할 수도 있다.

연습으로 q[1] 큐비트에 X 게이트를 추가해 10,000을 11,000으로 나타내도록 변경해보자. 이는 레지스터 선언과 측정 사이에 x q[1];을 추가하면 된다. 코드가 추가되자 곧바로 사용자 인터페이스는 수정된 양자 스코어를 보여준다.

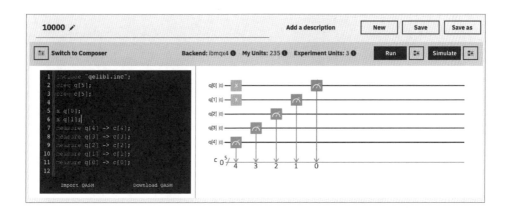

고급 OpenQASM 사용법

IBM QX에 활성화되지 않은 OpenQASM의 여러 특성이 있다. 따라서 이 책에서는 자세하게 다루지 않는다. 그런 특성은 다음과 같다.

- 큐비트 초기화
- if문
- 사용자 정의 게이트
- 내장된/물리적/불투명한 게이트

하지만 공개적인 문서에 명시된 몇 가지 OpenQASM 프로그램은 이런 언어적인 특성들을 사용하고, IBM QX도 향후에 이런 기능들을 제공할 것이기 때문에 관련된 문법과 사용법을 간략하게 소개한다.

큐비트 초기화

OpenQASM 언어는 큐비트가나 양자 레지스터를 초기화해 큐비트가나 양자 레지스터의 모든 큐비트를 | "0" 〉 상태로 초기화하는 것을 지원한다. 초기화 문법은 다음과 같다.

```
reset q[0];
```

이는 첫 번째 양자 레지스터를 |"0"⟩로 초기화한다. 다음 코드도 동일한 초기화를 한다.

```
reset q;
```

이번에는 q 양자 레지스터의 모든 큐비트를 |"0"⟩로 초기화한다. IBM QX는 현재는 초기화 동작을 지원하지 않는다.

if문

OpenQASM은 if문을 위한 방법을 가지고 있고, 이는 전통적인 레지스터로 전달된 한 개 혹은 그 이상의 양자 측정이 향후 프로그램의 실행 방법을 결정하게 한다.

```
if(creg==int) qop;
```

creg에 인덱스를 사용할 수 없고, 따라서 그것이 가장 낮은 순위의 비트임을 확인하기 위해 전체 레지스터를 확인한다. 이는 전통적인 레지스터에서 0번째 인덱스에 있는 첫 번째 비트를 가리킨다. 더욱이 qop는 게이트의 양자 연산과 동일한 OpenQASM의 유효한 코드다.

if문의 한 가지 예제는 다음과 같다.

```
OPENQASM 2.0;
include "qelib1.inc";
qreg q[5];
creg c[5];
x q[0];
measure q[0] -> c[0];
if(c==1) x q[1];
```

```
measure q[1] -> c[1];
```

이 프로그램에서 if문은 전통적인 레지스터가 1인 경우에만 실행을 한다. 프로그램이 명시하는 것처럼 q[0]의 측정은 1을 결과로 반환하기 때문에 if문은 실행되고 q[1]을 1로 변경한다. q[1]의 값을 측정하는 프로그램의 마지막 줄 이후에 전통적인 레지스터는 00011을 가지고, 이는 정수로 3을 나타낸다.

OpenQASM의 if문은 현재 IBM QX에서 지원되지 않는다.

사용자 정의 게이트와 프리미티브 게이트

OpenQASM 언어에서 사용자는 원하는 어떠한 게이트도 정의할 수 있다. 문법은 다음과 같다.

```
gate name(params) qargs
{
    body
}
```

여기서 qargs는 콤마로 구분된 큐비트의 목록이고, 적어도 하나의 입력이 필요하다. 이 책을 쓰는 시점에 IBM은 이 기능을 지원하지 않고 있다.

프리미티브 게이트 CX와 U

OpenQASM 표준은 오직 게이트 CX와 U로만 명시돼 있다. 지금까지 배운 나머지 모든 게이트는 IBM QX 환경 내에서 사용자가 정의한 것이고, qelib1.inc를 포함해 가용하게 되는 것이다. IBM QX는 이런 프리미티브Primitive 게이트의 직접 접근은 허용하지 않는다.

qelib1.inc 파일(https://github.com/Qiskit/openqasm/blob/master/examples/generic/qelib1.inc)의 내용을 확인하면 게이트에 대한 정의가 어떻게 만들어졌는지 확인할 수 있

다. 다음에는 프리미티브 CX와 U 게이트를 다뤄 충분한 이해를 돕는다.

2-큐비트 게이트 CX

CX는 제어된 NOT 게이트다. 이에 대한 IBM의 사용자 정의된 게이트 구현은 다음과 같이 단순히 소문자로 만드는 것이다.

```
gate cx c,t
{
    CX c,t;
}
```

1-큐비트 게이트 U

4장에서 모든 1-큐비트를 입력으로 하는 게이트는 블로흐 구에서 큐비트를 다른 위치로 옮기는 것으로 일반화했다. 1-큐비트 U 게이트는 이것의 일반화된 형태다. U 게이트는 세 가지 각도를 입력으로 받고, $U(\theta, \Phi, \lambda)$는 집합적으로 블로흐 구에서 입력 큐비트에 적용되는 회전을 명시한다. 이 명세에 관한 자세한 사항은 부록에서 확인할 수 있다.

U 게이트와 관련해 반드시 기억해야 할 것은 블로흐 구에서 어떠한 위치에 있는 큐비트도 블로흐 구의 다른 어떠한 위치로도 회전할 수 있다는 것이다. 따라서 IBM QX에서 가용한 게이트를 포함한 모든 1-큐비트 게이트는 U만으로도 나타낼 수 있다는 뜻이다. 이는 모든 IBM QX 프로그램의 최상단에 포함된 qelib1.inc 파일에서 정의돼 있다. U에 대해서 각 1-큐비트 게이트 I, X, Y, Z, H, S, $S^\dagger$, T, $T^\dagger$가 어떻게 정의돼 있는지 궁금하다면 qelib1.inc 파일을 확인하기 바란다.

불투명한[1] 게이트

OpenQASM 표준은 소위 불투명한 게이트의 정의를 허용하며, 이는 단순히 현재 게이

---

1   아직 내용이 정확히 정의되지 않았다는 의미다. - 옮긴이

트의 동작이 명시돼 있지 않은 경우 미래에 사용할 플레이스홀더^{placeholder}가 된다. C나 C++를 안다면 불투명한 게이트는 헤더 정의 정도로 이해하면 된다. 문법은 사용자 정의 게이트와 동일하지만 내용 부분은 없다. 불투명한 게이트는 IBM QX 내에서 사용되지 않고, 이 책의 범위를 벗어난다.

요약

맞춤형 프로그래밍 언어인 오픈 양자 어셈블리 언어$^{Open\ Quantum\ Assembly\ Language}$는 최소한 으로 양자 회로를 나타내기 위해서 명시적으로 디자인됐다. OpenQASM은 양자 프로그 램을 작성하고, IBM QX에서 실행하기 위해 사용될 수 있다. IBM QX의 양자 컴포저에 명시된 모든 회로를 그래픽 없이 나타낼 수 있다. OpenQASM은 그래픽이 없는 일반적 인 프로그래밍 언어이기 때문에 양자 알고리즘을 나타내기에 유용하다. 큐비트 초기 화, if문, 사용자 정의 게이트, OpenQASM에 포함된 CX, U와 같은 게이트에 접근하는 등의 여러 가지 OpenQASM의 고급 기능은 IBM QX에서 지원하지 않는다. 대신 IBM QX는 qelib1.inc라는 사용자 정의 게이트(IBM이 정의)를 가진 헤더 파일을 불러온다. 이 는 사용자가 이 책에서 자세히 다루는 모든 게이트 I, X, Y, Z, H, S, S†, T, T†, CNOT 에 접근하도록 허용한다.

8장에서는 키스킷과 양자 컴퓨터 시뮬레이션을 배울 것이다.

연습 문제

1. 다음 OpenQASM 프로그램을 양자 스코어로 변환하세요.

```
OPENQASM 2.0;
include "qelib1.inc";
qreg q[5];
```

```
creg c[5];
x q[4];
h q[3];
h q[4];
cx q[3],q[4];
h q[3];
h q[4];
cx q[3],q[4];
measure q[3] -> c[3];
measure q[4] -> c[4];
```

2. 다음 양자 스코어를 OpenQASM 프로그램으로 변환하세요.

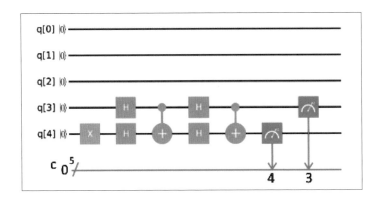

3. 도전 문제: 다음 OpenQASM 프로그램을 IBM QX의 시뮬레이터에 두 번 실행하세요. 한 번은 다음에 나올 예제 코드와 같이 q[2]가 |"1"⟩로 초기화된 상태로, 두 번째는 세 번째 큐비트가 |"0"⟩로 초기화된 상태(힌트: x q[2]; 줄을 제거합니다)로 실행하세요. 시뮬레이터에서 가능한 이론적인 값에 가까운 값을 가지도록 가능하면 많이 실행하세요. 프로그램은 무엇을 반환합니까? 이 프로그램의 목적은 무엇입니까? 다음 OpenQASM 코드를 참고하기 바랍니다.

```
include "qelib1.inc";
qreg q[5];
creg c[5];
```

```
x q[2];
h q[1];
sdg q[1];
cx q[2],q[1];
h q[1];
t q[1];
cx q[2],q[1];
t q[1];
h q[1];
s q[1];
x q[1];
s q[2];

measure q[1] -> c[1];
```

 TIP 각 실행에서 동일한 결과를 산출하는 한 개의 게이트만을 가진 프로그램을 작성한다. 제어된 동작을 하는 CNOT 게이트와의 유사성을 생각해보기 바란다.

4. OpenQASM에서 $XYZS^{\dagger}T^{\dagger}HHTSZY\,X\,|``0"\rangle$ 회로를 구현하세요.

5. 다음 회로를 OpenQASM으로 변환하세요.

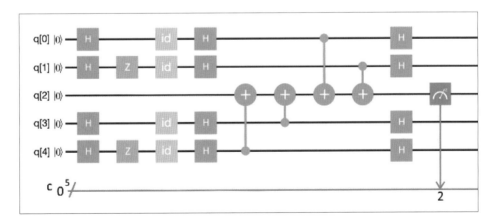

6. 다음 OpenQASM 프로그램과 동일한 양자 스코어를 그리세요.

```
include "qelib1.inc";
qreg q[5];
creg c[5];
x q[0];
x q[1];
id q[2];
h q[2];
cx q[1],q[2];
tdg q[2];
cx q[0],q[2];
t q[2];
cx q[1],q[2];
tdg q[2];
cx q[0],q[2];
t q[1];
t q[2];
h q[2];
cx q[1],q[2];
h q[1];
h q[2];
cx q[1],q[2];
h q[1];
h q[2];
cx q[1],q[2];
cx q[0],q[2];
t q[0];
tdg q[2];
cx q[0],q[2];
measure q[0] -> c[0];
measure q[1] -> c[1];
measure q[2] -> c[2];
```

08

키스킷과
양자 컴퓨터 시뮬레이션

8장은 키스킷^{Qiskit}(양자 정보 소프트웨어 키트^{Quantum Information Software Kit})를 사용해 IBM QX에서 프로그램을 구동하고, 양자 시뮬레이션에서 키스킷의 기능을 사용하는 내용을 소개한다. 우선 키스킷을 다운로드, 설치, 동작하는 법의 개요를 살펴보고, IBM QX에서 사용하기 위해 설정하는 방법을 배운다. 그리고 양자 회로의 개념, 측정, 키스킷 사용법 등을 배우기 위해서 하나의 기준 프로젝트에서 키스킷을 사용하는 실습을 한다. 이 실습은 양자 컴퓨터를 사용해 음악 화음을 나타내는 유용한 데모를 결과로 낼 것이다. 8장은 키스킷 아쿠아 패키지를 통해 더욱 고급의 양자 컴퓨팅 알고리즘을 사용하는 것을 논의할 예정이다.

> ℹ️ 1장에서 키스킷을 설치하는 방법을 배웠고, 5장에서 기본적인 내용을 습득했다. 8장에서는 키스킷을 검토하고 일반 사용법과 고급 사용법을 살펴볼 것이다. 8장은 의도적으로 독립된 장으로 구성했기 때문에 1장과 5장을 읽지 않은 독자도 8장을 바로 배울 수 있다. 키스킷의 기본 내용에 이미 익숙하다면 기초 설명 부분은 쉽게 넘어가면 될 것이다.

8장은 다음 주제를 다룬다.

- 키스킷 설치와 사용법
- 키스킷 테라와 키스킷 아쿠아
- OpenQASM으로 키스킷 사용하기
- 키스킷 기준 프로젝트 – 양자 음원

▎기술적인 필요 조건

8장의 코드는 https://github.com/PacktPublishing/Mastering-Quantum-Computing-with-IBM-QX의 Chapter08 폴더의 주피터 노트북에 있다. 데이터 파일은 동일한 폴더에 있다.

▎키스킷 설치와 사용법

키스킷 설치와 사용법을 알아본다. 우선 1장에서 살펴본 설치 방법을 테스트해본다.

키스킷 설치 테스트

다음 코드를 실행해 1장에서 키스킷의 설치가 제대로 됐는지 확인하고, 문제가 있는 경우 1장의 키스킷 예제 설정과 실행 부분을 다시 살펴본다.

```
from qiskit import Aer
from qiskit import IBMQ
# 계정을 인증하고, 이 세션에 사용하기 위해 추가한다. 문자열 입력을
# 자신의 개인 토큰으로 변경한다.
IBMQ.enable_account("INSERT_YOUR_API_TOKEN_HERE")
```

 https://quantumexperience.ng.bluemix.net/qx에 있는 IBM QX에 로그인하고 My Account로 가서 API 토큰을 획득한다. API 토큰은 사용자 인터페이스의 오른쪽 상단에 있을 것이다. Advanced를 클릭하고, Copy API Token을 클릭해 복사한다.

다음 코드를 실행한다.

```
import qiskit
from qiskit.tools.visualization import plot_histogram

# 가용한 벡엔드을 선택한다.
backend = IBMQ.get_backend('ibmq_qasm_simulator')

# 5개의 양자과 5개의 전통적인 레지스터를 설정하고, 측정을 실행한다.
q = qiskit.QuantumRegister(5)
c = qiskit.ClassicalRegister(5)
qc = qiskit.QuantumCircuit(q, c)
qc.measure(q, c)

# IBM QX에서 연산을 실행한다.
job_exp = qiskit.execute(qc, backend=backend)
plot_histogram(job_exp.result().get_counts(qc))
```

1장에서와 마찬가지로 전통적인 레지스터에 100% 확률로 00000을 가질 것이다.

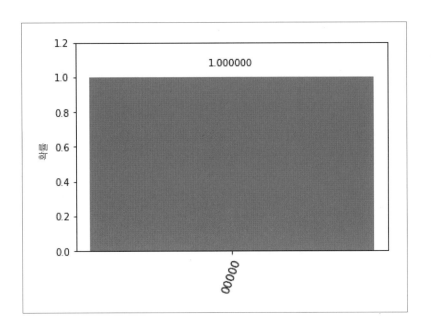

키스킷으로 OpenQASM 사용하기

파이썬으로 키스킷을 직접 프로그래밍하는 것은 유용하다고 할지라도, 종종 양자 알고리즘은 OpenQASM으로 작성된 경우가 많다. 7장에서 OpenQASM의 상세한 내용을 다뤘고, 여기서는 OpenQASM 프로그램을 키스킷 코드로 통합하는 예제를 살펴볼 것이다.

파일에서 OpenQASM 불러오기

7장에서 양자 계산을 되돌릴 수 있는 기능을 설명하는 회로를 다뤘다. 구체적으로 |"00000">로 시작하는 회로는 모든 게이트가 적용된 이후에도 각 게이트는 성공적으로

되돌릴 수 있기 때문에 |"00000"⟩가 돼야 한다. 8장의 코드 예제 폴더에서 이 회로의 OpenQASM은 reversible.qasm 파일에 저장돼 있다. 편의를 위해 OpenQASM은 여기서 다시 살펴본다.

```
OPENQASM 2.0;
include "qelib1.inc";
qreg q[5];
creg c[5];
cx q[2],q[1];
x q[1];
h q[2];
s q[3];
y q[4];
t q[2];
z q[3];
tdg q[2];
z q[3];
x q[1];
h q[2];
sdg q[3];
y q[4];
cx q[2],q[1];
measure q[0] -> c[0];
measure q[1] -> c[1];
measure q[2] -> c[2];
measure q[3] -> c[3];
measure q[4] -> c[4];
```

이 파일은 다음과 같이 load_qasm_file을 사용해 불러오고, IBM QX의 지역이나 원격 인프라에서 실행할 수 있다.

```
import qiskit
qc = qiskit.wrapper.load_qasm_file("reversible.qasm")
# 로컬 시뮬레이터에서 실행
sim = qiskit.execute(qc, "local_qasm_simulator")
result = sim.result()
```

```
# 결과 출력
print(result.get_counts(qc))
```

이 코드는 다음과 같은 결과를 출력한다.

```
{'00000': 1024}
```

결과는 이 회로의 입력(00000)과 동일해야 한다.

문자열에서 불러온 OpenQASM으로 실행하기

문자열로부터 OpenQASM 코드를 불러와 쉽게 연산할 수 있다. 따라서 OpenQASM 코드도 파이썬 내부에서 프로그래밍하기를 원한다면 OpenQASM 프로그램을 문자열로 만들고 파이썬에서 실행하면 된다. 여기서는 각 큐비트를 |"0">에서 |"1">로 변경하는 간단한 프로그램을 만들어 테스트한다.

```
import qiskit
qasm_string="""
OPENQASM 2.0;
include "qelib1.inc";
qreg q[2];
creg c[2];
x q[0];
x q[1];
measure q[0] -> c[0];
measure q[1] -> c[1];
"""
qc = qiskit.wrapper.load_qasm_string(qasm_string)
sim = qiskit.execute(qc, "local_qasm_simulator")
result = sim.result()
print(result.get_counts(qc))
```

이미 예상한 것처럼 결과는 다음과 같다.

```
{'11': 1024}
```

키스킷 아쿠아 소개와 설치

지금까지 설정한 키스킷은 큐비트의 낮은 수준의 직접적인 조작에 집중한다. qiskit 라이브러리의 이 부분은 키스킷 테라^{Qiskit Terra}(https://qiskit.org/terra)로 알려져 있고, 이는 키스킷 아쿠아^{Qiskit Aqua}(https://qiskit.org/aqua)와 대비된다. 양자 컴퓨터가 더욱 유용하게 되면, 양자 컴퓨터를 프로그래밍하는 인터페이스는 낮은 수준의 코드로 이뤄질 수만은 없을 가능성이 높다. 전통적인 컴퓨터에서 어셈블리 코드의 역할을 보면 쉽게 짐작할 수 있다. 낮은 수준의 코드는 큐비트와 양자 레지스터를 조작하고, 어셈블리 언어는 전통적인 비트와 레지스터를 조작한다. 대신 다른 모든 컴퓨팅과 마찬가지로 양자 분야도 낮은 수준의 조작을 추상화하는 높은 수준의 라이브러리와 언어로 발전할 것이다.

이런 추상화의 디자인을 시도한 것이 IBM의 키스킷 아쿠아이며, 높은 수준에서 양자 컴퓨터를 구동할 수 있도록 현재 존재하는 알고리즘의 실행에 초점을 맞춘다. 이런 알고리즘은 혼합된 컴포넌트를 가질 수 있고, CPU와 양자 프로세서에 모두 실행할 수 있다. 여러 알고리즘, 특히 양자화학에 집중한 알고리즘들이 이미 존재한다. 키스킷 아쿠아는 사용자가 프레임워크에 맞게 코드를 작성할 수 있도록 디자인됐다. 이는 사용자가 자신의 알고리즘을 직접 추가할 수 있도록 하는 아이디어에 기반한다.

requirements.txt 파일로 pip을 사용해 필요한 패키지를 설치했다면, 키스킷 아쿠아는 이미 설치돼 있을 것이다. 그렇지 않다면 키스킷 아쿠아는 다음과 같이 설치될 수 있다.

```
pip install qiskit-acqua qiskit-acqua-chemistry
```

다음 코드를 실행해 키스킷 아쿠아가 설치됐는지 확인한다.

```
# 키스킷 아쿠아 설치 테스트
import qiskit_acqua
import qiskit_acqua_chemistry
```

이 책은 양자 컴퓨팅을 접근하기 쉬운 수준에서 가르치는 것이 목표이기 때문에 키스킷 아쿠아는 그렇게 많이 사용하진 않는다. 그러나 이 책을 다 공부한 뒤 키스킷 아쿠아를 배우는 것은 매우 바람직한 학습 방향이 될 것이다. 이 책을 쓰는 시점에 가용한 양자 컴퓨터는 키스킷 알고리즘을 실질적으로 사용하기에는 역부족이지만 키스킷 아쿠아로 연산하는 것을 배우고 프레임워크 내에서 알고리즘을 작성하는 것은 특정 프로그램에 관해 양자 컴퓨터가 강력하게 될 때 미리 작성된 코드를 사용해 테스트를 할 준비가 이미 된 것이나 다름없다. 8장의 한 가지 가능한 연습 문제는 키스킷 아쿠아의 알고리즘을 실행하고, 깊이 있게 살펴보는 것이 될 것이다.

참고로 이 책을 쓰는 시점에 키스킷 아쿠아는 다음 모듈을 포함하고 있다.

- 양자 그로버 검색QGS, Quantum Grover Search
- 서포트 벡터 머신 양자 커널SVM Q Kernel, Support Vector Machine Quantum Kernel
- 양자 다이내믹스QD, Quantum Dynamics
- 양자 단계 추정QPE, Quantum Phase Estimation
- 변분 양자 아이겐솔버VQE, Variational Quantum Eigensolver
- 반복의 양자 단계 추정IQPE, Iterative Quantum Phase Estimation
- 서포트 벡터 머신 변분SVM Variational, Support Vector Machine Variational

추가적으로 다음과 같은 전통적인 알고리즘도 포함한다.

- 서포트 벡터 머신 방사성 기저 함수 커널SVM RBF Kernel, Support Vector Machine Radial Basis Function Kernel
- CPLEX
- 정확한 아이겐솔버EE, Exact Eigensolver

또한 최적화기^{optimizer}도 포함한다. 추가적인 기능이 계속해서 더해질 것이다. 키스킷 아쿠아에 관한 추가 정보는 https://github.com/Qiskit/aqua를 확인하기 바란다.

▌ 키스킷 테라 – 기준 프로젝트

지금까지 학습한 내용을 설명하기 위해 간단한 회로로 양자 컴퓨팅의 기본 내용을 배웠다. 여기서는 고급 사용법과 실질적인 프로젝트를 다룰 것이다. 여기서 배운 내용은 이 책의 세 번째 주제에 해당하는 알고리즘 부분과 연결될 것이다. 고급 알고리즘에 대한 설명이나 디자인을 다룰 필요 없이 지금까지 다룬 개념을 연습하기 위해 키스킷으로 재밌고 유용한 프로젝트를 살펴볼 것이다.

IBM은 아스키^{ASCII} 문자나 소리 클립으로 중첩의 개념을 설명하는 작은 양자 프로그램에 관한 좋은 학습 자료가 있다(https://github.com/Qiskit/qiskit-tutorials/). 여기서는 악보를 MIDI 코드로 나타내 중첩을 설명할 것이다. 함께 조합되는 음의 그룹인 화음을 만들고, 이는 양자 상태의 중첩을 나타내며 또한 측정의 결과를 들을 수도 있을 것이다. 이를 위해서 컴퓨터에서 MIDI 명세를 통해 악보를 나타내는 방법을 간단히 배울 필요가 있을 것이다.

MIDI 명세의 간단한 소개

MIDI는 디지털 음악 장치와 정보를 주고받는 것을 허용하는 명세다. MIDI 메시지는 상태 바이트와 선택적으로 추가적인 데이터 바이트가 뒤이어 오는 형태를 가진다. 상태 바이트는 0으로 시작하고, 데이터 바이트는 1로 시작하고, 7바이트인 $2^7 = 128$은 데이터를 나타내는 다른 값을 갖는다.

NOTE ON 메시지는 세 개의 바이트로 구성된다. 첫 번째 바이트는 다른 장치를 구별하는 데 사용될 수 있는 채널과 함께 NOTE ON임을 나타낸다. 두 번째 바이트는 음을 나타내는 음의 높이^{pitch}다. 세 번째 바이트는 음이 얼마나 시끄럽게 소리를 내야 하는지 나타내는 속도^{velocity}다. 음의 높이를 부호화하는 바이트의 8비트 중에서 첫 번째 비트는 항상 0이다. 좀 더 세부적인 내용은 https://www.midi.org/specifications-old/item/table-1-summary-of-midi-message를 참고하기 바란다.

MIDI로 양자 컴퓨팅 살펴보기

이 예제에서 중첩인 음을 나타내기 위해 양자 컴퓨터를 사용할 것이다. 각 음은 동일한 상태 바이트(NOTE ON, 채널 0: 10010000), 동일한 속도(소리 큼, 값 80: 01010000)를 갖는다. 따라서 메시지의 첫 번째와 세 번째 바이트는 고정된 값을 가진다. 두 번째 바이트에 대해서는 첫 번째 비트가 0이고, 나머지 7개의 비트는 음을 결정한다는 것을 안다.

 음 이름은 A, B, C, D, F, G를 포함하고, 각각은 음의 소리를 다르게 내는 다른 주파수를 가진다. 이런 몇몇 기본 음 사이에 다른 음이 있고, 이는 음 이름 이후에 #(샾)으로 나타낸다. 예를 들어 C#은 C와 D 사이의 주파수를 가진 음이다. 음은 동일하게 소리가 날 수 있고 레지스터에서 높거나 낮을 수 있다. 이는 옥타브로 분리된다는 것을 뜻하고, 주파수에서 2만큼 올라가거나 내려가는 것과 같다. 옥타브로 분리된 음은 같은 이름을 갖는다. 여기서는 이름 뒤에 옥타브를 나타내는 숫자를 더한다. 예를 들어 C1, C2, C3는 모두 C 음이고, C2의 주파수는 C1의 두 배가 되고, C3의 주파수는 C1의 세 배가 된다. 여러 음의 정확한 차이는 여기서 자세히 다루지 않을 것이다.

편의를 위해서 8장의 코드는 7비트의 2진수에서 주파수 또는 음 이름으로, 주파수에서 7비트 2진수나 음 이름으로, 음 이름에서 주파수나 7비트 2진수로의 매핑(연결성)을 가진 여러 딕셔너리(연결된 정보를 가진 데이터 구조)를 포함하는 피클^{pickle}로 된 딕셔너리로 저장된 MIDI 변환 딕셔너리를 포함한다. 여기서 피클은 파이썬 라이브러리로 객체를 파일로 저장하고, 나중에 불러서 사용하는 방법을 제공한다. 또한 이 매핑은 7비트 2진수의 정수

172

값도 가지고 있다. IBM QX에서 측정의 결과는 문자열(예를 들어 '011100')로 반환되기 때문에 딕셔너리의 키key와 값value은 편의를 위해 모두 문자열로 돼 있다. 예를 들어 7비트 2진수는 파이썬에서 실제 2진 숫자를 사용하는 것이 아니라 0과 1로 구성된 문자열로 만든다. 마지막으로 오직 88개의 가능한 값만을 부호화하고, 이는 피아노의 음계와 일치한다.

이 딕셔너리는 다음 코드를 사용해 불러온다.

```
midi_conversion_tables=pickle.load(
            open('midi_conversion_tables.p','rb'))
```

자주 사용하는 두 개의 테이블이 있다. 첫 번째는 7비트 2진수인 MIDI 코드를 음 이름으로 변환하는 테이블이다.

```
midi_to_note_bin=midi_conversion_tables['midi_to_note_bin']
```

두 번째 테이블은 7비트 2진수인 MIDI 코드를 헤르츠Hz 주파수로 변환하는 테이블이다.

```
midi_to_frequency_bin=midi_conversion_tables['midi_to_frequency_bin']
```

이 테이블들은 다음과 같이 사용될 수 있다. 예를 들어 2진수 0111100이 C4와 277.1826Hz와 같다는 것을 모르는 경우, 다음과 같이 찾아볼 수 있다.

```
print(midi_to_note_bin['0111100'])
```

이 코드는 C4를 출력한다.

그리고 음 이름 대신 주파수를 출력할 수 있다.

```
print(midi_to_frequency_bin['0111100'])
```

이 코드는 277.1826을 출력한다.

음의 합성

다음으로 파이썬을 사용해 음을 합성하는 도움 함수가 필요할 것이다. 기본적으로 음은 주파수(다른 음을 만들어냄)와 크기(음량을 나타냄)를 가진 파동(파동의 종류는 귀에서 소리가 어떻게 들리는지 나타내며, 이는 동일한 음이 다른 장치에서 다르게 들리는 것과 유사한 것임)이다. 파이썬은 음과 화음을 출력하는 여러 가지 방법이 있고, 그중 많은 방법이 큰 파이썬 패키지, 사운드 팩, 추가적인 외부 라이브러리의 설치를 포함한다. 이를 피하고자 다음과 같이 단 몇 줄의 코드로 간단한 음의 합성을 만들기 위해 간단한 파동(사인 파동)을 가진 pygame 모듈을 사용한다.

```
import numpy
import pygame, pygame.sndarray
import pickle
def play_notes(freqs,volumes):
    """
    freqs: 헤르츠로 표현된 주파수 배열
    volumes: 볼륨의 배열 (1이 가장 높고, 0이 가장 낮음)
    예제 사용법:
    play_notes([440,880],[0.6,0.2])
    """
    pygame.mixer.init()
    sample_wave=sum([numpy.resize(volume*16384*numpy.sin(numpy.arange(int(44100
        /float(hz)))*numpy.pi*2/(44100/float(hz))),(44100,)).astype(numpy.int16)
        for hz,volume in zip(freqs,volumes)])
    stereo = numpy.vstack((sample_wave, sample_wave)).T.copy(order='C')
    sound = pygame.sndarray.make_sound(stereo)
    sound.play(-1)
    pygame.time.delay(1000)
    sound.stop()
    pygame.time.delay(1000)
```

양자 측정을 나타내기 위해 음과 화음을 플레이하기

목표는 다른 음 사이의 중첩을 나타내는 양자 회로를 만드는 것이다. 결과는 7비트이기 때문에 회로는 7 큐비트를 갖는다. 하나의 회로에 관한 측정 결과는 중첩에 있는 음 중의 하나가 될 것이고, 여러 측정을 하는 경우에는 각 음이 어떤 확률을 가지고 중첩에 있게 되길 기대할 것이다. 시뮬레이션이나 IBM QX에서 양자 회로의 동일한 준비를 여러 번 하고, 이런 확률을 얻기 위해서 측정을 할 수 있다.

이후의 코드들은 하나의 측정에 대한 결과 뿐만 아니라, 동일하게 준비된 회로에서 여러 측정에 대한 결과도 들을 수 있도록 한다.

각 양자 측정에 대한 음 플레이하기

모든 7개의 큐비트의 각각의 양자 측정에 대해 하나의 음을 얻을 것이다. 다음 코드를 통해 측정하고, 결과를 얻고, 음을 플레이할 수 있을 것이다.

```python
import qiskit
def quantum_play_notes(qc,shots):
    """
    qc: 7 큐비트의 양자 회로
    shots: 회로 계산을 준비하고, 실행하는 횟수
    양자 상태는 <shots> 수만큼 준비됨
    각 측정 결과는 하나의 음으로 플레이됨
    """
    midi_conversion_tables=pickle.load(open(
                        'midi_conversion_tables.p','rb'))
    midi_to_note_bin=
            midi_conversion_tables['midi_to_note_bin']
    midi_to_frequency_bin=
            midi_conversion_tables['midi_to_frequency_bin']
    for i in range(shots):
        # shots=1은 더 이상 사용되지 않음(deprecation) 경고를 얻을 것이며,
        # 이 경고 메시지는 이후에 없어질 것이다.
        sim = qiskit.execute(qc, "local_qasm_simulator",shots=1)
        result = sim.result()
        final=result.get_counts(qc)
```

```
[print(midi_to_note_bin[k]) for k in final.keys()]
play_notes([float(midi_to_frequency_bin[k])
        for k in final.keys()],[1.0])
```

여러 양자 측정의 결과를 나타내는 화음을 플레이하기

동일한 방식으로 여러 번 양자 회로를 준비하고 매번 측정을 할 때 결과는 양자 회로의 상태의 중첩 내에서 각각 어떤 확률을 가진 음이 될 것이다. 이런 음들을 함께 나타내기 위해서 해당 확률로 음량의 크기를 조절한 결과로 음을 플레이할 것이다. 이 양자 실행은 다음 코드로 실행된다.

```
import qiskit
def quantum_play_chords(qc,shots):
    """

    qc: 7 큐비트의 양자 회로
    shots: 회로 계산을 준비하고, 실행하는 횟수


    양자 상태는 <shots> 수만큼 준비됨
    이 메소드는 각 음이 측정의 결과인 화음을 만들어서 함께 <shots> 측정의 결과를 들을 수 있게 도와준다.
    이때 음의 최대 음량은 <shots>에서 해당 음이 나타나는 횟수에 따라서 줄어든다.
    """
    midi_conversion_tables=
            pickle.load(open('midi_conversion_tables.p','rb'))
    midi_to_note_bin=
            midi_conversion_tables['midi_to_note_bin']
    midi_to_frequency_bin=
            midi_conversion_tables['midi_to_frequency_bin']
    sim = qiskit.execute(qc, "local_qasm_simulator",shots=shots)
    result = sim.result()
    final=result.get_counts(qc)
    freqs=[]
    volumes=[]
    for k,v in final.items():
        try:
            freqs+=[float(midi_to_frequency_bin[k])]
            volumes+=[int(v)/shots]
```

```
        print('%f percent' % (int(v)/shots*100)
                ,midi_to_note_bin[k])
    except:
        print('%f percent' % (int(v)/shots*100),k)
play_notes(freqs,volumes)
```

음의 중첩 만들기

두 음의 중첩을 만들기 위해 MIDI 코드가 1비트 차이가 나는 두 개의 노트를 찾고, 다른 비트를 가진 것과 같은 큐비트가 0과 1 사이의 중첩에 있는 양자 회로를 만들기 위해 양자 게이트를 사용한다. 이때 나머지 큐비트는 MIDI 코드에서 고정된 비트와 마찬가지로 고정된 값을 갖는다. 4개의 음의 중첩을 만들고자 두 개의 비트만이 다른 4개의 음을 찾고, 해당 비트와 일치하는 각 큐비트가 중첩에 있는 회로를 만든다. 8개의 음의 중첩을 만들기 위해 3개의 비트가 다른 8개의 음을 찾는다.

두 개의 음 화음

한 가지 예제는 F4와 A4다. F4는 MIDI 코드에서 65 또는 2진수로 1000001이다. A4는 MIDI 코드에서 69 또는 2진수로 1000101이다. 가장 오른쪽의 비트를 인덱스 0으로 해서 읽으면, F4와 A4는 인덱스 2의 비트만 다르다. 이는 주요 F 화음의 세 개의 노트 중에 두 개를 구성하고, 따라서 함께 좋은 화음을 낸다.

다음 코드는 F4와 A4의 중첩을 만든다.

```
from qiskit import ClassicalRegister, QuantumRegister
from qiskit import QuantumCircuit

# 레지스터와 프로그램을 설정
qr = QuantumRegister(7)
cr = ClassicalRegister(7)
qc = QuantumCircuit(qr, cr)

# F4와 A4 함께:
```

```
qc.h(qr[2]) # 2에 중첩을 만든다.
qc.x(qr[0]) # 1
qc.x(qr[6]) # 1

for j in range(7):
    qc.measure(qr[j], cr[j])
```

회로를 다음과 같이 가시화하면 이해에 도움이 될 것이다.

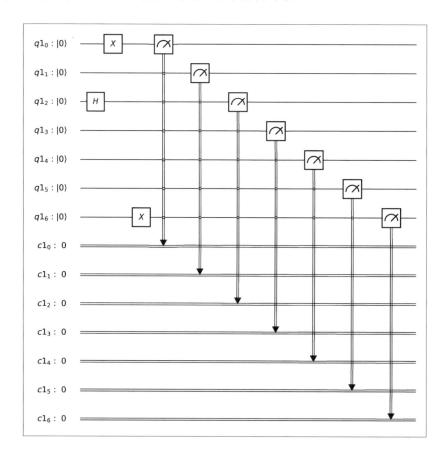

그리고 하나의 측정에 대한 결과는 다음 코드로 소리를 통해서 나타낼 수 있다.

```
quantum_play_notes(qc,4)
```

또는 연속된 측정의 결과는 다음 코드로 소리를 통해 나타낼 수 있다.

```
quantum_play_chords(qc,4)
```

여기서 입력 4는 몇 번이나 동일한 회로를 준비하고, 측정을 하는지 나타낸다. 여기서는 4번이다. 숫자가 작을수록 동일한 중첩의 균등한 분배를 볼 가능성이 작다. 예를 들어 이 입력이 1인 경우 두 음 중에 하나만 출력되는 것을 볼 것이다.

네 개의 음 화음

네 개의 음 화음을 만들어보자. 인덱스 2와 인덱스 3의 비트만 다른 다음 4개의 음을 고려해보자.

음	MIDI 코드	MIDI 코드(2진수)
C3	48	0110000
E3	52	0110100
G#3	56	0111000
C4	60	0111100

이는 증음된[augmented] C 화음이며, 따라서 흥미로운 소리가 날 것이다. 증음된 삼화음[triad chord]에 관한 https://en.wikipedia.org/wiki/Augmented_triad를 참고하기 바란다.

이 화음을 만드는 코드는 다음과 같다.

```
import qiskit
from qiskit import ClassicalRegister, QuantumRegister
from qiskit import QuantumCircuit

# 레지스터와 프로그램 설정
qr = QuantumRegister(7)
cr = ClassicalRegister(7)
qc = QuantumCircuit(qr, cr)
```

```
qc.x(qr[4]) # 큐비트 4에 1
qc.x(qr[5]) # 큐비트 5에 1
qc.h(qr[2]) # 큐비트 2에 중첩을 만든다.
qc.h(qr[3]) # 큐비트 3에 중첩을 만든다.

for j in range(7):
    qc.measure(qr[j], cr[j])
```

이해를 돕기 위해 회로를 가시화하는 것이 도움이 될 것이다.

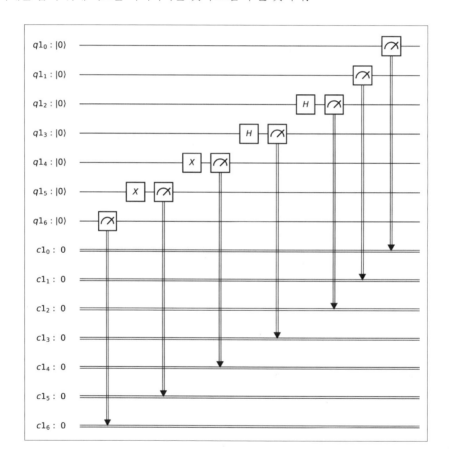

그리고 하나의 측정 결과는 다음 코드로 소리를 통해 나타낼 수 있다.

```
quantum_play_notes(qc,4)
```

또는 여러 측정의 결과는 다음 코드를 통해 소리로 나타낼 수 있다.

```
quantum_play_chords(qc,45)
```

이번에는 동일한 회로를 몇 번 준비하고, 실험을 반복하는지 나타내는 입력을 증가했다. 4개의 음이 있기 때문에 실험 중에 나타나는 4개의 음 각각이 합리적인 확률을 갖길 원한다. 따라서 입력 값을 증가해 그렇게 될 확률을 높인 것이다.

▌요약

키스킷은 지역, 원격 시뮬레이터, 또는 IBM QX 하드웨어에서 직접 양자 컴퓨팅 코드를 실행하는 데 사용할 수 있다. 키스킷의 두 개의 주요한 코드 저장소가 있다. 하나는 일반적으로 키스킷이라고 부르는 키스킷 테라다. 이는 큐비트, 양자 레지스터, 전통적인 레지스터를 낮은 수준의 양자 프로그래밍하는 것에 집중한다. 키스킷은 파이썬에서 직접 프로그래밍하거나 OpenQASM 파일을 불러올 수도 있다. 키스킷 릴리스에서 코드 저장소는 키스킷 아쿠아라고 하고, 높은 수준의 양자과 전통적인 알고리즘의 라이브러리를 포함한다. 이는 프레임워크 내에서 큰 양자 프로그램을 만들고, 알고리즘이 직접적으로 적용되는 경우에 유용하다. 키스킷 아쿠아는 미래에 좀 더 현실적인 사용성이 가능한 시점에 양자 컴퓨터를 프로그램하는 방식에 가까울 것이다.

9장부터는 이 책의 세 번째 주제를 포함한다. 즉, 양자 알고리즘에 관한 내용부터 큰 양자 프로그램의 하위 루틴subroutine을 구성된다. 그리고 양자 하드웨어가 발전함에 따라서 선통적인 컴퓨터에 비해 양자 컴퓨터가 더 낫다는 가능성을 보여줄 일반적인 양자 알고리즘을 살펴볼 것이다. 9장은 이런 알고리즘을 가능하게 하는 데 필요한 양자 AND와 양자 OR 게이트를 다룬다.

▌ 연습 문제

1. 선택적으로 IBM QX에서 실행하도록 quantum_play_notes와 quantum_play_chords를 수정하세요. midi_conversion_tables에는 128의 모든 가능한 값이 아닌, 피아노 건반을 기준으로 한 88개의 가능한 값만 있음을 기억하기 바랍니다. 코드에서 88개의 범위를 벗어나는 경우의 결과는 무시하기 바랍니다.

2. A4와 C5 음의 중첩을 나타내는 양자 회로를 만드세요. 자신이 만든 중첩을 직접 들어보기 바랍니다.

3. F4, A4, C5 그리고 선택적으로 다른 음들 사이의 중첩을 나타내는 양자 회로를 만드세요. 자신이 만든 중첩을 직접 들어보기 바랍니다.

4. 음이 중첩으로 나타나는 양자 회로의 연속된 양자 측정에서 얻은 확률에 기반한 음량을 사용하는 대신에 음의 길이를 사용해보세요. play_notes, quantum_play_notes, quantum_play_chords 함수를 수정해야 합니다.

5. IBM QX에서 실행하는 것은 잡음을 유발할 수 있습니다. 이는 88개에 포함되지 않은 값 중에 하나를 출력할 수도 있기 때문에 7비트 2진 값이 부호화할 수 있는 128개의 모든 값을 사용하도록 코드를 수정하세요. 이런 상황에서 무엇을 할 수 있는지 선택하세요. 이전에는 이런 값을 무시했지만, 이제는 변환 테이블을 확장해 128개의 모든 음을 갖도록 하거나, 88음에 포함되지 않은 값은 추가적인 정보(예를 들어 이전 음에 대비한 음의 길이)를 더해 다르게 처리할 수도 있습니다.

6. 키스킷 아쿠아에서 특정 알고리즘을 선택하고 실행해보기 바랍니다. 입력변수들을 바꿔보세요. 결과를 간단히 설명할 수 있습니까?

7. MIDI 코드는 일반적인 화음 내에서 음은 MIDI의 2진수 코드에서 꼭 가까운 값으로 있는 것은 아니기 때문에 화음에서 음의 중첩을 부호화하는 데 최적은 아닙니다. 5비트나 그 이하의 비트를 취하고, 모든 주요 화음을 쉽게 부호화할 수 있는 코드를 디자인해보세요.

09

양자 AND (토폴리) 게이트와
양자 OR 게이트

9장은 양자 컴퓨터에서 논리 문제를 명시할 수 있고, 이후에 나오는 그로버^{Grover} 알고리즘과 다른 알고리즘에 사용하기 위해 전통적인 2진 논리 게이트의 양자 버전을 살펴볼 것이다.

9장은 다음 주제를 다룬다.

- 3SAT 함수와 그것을 도치하는 과정
- 3SAT 함수를 도치하는 전통적인 알고리즘
- 토폴리 게이트: AND 게이트의 양자 버전
- OR 게이트의 양자 버전
- 양자 회로를 사용하는 3SAT 문제

❙ 기술적인 필요 조건

9장의 코드는 https://github.com/PacktPublishing/Mastering-Quantum-Computing-with-IBM-QX의 Chapter09 폴더의 주피터 노트북에 있다. 데이터 파일은 동일한 폴더에 있다.

❙ 2진 충족 가능 문제

컴퓨터 프로그래밍에서는 종종 논리적인 조건들이 있고, 그중에서 if/else문, 순환[loop]은 참과 거짓을 나타내는 표현을 평가해 코드의 다음 동작을 결정하는 주요한 두 가지 예제다. 코드에서 가장 흔하게 사용되는 논리를 평가하는 표현은 짧고 간단하다. 다음은 그 예제를 나타낸다.

```
a=True
b=False
if a and b:
    print("Ready for the next section.")
else:
    print("Change one variable to be ready to move on.")
```

이 코드는 "Change one variable to be ready to move on."을 출력한다. 어느 변수를 바꿔야 될지는 프로그래머라면 누구나 알 수 있을 것이다.

AND, OR, NOT과 괄호연산자로 합쳐진 변수의 표현은 2진 표현[Boolean expression]이라고 한다. 2진 표현은 원하는 만큼 길어질 수도 있고, 이는 프로그래밍 논리 흐름 제어뿐 아니라 특별한 상황의 정보 부호화에도 유용하다.

예를 들어 새로운 직장의 서류 연산에 들고 갈 (각 나라의 법에 따른) 문서의 모든 가능한 조합을 결정하는 프로그램을 만들기를 원할 때 미국의 경우 다음과 같이 만들 수 있다.

```
    def documents_ok(passport,permanent_resident_card,drivers_license,voter_
registration,under_18,report_card,doctor_record,daycare_record,school_id,social_
security_card,birth_certificate):
        return (passport or permanent_resident_card) or \
                ((drivers_license or school_id or voter_registration) or \
                (under_18 and \
                (report_card or doctor_record or daycare_record)) and \
                (social_security_card or birth_certificate))
```

미국의 경우 여기서는 이미 많은 가능한 문서를 생략해 단순화했다. 이 경우 if문으로 된 문서 검열 코드는 가지고 온 문서를 바탕으로 특정 문서의 조합이 가능한 것인지 쉽게 결정할 수 있을 것이다. 하지만 문서 검열관의 상사는 모든 유효한 문서의 조합의 테이블을 한쪽에 정리하고, 모든 유효하지 않은 조합을 다른 쪽에 정리하길 원한다. 이 경우 문서 검열관은 모든 가능한 경우를 시스템적으로 검열하거나, 시간이 많아서 오랜 시간을 검열할 수 있는 경우 외에는 거의 불가능한 일에 가깝다. 11개의 변수가 있고, 따라서 새로운 직업을 시작할 때 직원이 검열관에게 가지고 올 가능한 조합은 $2^{11} = 2048$이 된다.

이러한 연산을 좀 더 실현 가능하게 만들기 위해서 가능한 변수(문서) passport, permanent_resident_card, drivers_license, voter_registration, under_18, report_card, doctor_record, daycare_record, school_id, social_security_card, birth_certificate에 대한 참/거짓의 모든 가능한 조합을 살펴보고, documents_ok 함수는 가능한 조합인 경우 참을 반환하는 것을 확인해 수용 가능한 문서 조합인지 검사하는 알고리즘을 디자인할 수 있다. 반환 값이 참인 경우 입력된 문서의 조합은 유효한 것이 된다. 여기서 문서 검열관은 문서의 종류만을 제공하면 되고, 알고리즘은 이것의 유효성을 검사해 예/아니오로 답을 한다.

이런 동작을 하는 코드는 다음과 같다.

```
import itertools
works=[]
doesnt_work=[]
```

```
for combo in itertools.product([True,False],repeat=11):
    if documents_ok(combo[0],combo[1],combo[2],combo[3],combo[4],combo[5],combo[6],
combo[7],combo[8],combo[9],combo[10]):
        works+=[combo]
    else:
        doesnt_work+=[combo]
print(len(works),len(doesnt_work))
```

이 설정에서 2005개의 문서 조합은 유효하고, 오직 43개의 문서 조합만이 유효하지 않다.

이제 정부는 모여서 새로운 법안을 신설하고 30개의 다른 가능한 문서를 요구한다고 상상해보자. 이때 30개는 $2^{30} = 1,073,741,824$개의 가능한 조합이 된다. 문서의 조합이 유효한지 결정하는 공식은 길고 어렵지만, 문서 검열관이 유효성을 검사할 시간은 단지 몇 분밖에 없다고 하자. 새로운 법안이 발의되고 난 며칠 이후에 문서 검열관은 매일 수백 명의 문서를 확인하지만 누구도 문서 조합의 유효성 검사를 통과하지 못했다. 문서 검열관 상사는 화가 났고, 둘 다 법안에 문제가 있어서 유효한 문서의 조합이 존재하지 않는다고 생각했다.

상사는 문서 검열관에게 가능한 문서의 조합이 존재하는지 확인하라고 지시한다. 이전보다는 적은 경우가 유효한 것처럼 보이기 때문에 유효한 몇 가지 문서를 나열하면 모두의 시간을 절약할 수 있을 것이다. 시간이 걸리겠지만 운 좋게도 문서 검열관은 컴퓨터 프로그램을 갖고 있다. 최악의 경우 각 조합이 유효한지 컴퓨터 프로그램은 1,073,741,824의 모든 문서 조합을 돌려야 한다. 문서 검열관은 공식을 공부한다면 아마도 많은 경우의 수를 한 번에 줄이고 코드를 돌리는 시간을 절약할 수 있을 것이라고 생각한다.

코드를 구동할 수 있기 전에 혼선이 있다. 이때 정부는 신빙성을 떨어뜨릴 수 있는 상사와 문서 검열관의 계획을 듣게 되고, 문서의 조합을 나타내는 공식을 더 이상 공개하지 않기로 한다. 대신에 문서 검열관이 문서의 조합을 검사하길 원할 때마다 무료 전화를 걸어서 교환원에게 문서의 조합을 알려주면 예/아니오의 답을 하는 방식으로 변경한다. 이 과정은 각 문서 조합마다 4분이 소요되고, 따라서 문서 검열관은 하루에 100개의 문서 조합을 처리하는 목표를 달성할 수 있다. 하지만 이 경우 문서 검열관이 정부가 잘못됐다는 것을 증명할 수 있기까지는 주당 40시간씩 일해서 30,000년 넘게 걸릴 것이다. 이 예제는 documents_ok가 얼마나 유용한 것인지 설명하기 위해 과장된 부분이 있다. 문서 검열관은 유효한 문서 조합이 없다고 의심하지만 이를 증명할 방법은 없다.

 양자 컴퓨팅과 관련된 문서에서는 사용자가 접근할 수는 없지만 주어진 입력이 정확한 것인지 여부를 검사할 수 있도록 사용하는 함수를 오라클(oracle) 함수라고 한다. 이 용어를 사용하진 않겠지만 다른 서적을 읽는 경우 이 용어를 사용해 설명할 것이므로 알아두면 좋을 것이다.

모든 가능한 2진 변수의 조합을 알아내는 과정은 2진 표현을 충족시킬 수 있고, 이는 2진 충족 가능 문제Boolean satisfiability problem 혹은 SAT라고 한다. 9장에서는 문서 검열관이 모든 가능한 문서의 조합에 대한 유효성을 검사하는데 30,000년이 걸리는 문제를 양자 컴퓨터를 사용하여 1년만에 알아낼 수 있도록 하는 방법을 살펴볼 것이다. 완벽하지는 않지만 양자 컴퓨터에 계산적인 이득을 주고, 전통적인 방식으로는 실행 불가능한 문제를 해결할 수 있게 한다.

3SAT 전통적인 구현

모든 2진 충족 가능 문제는 or와 and 연산자를 포함해 변수가 구분된 형태로 작성될 수 있다. 개별적인 변수는 필요한 경우 not 연산자로 도치될 수 있고, 이를 논리곱 정규형conjunctive normal form이라고 한다. 각 부분에 최대 3개의 변수를 갖도록 표현을 다시 작성할 수 있는 알고리즘 분석에 유용하게 사용할 것이다. 여기서 사용되지 않는 모조 변수dummy variables를 사용하는 것이 조건을 만족하는 데 도움이 될 것이다. 이는 알고리즘 분석을 단순화하기 위해 사용된다. 예를 들어, 다음 코드는 각 표현이 세 개의 변수로 제한된 논리곱의 정규형을 사용한 4개의 변수에 대한 2진 표현을 나타낸다.

```
(not a or b or d) and \
```

```
    (not b or c or d) and \
    (a or not c or d) and \
    (not a or not b or not d) and \
    (b or not c or not d) and \
    (not a or c or not d) and \
    (a or b or c) and \
    (not a or not b or not c)
```

이 표현과 관련해 2진 충족 가능 문제^{SAT}는 a, b, c, d 값의 조합으로 표현된 어떤 표현이 참^{true}으로 평가가 되는지 알려줄 수 있다. 여기서는 각 부분은 최대 3개의 변수를 가질 수 있게 제한했기 때문에 이 종류의 2진 충족 가능 문제는 3SAT라고 한다.

이제 2진 표현이 만족하는지 여부를 결정하는 함수를 작성할 수 있다.

```
    def checker(f,candidate):
        """
        f: 1과 0을 갖는 임의의 길이를 갖는 문자열을 입력으로 취하는 문자열이다. 가장 오른쪽의 문자가 0번째
    비트다.
        candidate: 1과 0의 문자열을 가지고, 길이는 적어도 f의 변수가 돼야 한다. 가장 오른쪽의 문자가
    0번째 비트다.
        """
        return(f(candidate))

    def try_all_inputs(f,len_input):
        import itertools
        result=[]
        for candidate in ["".join(seq) for seq in itertools.product("01", repeat=len_
    input)]:
            if checker(f,candidate):
                result+=[candidate]
        return result # 함수 f가 참으로 평가한 입력 목록

    def is_satisfiable(f,len_input):
        return len(try_all_inputs(f,len_input))>0

    def a_3sat_function_4(binary_string):
        """
```

binary_string은 1과 0으로 구성된 적어도 4개의 문자를 가진 문자열. 가장 오른쪽의 문자가 0번째 비트다.

```
"""
binary_list=[int(i) for i in binary_string]
binary_list.reverse()
a,b,c,d=binary_list[0:4]
return (not a or b or d) and \
        (not b or c or d) and \
        (a or not c or d) and \
        (not a or not b or not d) and \
        (b or not c or not d) and \
        (not a or c or not d) and \
        (a or b or c) and \
        (not a or not b or not c)
```

이 코드를 사용해 a_3sat_function이 충족할 수 있는지 알 수 있고, 다음 코드를 사용해 실제로 만족하는 모든 가능한 입력 목록을 얻을 수 있다.

```
print(is_satisfiable(a_3sat_function_4,4))
print(try_all_inputs(a_3sat_function_4,4))
```

이 코드로 a_3sat_function은 충족 가능하고, 이를 만족하는 입력은 1010과 1110이 된다.

```
True
['1010', '1110']
```

3SAT – 왜 이 문제가 흥미로운가?

3SAT은 많은 다른 문제들이 3SAT 공식으로 변환될 수 있기 때문에 특히 흥미로운 문제다. 3SAT은 또한 잘 알려진 NP-완성[complete] 문제다. NP-완성에 관한 자세한 정보는 http://mathworld.wolfram.com/NP-CompleteProblem.html을 확인하기 바란다.

▌양자 AND와 OR

전통적인 NOT 게이트의 양자 버전인 X 게이트를 이미 살펴봤다. 3SAT은 변수의 논리식 AND와 논리식 OR이 필요하고, 따라서 양자 컴퓨터에서 3SAT을 공식화하기 위해 논리식 AND와 논리식 OR의 양자 버전이 필요할 것이다. 모든 양자 게이트는 되돌릴 수있고, 이는 전통적인 NOT 게이트를 직접 하나의 양자 게이트로 해석하는 데 아무런 문제가 없었다. 여기서 전통적인 NOT 게이트는 되돌릴 수 있는 특성이 있기 때문이다. 전통적인 NOT 게이트를 되돌리기 위해서는 원래 상태로 돌아가기 위해 단순히 두 번 적용하면 된다. 같은 방식이 양자 게이트에도 적용된다.

하지만 전통적인 OR 게이트와 전통적인 AND 게이트는 되돌릴 수 없다. 이를 확인하기위해 진리치표$^{truth\ table}$를 보면 된다.

a	b	a AND b
0	0	0
0	1	0
1	0	0
1	1	1

그리고 OR 게이트의 진리치표는 다음과 같다.

a	b	a OR b
0	0	0
0	1	1
1	0	1
1	1	1

전통적인 AND 게이트의 경우 출력 0은 a와 b 비트의 조합인 00, 01, 10으로부터 얻을수 있고, 따라서 1인 경우가 아니라면 출력 정보만으로는 입력을 알아내기는 불가능하

다. OR 게이트의 경우 출력 1은 a와 b 비트의 조합인 01, 10, 11이 모두 입력이 될 수 있다. 마찬가지로 출력이 0이 아닌 이상 입력을 정확하게 알기란 불가능하다는 것을 의미한다. 이 두 함수 모두 완전히 되돌릴 수는 없고, 따라서 개념을 확장해 양자에 맞게 해석을 해야 할 것이다. 이 방식은 추가적인 세 번째 입력을 소개하는 것이다.

토폴리 게이트 – 양자 AND 게이트

전통적인 되돌릴 수 있는 AND 게이트를 고려해보자. 이는 세 개의 입력 비트와 세 개의 출력 비트를 사용해 이룰 수 있다. 여기서 게이트는 첫 번째 두 개의 비트가 1이면 세 번째 비트를 변경하고, 첫 번째 두 비트는 그대로 둔다. 여기서 첫 번째 두 비트가 참인 경우에만 동작을 수행하기 때문에 어떤 면에서는 AND 게이트가 된다.

이는 마지막 출력 비트를 마지막 입력 비트를 XOR한 것으로 만들어서 게이트를 구현한다. 다시 말해 되돌릴 수 있는 AND 게이트는 입력 비트 a를 출력 비트 a', 입력 비트 b를 출력 비트 b', 입력 비트 c를 출력 비트 c' = c XOR (a AND b)로 만든다.

다음은 해당 진리치표를 나타낸다.

입력 – abc:			출력 – a'b'c':		
a	b	c	a'	b'	c' = c XOR (a AND b)
0	0	0	0	0	0
0	0	1	0	0	1
0	1	0	0	1	0
0	1	1	0	1	1
1	0	0	1	0	0
1	0	1	1	0	1
1	1	0	1	1	1
1	1	1	1	1	0

입력이 3개의 비트이고, 출력도 3개의 비트이기 때문에 출력을 쉽게 입력으로 되돌릴 수 있다. 출력을 입력으로 되돌리기 위해서는 첫 번째 두 비트(a와 b)는 그대로 두고, 이는 a'과 b'과 일치하고, c 비트를 c' XOR (a' AND b')로 만든다. 이를 통해 정확히 출력에서 입력으로 되돌아 갈 수 있고, 이는 게이트를 되돌린다.

토폴리^{Toffoli} 게이트는 양자 AND 게이트이며, 이는 앞의 진리치표를 구현한다. 이때 세 개의 큐비트를 입력으로 취하고, 세 개의 큐비트를 출력으로 반환한다. 토폴리 게이트의 심볼은 다음과 같다.

두 개의 검정색 점은 a'와 b' 비트에 해당하고, 원형 고리는 c'를 나타낸다. 각 원으로 들어가는 선은 a, b, c를 나타낸다. 토폴리 게이트는 controlled-controlled-NOT 게이트 (CCNOT)로 알려져 있다. 키스킷에서 CNOT은 **cx**이고, CCNOT 게이트는 **ccx**로 알려져 있다.

토폴리 게이트는 다음 회로로 한 번 처리되고, 다시 되돌릴 수 있다.

키스킷에서 다음과 같이 토폴리 게이트를 불러올 수 있다.

```
from qiskit.extensions.standard import ccx
```

토폴리 게이트는 i, j, k 인덱스의 양자 레지스터에 관해 다음과 같이 호출될 수 있다.

```
qc.ccx(qr[i],qr[j],qr[k])
```

지금까지 배운 기저적인 게이트의 형태로 토폴리 게이트를 구현하는 것은 복잡하다. 실질적인 구현에 도달하는 구체적인 방식은 다루지 않겠지만, 회로와 OpenQASM을 제공할 것이다. 토폴리 ccx 게이트는 IBM QX에는 제공되지 않기 때문에 양자 컴포저를 통해서 IBM QX를 사용할 때 특히 중요하다. 이는 IBM 양자 컴포저에서 토폴리 게이트의 각 사용은 가용한 게이트의 조합을 사용해 구현돼야만 한다는 것을 의미한다.

토폴리 회로는 다음과 같다.

이 회로는 다음과 동일하다.

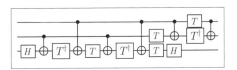

OpenQASM에서 이 회로는 다음과 같이 나타낸다. 여기서 입력 a, b, c는 큐비트 0, 1, 2에 있다. 이와 다른 경우 인덱스를 그에 맞게 인덱스를 수정하면 된다.

```
include "qelib1.inc";
qreg q[3];
creg c[3];
// 입력:
// x q[0]; // a=True인 경우 앞의 주석 표시 제거
// x q[1]; // b=True인 경우 앞의 주석 표시 제거
// x q[2]; // c=True인 경우 앞의 주석 표시 제거

// 입력에 토폴리 게이트:
h q[2];
cx q[1],q[2];
tdg q[2];
```

```
cx q[0],q[2];
t q[2];
cx q[1],q[2];
tdg q[2];
cx q[0],q[2];
t q[1];
t q[2];
h q[2];
cx q[0],q[1];
t q[0];
tdg q[1];
cx q[0],q[1];

// 출력 측정:
measure q[0] -> c[0];
measure q[1] -> c[1];
measure q[2] -> c[2];
```

 지금까지 배운 기본 게이트로 토폴리 게이트에 대한 OpenQASM을 제공했다고 하더라도 IBM QX의 UI에서 직접 사용하기 위해서는 ccx를 그대로 사용하고 실제적인 구현은 UI에서 직접 구현하고자 하는 사용자에게 남겨둔다. 그 사용자는 앞의 코드를 UI에서 직접 구현하면 된다. 이 책에서는 ccx를 직접 사용할 수 있는 키스킷에서 ccx 게이트를 주로 사용한다.

깃허브에 있는 주피터 노트북의 9장 코드 예제에서 토폴리 게이트의 진리치표를 출력하는 키스킷 파이썬 ccx 함수와 OpenQASM 구현 모두 제공한다.

양자 OR 게이트

다음으로 전통적이고 되돌릴 수 있는 OR 게이트를 디자인해보자. 전통적이고, 되돌릴 수 있는 AND 게이트와 마찬가지로 되돌림을 가능하게 하는 핵심은 세 개의 입력 비트와 세 개의 출력 비트를 갖는 것이다. 여기서 첫 번째 두 비트의 첫 번째, 두 번째, 또는 모두가 1인 경우에 세 번째 비트를 바꾼다. 첫 번째 두 비트가 참으로 평가되는 기준이 OR와 똑같이 동작하기 때문에 어떤 면에서는 OR 게이트와 같다. 세 번째 비트를 첫 번째 비트의 반대와 XOR한 값과 동일하게 해 이 게이트를 구현할 수 있다. 다시 말해서 되돌릴 수 있는 OR 게이트는 입력 비트 a를 출력 비트 a', 입력 비트 b를 출력 비트 b', 입력 비트 c를 출력 비트 c' = (NOT c) XOR (NOT a AND NOT b)로 만든다.

이 경우 진리치표는 다음과 같다.

입력 – abc:			출력 – a'b'c':		
a	b	c	a'	b'	c' = (NOT c) XOR (NOT a AND NOT b)
0	0	0	0	0	0
0	0	1	0	0	1
0	1	0	0	1	1
0	1	1	0	1	1
1	0	0	1	0	1
1	0	1	1	0	0
1	1	0	1	1	1
1	1	1	1	1	0

여기서 단순히 a와 b를 입력으로, c를 출력으로 보면 계산 이후에 c는 a OR b를 갖는다는 것을 알 수 있다. 하지만 입력은 3개의 비트이고, 출력도 3개의 비트이기 때문에 출력을 쉽게 입력으로 되돌릴 수 있다. 출력을 입력으로 되돌리기 위해서는 첫 번째 두 개의 비트(a와 b)는 그대로 두고, a'와 b'에 일치하게 하고, 비트 c를 c' XOR (a' OR b')로 만든다. 이를 통해 정확히 출력을 입력으로 되돌리고, 이는 게이트를 되돌린다.

이를 어떻게 양자 게이트로 구현할 수 있는가? 각 변수가 반대로 되는 것 외에 되돌릴 수 있는 전통적인 OR 게이트는 되돌릴 수 있는 전통적인 AND 게이트와 동일하게 보인다. 따라서 토폴리 게이트를 사용해 OR 게이트를 구현할 수 있을 것이다. 우선 X 게이트로 세 개의 입력을 반대로 하고, 토폴리 게이트를 실행한다. 이 계산이 끝나면 첫 번째와 두 번째 게이트에 다시 X 게이트를 적용해 반대로 되돌려야 원하는 출력을 얻을 수 있다.

양자 OR 게이트의 양자 회로는 다음과 같다.

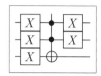

여기서 단지 대칭적인 부분만을 간략하게 나타냄으로써 양자 OR 게이트에 대한 기호를 간략화할 수 있다. 이는 부분 양자 OR 게이트라고 부를 것이다. 이 기호는 OR 게이트를 실행하거나 OR 게이트를 되돌릴 때 사용하도록 한다. 여기서는 단지 세 번째 비트에 X 게이트가 추가되고, 실행과 되돌림 사이의 차이는 단지 X 게이트가 간략화된 대칭 표시의 어느 쪽에 있느냐에 따라서 달라진다. 즉, 실행할 때는 왼쪽에, 되돌릴 때는 오른쪽에 위치한다. 이 간략화된 대칭 부호는 다음과 같다.

이는 다음 부호와 동일하다.

따라서 양자 OR 게이트는 다음 회로로 실행하고, 되돌릴 수 있다.

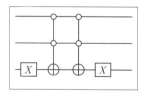

196

> 양자 OR 게이트는 대칭이 아니다. 한쪽에는 세 개의 X 게이트를 갖고, 다른 쪽에는 두 개의 X 게이트를 갖는다. 양자 동작을 되돌리기 위해서 X 게이트의 개수를 조심스럽게 추적할 필요가 있다. 이것이 간략화된 부호가 양자 OR의 대칭 부분만을 가지고, 추가적인 X 게이트는 따로 분리된 이유다.

3SAT 문제에서 세 개의 큐비트에 대한 OR을 계산할 필요가 있을 것이다. 이는 양자 OR 게이트를 쌓음으로써 가능하다. 이는 (a OR b OR c)가 논리적으로 ((a OR b) or c)와 동일하다는 것을 나타내기 때문에 두 개의 큐비트를 먼저 OR하고, 결과를 세 번째 큐비트와 OR함으로써 결과를 합칠 수 있는 것이다. 다음은 회로를 두 부분으로 나눠서 세 개의 큐비트에 대해 (두 개의 중간 출력 큐비트를 사용해) 양자 OR를 계산하는 예제 회로를 나타낸다. 첫 번째 부분의 출력은 두 번째 부분의 입력으로 사용된다.

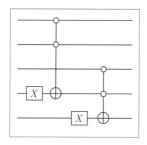

전체 양자 OR 게이트의 OpenQASM은 다음과 같다. 여기서 입력 a, b, c는 큐비트 0, 1, 2에 있다고 가정한다. 다른 경우 인덱스를 그에 맞게 수정하면 된다.

```
include "qelib1.inc";
qreg q[3];
creg c[3];
// 입력:
// x q[0]; // a=True인 경우 앞의 주석 표시 제거
// x q[1]; // b=True인 경우 앞의 주석 표시 제거
// x q[2]; // c=True인 경우 앞의 주석 표시 제거
// 양자 OR 게이트:
```

```
x q[0];
x q[1];
x q[2]; // 게이트가 대칭인 경우 이 부분을 주석 처리하고, 간소화된 표시를 부분 양자 OR 게이트에 맞춘다.
h q[2];
cx q[1],q[2];
tdg q[2];
cx q[0],q[2];
t q[2];
cx q[1],q[2];
tdg q[2];
cx q[0],q[2];
t q[1];
t q[2];
h q[2];
cx q[0],q[1];
t q[0];
tdg q[1];
cx q[0],q[1];
x q[0];
x q[1];
measure q[0] -> c[0];
measure q[1] -> c[1];
measure q[2] -> c[2];
```

표시에 맞게 게이트를 만들기 위해서는 x q[2]; 줄의 코드를 주석 처리해야 한다.

전체 게이트는 다음과 같다.

이 게이트는 지금까지 배운 기본 게이트를 사용해 만든 다음 회로와 동일하다.

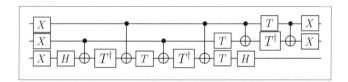

 이 책에서는 주로 키스킷의 양자 OR 게이트를 사용하고, 이는 ccx 표시를 직접 사용할 수 있다. ccx가 가용하지 않을 때는 기본 게이트를 사용해 구현하는 앞의 코드를 참고해 사용하기 바란다.

깃허브에 있는 주피터 노트북의 9장 코드 예제의 "Showing the quantum OR gate truth table(양자 OR 게이트 진지지표 나타내기)"에서는 양자 OR 게이트의 진리치표를 출력하기 위해 OpenQASM 구현을 사용한 예제를 포함한다.

여러 큐비트의 양자 AND와 OR

3SAT 함수를 제대로 계산하기 위해서는 4개의 큐비트에 동작하는 양자 OR이 필요할 것이다. 더 많은 큐비트에 동작하는 양자 OR이나 양자 AND를 만드는 것은 확실히 가능한 것이다. 전통적인 AND와 전통적인 OR는 모두 결합성^{associative}을 가진다. 이는 원하는 방식으로 표현을 그룹으로 만들고 중간 결과를 계산할 수 있으며 AND나 OR를 여러 변수에 적용하기 위해 다시 작성할 수 있음을 의미한다. 이런 재작성 과정에서 AND나 OR를 사용해 계산을 두 개의 변수를 한 번에 계산하는 하나의 그룹으로 변환할 수 있다. 예를 들어 전통적으로 AND는 변수의 쌍에 동작하므로 4개의 변수에 AND로 재작성하기 위해서는 다음과 같이 할 수 있다.

```
w AND x AND y = ((w AND x) AND y)
```

원하는 방식대로 괄호로 엮을 수 있고, 변수의 쌍에 AND를 적용해 여러 가지 방법으로 구현할 수 있다. 이는 OR에도 같은 방식으로 적용된다.

---

w OR x OR y = ((w OR x) OR y)

원하는 개수만큼의 큐비트를 계산하기 위해 양자 AND와 양자 OR를 사용해 세 개의 큐비트를 한 번째 적용하고, 중간 결과를 저장하는 추가적인 큐비트를 사용해 같은 방식을 적용할 수 있다. 예를 들어 ((w AND x) AND y)의 양자 버전은 다음 양자 회로로 구현될 수 있다.

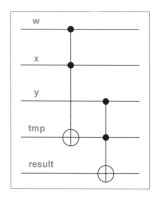

((w OR x) OR y)의 양자 버전은 다음 양자 회로로 구현할 수 있다.

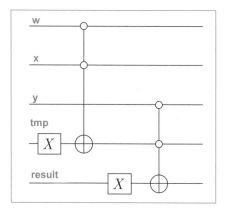

┃ 3SAT 양자 회로 구현

양자 회로에서 3SAT 문제를 구현하기 위해서 지금까지 배운 내용을 모두 합쳐보자. 10장, '그로버 알고리즘'에서는 여기서 개발한 공식을 입력으로 사용해 그것을 만족하는 고유 입력을 해결할 것이다.

양자 회로에서 구현할 3SAT 문제는 다음과 같다.

$$(a \lor b \lor \neg c) \land (a \lor b \lor c) \land (a \lor \neg b \lor c) \land (a \lor \neg b \lor \neg c) \land (\neg a \lor b \lor \neg c) \land$$
$$(\neg a \lor b \lor c) \land (\neg a \lor \neg b \lor \neg c)$$

여기서 $\lor$는 or, $\land$는 and, $\neg$는 not을 나타낸다. 3SAT과 같은 논리적인 문제는 종종 이런 표시로 명시되고, 따라서 여기서 소개하는 것이다. 하지만 이를 파이썬 코드로 직접 입력해 알아보기 더 쉽게 보여줄 것이므로 걱정하지 말기 바란다.

```
(a or b or not c) and \
(a or b or c) and \
(a or not b or c) and \
(a or not b or not c) and \
(not a or b or not c) and \
(not a or b or c) and \
(not a or not b or not c)
```

이제 이를 양자 회로로 구현하길 원한다. 여기서 양자 AND (토폴리) 게이트와 양자 OR 게이트와 이들을 여러 큐비트에 동작하게 하는 것이 필요하다. 이전 공식에서 3개의 큐비트를 8번 필요하고, 이런 8개의 결과를 나타내는 8개의 큐비트에 양자 AND가 필요하다. 당연히 양자 AND와 양자 OR 게이트는 한 번에 두 개의 큐비트에 동작하고, 2개 이상의 큐비트를 계산하기 위해서는 중간 결과를 저장하기 위해서 일시적인 큐비트가 필요하다. 이 회로에는 많은 중간 큐비트가 필요할 것이다. 중간 큐비트를 재사용하지 않는 경우 23개의 큐비트가 필요하고, 이는 a, b, c의 논리 값을 저장하기 위한 3개의 큐비트가 필요하고, 결과를 저장하는 하나의 큐비트가 필요하고, 중간 결과를 저장하는 19개의 큐비트가 필요함을 의미한다.

실제 양자 컴퓨터에서 이 회로를 실행할 때 양자 게이트는 되돌릴 수 있기 때문에 중간 큐비트를 사용한 후에는 일반적으로 재사용하기 위해서 초기화할 수 있다. 실제 양자 컴퓨터는 제한된 수의 큐비트만이 가용하기 때문에 이런 식의 재사용은 유용할 것이다. 또한 시뮬레이터에서는 큐비트의 수가 많을수록 느려지기 시작한다.

하지만 학습의 명확성을 위해서 임시의 큐비트의 재사용을 만들기 전에 필요할 때마다 하나의 큐비트를 사용하는 양자 회로를 먼저 살펴볼 것이다. 이는 회로에서 어떤 방식으로 구현되는지 더욱 명확히 보여줄 것이다. 더욱이 IBM QX나 키스킷으로 직접 구현하는 회로를 사용할 것이기 때문에 양자 AND (토폴리) 게이트와 X 게이트를 사용해 완전한 형식의 양자 OR 게이트를 다음과 같이 나타낼 것이다.

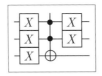

따라서 회로는 더욱 쉽게 IBM QX로 옮겨진다. 이 회로가 충분히 간단하지 않다고 하더라도 회로의 모든 양자 AND를 확장해서 다음과 같이 나타내야 할 것임을 알아두기 바란다.

이는 다시 다음과 같이 기본 게이트들을 사용하는 전체 표현으로 변경돼야 한다.

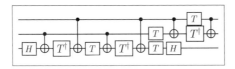

하지만 이미 상당히 복잡한 회로가 됐다. 여기서는 회로를 연속된 순서로 세 부분으로 나눠서 페이지에 다 보이게 할 것이다. 첫 번째 부분은 처음 3개의 항목을 계산한다.

$$(a \lor b \lor \lnot c), \ (a \lor b \lor c), \ (a \lor \lnot b \lor c)$$

처음 3개 항목의 계산은 다음 회로를 통해 중간 큐비트에 저장된다.

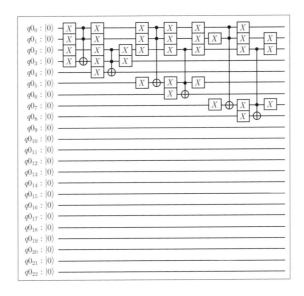

두 번째 부분은 다음 4개 항목의 계산이다.

$$(a \lor \lnot b \lor c) \land (\lnot a \lor b \lor \lnot c) \land (\lnot a \lor b \lor c) \land (\lnot a \lor \lnot b \lor \lnot c)$$

이 4개 항목의 계산은 다음 회로와 같이 중간 큐비트에 저장될 것이다.

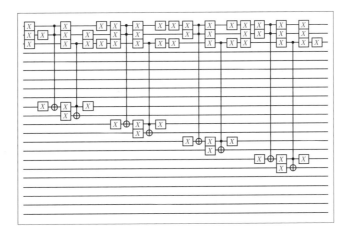

마지막 부분은 마지막 선에 최종 결과를 얻기 위해서 모든 중간 변수들을 양자 AND로 계산할 것이다.

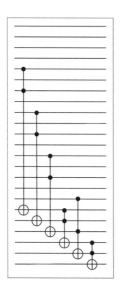

▌요약

9장에서는 2진 충족 가능 문제 즉, SAT과 그것의 특별한 형태 3SAT의 공식을 살펴봤다. 3SAT 문제에서 각 항목은 최대 3개의 변수에 논리적인 OR이고, 항목들은 다시 논리적인 AND 함수로 연결된다. 전통적인 AND와 OR 게이트를 되돌릴 수 있는 공식을 알아보고, 전통적인 AND와 OR 게이트와 동일한 양자 게이트인 양자 AND (토폴리) 게이트와 양자 OR 게이트를 공식화하는 데 사용했다. 더해 이들을 연결하고, 임시 변수를 사용해 한 번에 두 개 이상의 큐비트에 동작하는 방법을 배웠다.

3SAT은 많은 다른 문제들이 3SAT 공식에 변환될 수 있기 때문에 특히 흥미로운 문제이며, 10장에서는 3SAT의 문제를 풀기 위해서 양자 알고리즘인 그로버 알고리즘을 사용할 것이다. 9장에서 3SAT 문제를 양자 회로로 작성하기 위해서 양자 AND와 OR의 지식을

사용했고, 이는 10장, '그로버 알고리즘'의 입력으로 양자 회로를 사용하는 준비 단계라고 생각하면 될 것이다.

┃ 연습 문제

1. 도전 문제: 9장에서 나온 documents_ok 함수를 3SAT 형태로 다시 작성하세요. 모든 논리 문제는 3SAT 형태로 재작성될 수 있습니다. 하지만 가끔 직접 손으로 하거나 알고리즘으로 하는 재작성 과정은 많은 시간이 걸립니다.

2. 도전 문제: 되돌릴 수 있는 NAND 게이트를 디자인하세요.

3. 도전 문제: 4개의 큐비트에 동작하는 양자 OR 게이트를 디자인하세요.

4. 논리 문제 a AND NOT b를 나타내는 양자 회로를 디자인하세요.

5. 도전 문제: 더 적은 임시 큐비트를 사용해 $(a \vee b \vee \neg c) \wedge (a \vee b \vee c) \wedge (a \vee \neg b \vee c) \wedge (a \vee \neg b \vee \neg c) \wedge (\neg a \vee b \vee \neg c) \wedge (\neg a \vee b \vee c) \wedge (\neg a \vee \neg b \vee \neg c)$의 회로를 그리세요(힌트: 임시 큐비트를 사용한 이후에 초기화하면 다시 사용할 수 있습니다).

6. 도전 문제: OpenQASM과 IBM QX에서 지원하는 게이트만을 사용하고, 가능한 가장 작은 임시 큐비트를 사용해 $(a \vee b \vee \neg c) \wedge (a \vee b \vee c) \wedge (a \vee \neg b \vee c) \wedge (a \vee \neg b \vee \neg c) \wedge (\neg a \vee b \vee \neg c) \wedge (\neg a \vee b \vee c) \wedge (\neg a \vee \neg b \vee \neg c)$의 회로를 작성하세요(힌트: OpenQASM을 일관성 있게 작성하는 것을 돕기 위해 파이썬 코드를 작성하길 원할 것입니다. 특히 토폴리 게이트의 요약 버전을 IBM QX에서 가용한 게이트에 대한 전체 버전으로 확장해 대체하는 것을 해야 할 것입니다).

10
그로버 알고리즘

그로버[Grover]의 알고리즘은 어떤 전통적인 알고리즘보다 더욱 빨리 함수를 도치[invert]하는 데 사용될 수 있는 양자 알고리즘이다. 근본적으로 함수에 N개의 가능한 해결 방법이 있고 오직 하나만 정확한 것이라면, 그로버 알고리즘은 여러 개 중에서 하나의 해답을 찾는 데 효과적으로 동작한다. 이따금 양자 검색이나 양자 데이터베이스 검색으로도 부른다. 10장은 그로버 알고리즘을 깊이 있게 소개한다.

아울러 그로버 알고리즘의 잠재력을 보여주기 위한 특정 예제를 살펴본다. 즉, 하나의 입력 조합에만 참[true]을 반환하는 3SAT 예제를 사용해 2진 함수를 만족하는 입력을 찾는 2진 충족 가능 문제를 해결하는 것을 보여준다.

3SAT에 동작하는 그로버 알고리즘을 보여주기 위해서 9장에서 배운 양자 OR 게이트를 3개의 입력에 동작하도록 확장해야 할 것이다. 10장은 다른 형태의 함수들도 도치하는

경우를 해결하기 위해 더욱 일반적인 형태를 설명하면서 마무리한다.

10장은 다음 주제를 다룬다.

- 그로버 알고리즘 소개
- 그로버 알고리즘 검열관 사용을 위한 3SAT 함수 구현
- 그로버 알고리즘 구현

기술적인 필요 조건

10장의 코드는 https://github.com/PacktPublishing/Mastering-Quantum-Computing-with-IBM-QX의 Chapter10 폴더의 주피터 노트북에 있다.

그로버 알고리즘의 개요와 예제

9장에서 2진 충족 가능 문제^{SAT}와 각 항목이 최대 3개의 변수를 갖고, 정확히 하나의 변수 집합(정확히-1 3SAT)을 만족하는 특별한 경우인 3SAT을 살펴봤다. 정확히-1 3SAT 문제를 해결하기 위해 그로버 알고리즘을 사용할 것이다. 이 문제는 3sat_mystery로 다음과 같이 정의된다.

$$3sat\_mystery(a,\ b,\ c) = (a \lor b \lor \neg c) \land (a \lor b \lor c) \land (a \lor \neg b \lor c) \land (a \lor \neg b \lor \neg c) \land (\neg a \lor b \lor \neg c)$$
$$\land (\neg a \lor b \lor c) \land (\neg a \lor \neg b \lor \neg c)$$

9장에서 키스킷에 직접 양자 회로를 그렸다. 그로버 알고리즘은 참^{true}을 반환하는 a, b, c의 특별한 조합을 찾을 것이다.

전통적으로 함수에 관한 더 이상의 정보가 없다면 a, b, c의 모든 가능한 조합을 확인해야 하고, 각각은 참이나 거짓이 될 수 있고, 전체는 $N = 2^3 = 8$개의 가능한 해결 방법이

되고, 각각은 3sat_mystery(a, b, c)에서 참인지 거짓인지 여부를 확인한다. 이는 전통적인 컴퓨터에서 결과를 얻기 위해서는 알고리즘이 N번의 함수 호출을 할 것임을 의미한다. 다행히 양자 컴퓨터에서는 더 적은 함수 호출을 필요로 하는 알고리즘을 만들 수 있다. 즉, N번의 함수 호출로 정확한 결과를 얻기 위해 그로버 알고리즘을 사용할 수 있다. 이 경우 3sat_mystery(a, b, c)의 양자에서 필요한 만큼의 함수 호출을 해야 하고, 대략 $\sqrt{N} = \sqrt{8} = 2.8$번이 된다.

단지 8개의 가능한 해결 방법이 있는 경우에는 별로 큰 문제처럼 보이지 않지만, 일반적으로 3SAT 함수는 더욱 많은 변수(가령 30개)를 가지는 경우 매우 복잡한 문제가 된다. 이 경우 최악의 상황은 2^{30}개의 가능한 입력(백만 개 이상)을 가지고 전통적인 방식으로는 100만 번 이상 함수를 호출해야 하지만, 그로버 알고리즘은 100만보다 훨씬 적은 대략 32,000번의 함수 호출로 할 수 있다. 입력이 증가할수록 함수 호출의 차이는 커지고, 이는 양자 이득을 보여준다.

3SAT에 동작하는 그로버 알고리즘을 보여주기 위해 3개의 입력에 동작하도록 9장에서 배운 양자 OR 게이트를 확장하고(3SAT의 각 항목은 3개의 입력에 대한 OR이다), 가능한 한 많은 큐비트에 양자 AND를 취할 전략을 개발해야 한다. 여기서 3SAT 함수는 7개의 항목에 AND를 가진다. 따라서 7개를 처리하는 AND가 필요하겠지만 결과적으로 확장되는 AND는 어떤 큐비트의 수에도 동작할 것이다. 또한 필요에 따라 2개 혹은 3개의 입력에 대해 양자 AND와 양자 OR 게이트를 되돌리는 게이트도 개발해야 할 것이다. 이런 확장된 게이트를 종합적으로 사용해 양자 컴퓨터에서 3sat_mystery(a, b, c) 함수와 이 함수의 계산을 되돌리는 데 필요한 과정을 명시할 것이다. 함수의 변수는 큐비트에 일치되고, 함수의 항목clause은 양자 게이트에 일치될 것이다. 다음으로 점진적으로 입력을 최종 해결로 이동하는 그로버 알고리즘의 두 번째 단계를 실행하기 위한 게이트를 개발할 것이다. 그리고 3sat_mystery(a, b, c) 함수에 그로버 알고리즘을 실행하고, 두 번의 평가로 정확한 결과를 도출하는 것을 보여줄 것이다. 이 예제에서 3sat_mystery(a, b, c)는 전통적인 방식으로 결과를 계산할 수 있을 만큼 간단하다. 결과는 $a = 1$, $b = 1$, $c = 0$ 또는 3개의 비트를 연속으로 표현하면 110이 된다.

그로버 알고리즘에는 두 가지 주요한 구성 요소가 있다.

- 체커^{checker} 함수: 입력이 함수를 만족하는지 검사한다.
- 무버^{mover} 함수: 정확하지 않은 입력 부분을 정확한 입력에 가깝게 이동한다.

 그로버 알고리즘은 한 개 이상의 입력이 조건을 만족하는 경우에도 체커 함수를 사용할 수 있지만, 간략함을 위해서 오직 하나의 입력만이 함수를 만족하는 체커 함수를 다룬다.

체커 과정의 입력이 100% 잘못된 경우에 무버 과정은 동작하지 않을 것이다. 예를 들어 체커 함수가 3개의 입력 큐비트에 동작했다면 오직 |"110"⟩ 입력에 대해서만 1을 출력하며, 입력을 |"101"⟩를 제공한 경우에는 결론에 대한 희망이 없다. 무버 함수는 어디로 이동할지 알지 못할 것이다. 여기서 핵심은 양자 컴퓨팅에서의 입력은 일반적으로 중첩 상태에 있을 수 있다는 가정에 기반한다. 이제 모든 가능한 중첩을 입력으로 체커 함수에 제공한다고 가정해보자. 3개의 큐비트인 경우 다음과 같은 상태가 될 것이다.

$$|\text{"all three qubit inputs"}\rangle = \frac{1}{\sqrt{8}}(|\text{"000"}\rangle + |\text{"001"}\rangle + |\text{"010"}\rangle + |\text{"011"}\rangle + |\text{"100"}\rangle +$$

$$|\text{"101"}\rangle + |\text{"110"}\rangle + |\text{"111"}\rangle)$$

이 상태는 입력 큐비트를 50% |"0"⟩와 50% |"1"⟩ 사이의 중첩으로 하는 H 게이트를 위치해 만들어질 수 있다. 이 입력이 측정된다면, 8개의 출력 모두 1/8 확률이 될 것임을 의미한다.

이제 체크 함수에 |"all three qubit inputs"⟩를 입력으로 제공하면, 3sat_mystery(a,b,c) (|"110"⟩)의 해법인 |"all three qubit inputs"⟩ 부분에 대해서는 다른 큐비트 조합에 일치하는 |"all three qubit inputs"⟩ 부분과는 다른 출력을 가질 것이다. 체커 함수는 전체 |"all three qubit inputs"⟩에 동작하고, 따라서 전체 출력은 이런 부분의 중첩이다.

그리고 원하는 출력 |"110"⟩가 3sat_mystery(a, b, c) 함수에서 나오도록 |"all three qubit inputs"⟩ 입력을 이동하는 것은 무버 함수의 역할이다. 이는 |"110"⟩ 외의 것을

측정하는 확률을 낮춤으로써 실행된다. 그 시작으로 모든 입력의 1/8 확률을 가졌다. 무버 함수는 입력 상태를 수정하고, |"110">의 확률을 증가하고, 다른 것을 가질 확률을 낮추기 위해 체커 함수의 결과를 사용할 것이다. 체커를 만족하는 정확한 입력을 얻는 한 번의 측정을 하도록 확률을 충분히 증가시키기 위해서는 일반적으로 체커 함수를 실행하고, 측정할 때 정확한 입력을 얻는 확률이 매우 높게 될 때까지 무버 함수를 여러 번 실행해야 할 것이다.

그로버 알고리즘 단계

체커와 무버 함수를 정의했기 때문에 여기서는 그로버 알고리즘에서 3sat_mystery(a, b, c)를 해결하기 위해 함께 사용할 수 있는 방법을 살펴볼 것이다. 그로버 알고리즘의 단계는 다음과 같다.

1. 설정 단계
2. 체커 단계
3. 무버 단계

여기서는 세 단계를 자세히 설명한다.

설정 단계

설정 단계에서는 |"0">로 시작하는 입력에 H 게이트를 적용해 중첩의 상태로 만든다. 다음 코드를 사용해 실행한다.

```
for i in range(num_inputs):
    qc.h(qr[i])
```

$H|"0"> = |"+">$이며, 따라서 모든 큐비트를 플러스^{plus} 상태로 됐다. 체커 함수가 동작할 3개의 입력 큐비트가 있다면, 이 예제에서 num_qubits은 3이 될 것이다.

$HX|\text{"0"}\rangle = H|\text{"1"}\rangle = |\text{"−"}\rangle$로 체커 함수의 출력을 마이너스^{minus} 상태로 두고, 코드는 다음과 같다.

```
# 체커 함수의 출력을 설정
qc.x(qr[num_registers-1])
qc.h(qr[num_registers-1])
```

결과에 도달하기 위해 중간 결과를 저장하는 많은 임시 양자 레지스터가 필요할 것이다. num_registers는 입력 레지스터 수의 합, 체커 함수의 출력을 가질 레지스터, 임시 레지스터의 수를 모두 합해 필요한 양자 레지스터의 수로 설정한다.

체커와 무버 단계

그로버 알고리즘을 사용하기 위해서는 체커와 무버를 최소한 한 번 순서대로 실행해서 무버가 입력 중첩을 정확한 입력으로 이동할 수 있게 할 필요가 있다. 일반적으로 체커와 무버 과정을 $O(N)$번 실행할 필요가 있고, 여기서 N은 가능한 입력의 수다. 예를 들어 $N = 8$인 경우 체커와 무버 과정은 ≈ 2.8번 실행돼야 할 것이다. 따라서 예제에서는 iterations ≈ 2를 가진다.

```
# 그로버 과정 실행
for it in range(iterations):
    checker(qr,qc)
    mover(qr,qc,num_inputs)
```

명명 규칙

양자 컴퓨팅 관련 자료에서 체커 함수는 오라클^{oracle}로 나타난다. '오라클'이라는 용어는 컴퓨터 과학 관련 여러 자료에 나타나기 때문에 혼란이 있을 수 있다. 따라서 이 함수를 '체커'라고 부를 것이다. 이는 주어진 입력이 만족하는지를 확인하기 때문에 이름에서 명확하게 이해가 된다.

양자 컴퓨터 관련 자료에서 무버 함수는 확산^{diffusion}으로 나타난다. 이 용어는 물리학 용어에 해당한다. 이 책에서는 물리학을 다루지 않기 때문에 입력을 정확한 해답으로 이동하는 동작을 하는 이 과정을 무버 함수라고 부른다.

측정 단계

마지막으로 체커와 무버 과정이 충분한 반복 과정 동안 구동된 이후에 입력 |"all three qubit inputs">를 최종 상태 |"Grover final">로 변환했을 것이다. |"three qubit input which satisfies checker">가 매우 높은 확률로 반환된다. 예제에서 |"three qubit input which satisfies checker">는 |"110">이다. 다음 코드로 이 상태를 측정할 수 있다.

```
for j in range(num_inputs):
    qc.measure(qr[j], cr[j])
```

이는 매우 높은 확률로 체커를 만족하는 정확한 입력을 제공한다. 3SAT 예제를 사용해 코드를 실행할 때 95% 이상의 확률로 |"110">를 얻는 것을 확인할 것이다. 각 함수, 입력의 수, 반복 횟수는 일반적으로 마지막에 다른 확률을 산출한다. 하지만 그로버 알고리즘은 모든 입력의 동일한 확률에서 정확한 입력의 높은 확률의 방향으로 확률을 증가하도록 동작한다. 따라서 확률이 얼마나 높은지가 최종 질문이 되는 것이다.

▍ 그로버 알고리즘 체커로서의 3SAT

3SAT 함수를 구현하기 위해서 2개 이상의 큐비트에 동작하는 양자 AND와 양자 OR 게이트가 필요할 것이다. 그리고 이런 큐비트와 더불어 키스킷에서 2개 이상의 큐비트에 동작하는 동일한 게이트를 구현해야 할 것이다. 그로버 알고리즘을 구현하기 위해 양자 AND와 양자 OR 게이트를 되돌리는 게이트가 필요할 것이다. 9장에서 되돌리는 데 필요한 출력을 저장하는 하나의 보조 큐비트를 추가해 총 3개의 입력과 3개의 출력을 사용

해 2개의 입력을 되돌리는 양자 AND와 양자 OR를 디자인하는 OpenQASM을 살펴봤다.

여기서 이런 게이트들을 다시 검토하고, 키스킷에서 구현할 것이다. 출력 저장과 되돌리는 데 필요한 2개의 보조 큐비트를 사용해 3개의 입력 큐비트에 동작하는 게이트로 확장할 것이다. 각 계산을 되돌리는 데 필요한 게이트의 조합을 개발하고 테스트할 것이다.

2개의 큐비트 양자 AND는 OpenQASM과 키스킷 모두에서 ccx로 부르고 IBM 시뮬레이터에서 사용이 가능한 프리미티브^{primitive}를 가진다. 이는 IBM QX 하드웨어에서는 활성화돼 있지 않다. 이 게이트가 하드웨어에서 구현이 돼야 한다면, OpenQASM에서 기저적인 I, X, Y, Z, H, S, S†, T, T†, CNOT 게이트를 사용한 것을 참고하고 키스킷으로 옮긴다. 10장에서 다루는 계산은 두 가지 이유로 모두 시뮬레이터에서 실행된다. 첫 번째는 요구되는 큐비트의 수가 현재 양자 컴퓨터가 제공하는 것보다 많다(하지만 세심한 연산으로 제공되는 수 내에서 동작하게 할 수도 있을 것이다). 두 번째로 계산을 실행하는 게이트의 수는 일반적인 결어긋남^{decoherence}과 탈위상^{diphase}에 걸리는 시간보다 훨씬 오래 걸린다는 것을 의미하고, 이는 다시 현재의 하드웨어에서 구동하는 것은 임의의 결과를 도출할 것임을 의미한다. 하지만 시뮬레이터에서 결과는 IBM QX가 큐비트의 수와 결어긋남과 탈위상 시간이 적당이 증가하는 시점에 동작할 것임을 보여준다.

3SAT 함수를 구현하기 위해서 필요한 다중-큐비트 논리 게이트는 양자 회로와 양자 레지스터 인스턴스 그리고 뒤이어 레지스터 번호들을 순서대로 입력으로 취할 것이다. 여기서 규칙은 게이트가 동작하는 논리적인 큐비트인 레지스터 번호는 w, x, y와 같은 이름으로 명시되고, 출력과 되돌리는 데 필요한 출력 레지스터는 t1과 t2와 같이 명시된다. 여기서 접수도 "t"는 어떤 면에서 "임시의" 또는 "일시적인" 것임을 나타내고, 이는 3장에서 봤던 T_1과 T_2와는 아무런 관련이 없다. 이런 임시의 레지스터는 AND와 OR 게이트를 합한 긴 계산에서 필요하고, 이런 종류의 레지스터는 하나의 결과를 갖는 최종 레지스터에 결과를 출력하기 전에 사용될 필요가 있을 것이다.

키스킷에서 2개-큐비트 그리고 3개-큐비트 양자 AND (토폴리)

9장에서 2개-큐비트와 3개-큐비트 양자 AND 함수를 배웠다. 여기서는 그 함수들의 키스킷 구현을 제공한다.

2개-큐비트 양자 AND는 키스킷에서 단순히 CCX 게이트다.

```
def quantumand_2(qr,qc,w,x,t1):
    qc.ccx(qr[w],qr[x],qr[t1])
    return t1
```

3개-큐비트 양자 AND는 2개의 2개-큐비트 양자 AND를 임시의 레지스터와 합친다. 이는 $a \wedge b \wedge c = (a \wedge b) \wedge c$에서 $a \wedge b$를 먼저 계산하고, 중간 결과를 임시의 t1 레지스터에 저장하고, 최종 결과를 얻기 위해 $t_1 \wedge c$를 계산하고, 그 최종 결과는 임시 레지스터 t2에 저장하는 과정이 성립한다는 사실을 이용하는 것이다.

```
def quantumand_3(qr,qc,w,x,y,t1,t2):
    qc.ccx(qr[w],qr[x],qr[t1])
    qc.ccx(qr[y],qr[t1],qr[t2])
    return t2
```

양자 AND 되돌리기

좋은 소식은 양자 AND는 자기 자신의 되돌리기 함수를 가지고 있고, 따라서 동일한 레지스터에 2번 호출하는 것은 입력을 다시 호출 전의 상태로 되돌릴 것이다.

키스킷에서 2개-큐비트 그리고 3개-큐비트 양자 OR

9장에서 2개-큐비트와 3개-큐비트 양자 OR 함수들을 배웠다. 여기서는 그 함수들의 키스킷 구현을 제공한다.

2개-큐비트 OR의 회로는 9장에서 본 것과 같이 다음 회로로 나타낸다.

이는 키스킷에서 다음과 같이 구현될 수 있음을 알 수 있다.

```
def quantumor_2(qr,qc,w,x,t1):
    qc.x(qr[w])
    qc.x(qr[x])
    qc.x(qr[t1])
    qc.ccx(qr[w],qr[x],qr[t1])
    qc.x(qr[w])
    qc.x(qr[x])
    return t1
```

3개-큐비트 양자 OR는 양자 AND와 유사한 형태를 가지고, 2개의 2개-큐비트 OR를 임시 레지스터와 합친다. 이는 $a \lor b \lor c = a \lor b \lor c$에서 우선 $a \lor b$를 계산하고, 결과를 임시 레지스터 t1에 저장하고, 최종 결과를 얻기 위해 $t_1 \lor c$를 계산하고, 그 결과는 임시 레지스터 t2에 저장한다.

```
def quantumor_3(qr,qc,w,x,y,t1,t2):
    qc.x(qr[w])
    qc.x(qr[x])
    qc.x(qr[t1])
    qc.ccx(qr[w],qr[x],qr[t1])
    qc.x(qr[w])
    qc.x(qr[x])

    qc.x(qr[y])
    qc.x(qr[t1])
    qc.x(qr[t2])
    qc.ccx(qr[y],qr[t1],qr[t2])
```

```
    qc.x(qr[y])
    qc.x(qr[t1])
    return t2
```

양자 OR 되돌리기

양자 OR를 나타내는 다음 회로 다이어그램은 대칭이 아님을 알 수 있다. 되돌리기 동작
은 동일한 게이트를 반대 순서로 적용하는 것이기 때문에 자기 자신의 되돌리기 함수로
사용할 수 없을 것이다. 하지만 회로는 2개의 입력과 3개의 입력을 갖는 양자 OR의 과정
을 정확하게 되돌리기 위해서 쉽게 구현될 수 있을 것이다. 이를 위한 코드를 다음으로 설
명한다.

2개-큐비트 양자을 되돌리는 코드는 다음과 같다.

```
def quantumor_2_reverse(qr,qc,w,x,t1):
    qc.x(qr[x])
    qc.x(qr[w])
    qc.ccx(qr[w],qr[x],qr[t1])
    qc.x(qr[t1])
    qc.x(qr[x])
    qc.x(qr[w])
    return t1
```

그리고 3개-큐비트 양자 OR를 되돌리는 코드는 다음과 같다.

```
def quantumor_3_reverse(qr,qc,w,x,y,t1,t2):
    qc.x(qr[t1])
    qc.x(qr[y])
```

```
qc.ccx(qr[y],qr[t1],qr[t2])
qc.x(qr[t2])
qc.x(qr[t1])
qc.x(qr[y])
qc.x(qr[x])
qc.x(qr[w])
qc.ccx(qr[w],qr[x],qr[t1])
qc.x(qr[t1])
qc.x(qr[x])
qc.x(qr[w])
return t2
```

게이트와 되돌리기 테스트하기

지금까지 키스킷에서 필요한 모든 게이트와 되돌리는 게이트를 설명했기 때문에 세부 사항을 테스트하는 것이 중요하다. 이를 위해서 개인 컴퓨터에서 양자 시뮬레이터를 구동해 결과를 확인하기 위해 모든 가능한 입력에 대해서 게이트를 실행하는 몇 가지 예제를 제공한다. 이 코드를 사용해 게이트들의 진리치표를 만들 수 있다. 이 진리치표를 가지고 되돌리는 게이트가 정확하게 동작하는지 검증할 수 있다.

일반 프레임워크

테스트 코드의 일반적인 아이디어는 개인 컴퓨터의 로컬 시뮬레이터에서 구동한다.

```
import itertools
def run_local_sim_one_result(qc):
    backend = Aer.get_backend('qasm_simulator')
    job_exp = qiskit.execute(qc,backend=backend)
    result = job_exp.result()
    final=result.get_counts(qc)
    result_in_order=list(final.keys())[0][::-1]
    return result_in_order
```

2개-큐비트 논리 함수에 대해 일반적인 구조가 사용될 수 있다. 즉, 두 개의 큐비트와 하나의 임시 큐비트로 함수를 계산하고, 결과를 측정하고, 동일한 큐비트에 대해 되돌리기를 계산한다.

```python
def test_logic_function_2(f,frev):
    print("inputs","forward","reverse")
    print("abc","a'b'c'","a''b''c''")
    for combo in itertools.product([0,1],repeat=3):
        # 진행
        qr = QuantumRegister(3)
        cr = ClassicalRegister(3)
        qc = QuantumCircuit(qr,cr)
        setup_input(qr,qc,combo[0],combo[1],combo[2])
        f(qr,qc,0,1,2)
        for i in range(3):
            qc.measure(qr[i],cr[i])
        forward_result=run_local_sim_one_result(qc)
        # 진행 그리고 되돌리기
        qr = QuantumRegister(3)
        cr = ClassicalRegister(3)
        qc = QuantumCircuit(qr,cr)
        setup_input(qr,qc,combo[0],combo[1],combo[2])
        f(qr,qc,0,1,2)
        frev(qr,qc,0,1,2)
        for i in range(3):
            qc.measure(qr[i],cr[i])
        reverse_result=run_local_sim_one_result(qc)
        print('%d%d%d %s %s'%.
          (combo[0],combo[1],combo[2],forward_result,reverse_result))
```

3개-큐비트 논리 함수 테스트에 관한 설정도 비슷하다.

```python
def test_logic_function_3(f,frev):
    print("inputs","forward","reverse")
    print("abcd","a'b'c'd'","a''b''c''d''")
    for combo in itertools.product([0,1],repeat=4):
```

```
# 진행
qr = QuantumRegister(5)
cr = ClassicalRegister(5)
qc = QuantumCircuit(qr,cr)
setup_input(qr,qc,combo[0],combo[1],combo[2],combo[3])
f(qr,qc,0,1,2,3,4)
for i in range(5):
    qc.measure(qr[i],cr[i])
forward_result=run_local_sim_one_result(qc)
# 진행과 되돌리기
qr = QuantumRegister(5)
cr = ClassicalRegister(5)
qc = QuantumCircuit(qr,cr)
setup_input(qr,qc,combo[0],combo[1],combo[2],combo[3])
f(qr,qc,0,1,2,3,4)
frev(qr,qc,0,1,2,3,4)
for i in range(5):
    qc.measure(qr[i],cr[i])
reverse_result=run_local_sim_one_result(qc)
forward_result=forward_result[0:3]+forward_result[4]
reverse_result=reverse_result[0:3]+reverse_result[4]
print('%d%d%d%d %s %s'%
    (combo[0],combo[1],combo[2],combo[3],forward_result,reverse_result))
```

2개-큐비트와 3개-큐비트 테스트 모두에서 입력과 출력 그리고 되돌린 결과를 읽기 쉽게 간단한 문자열로 출력하도록 코드를 구현했다.

이 코드를 사용해 각 게이트를 테스트할 수 있고, 여기서는 4개의 테스트가 4개의 결과를 출력한다.

```
print("Testing two qubit quantum AND")
test_logic_function_2(quantumand_2,quantumand_2)
print()

print("Testing two qubit quantum OR")
test_logic_function_2(quantumor_2,quantumor_2_reverse)
print()
```

```
print("Testing three qubit quantum AND")
test_logic_function_3(quantumand_3,quantumand_3)
print()

print("Testing three qubit quantum OR")
test_logic_function_3(quantumor_3,quantumor_3_reverse)
```

다음은 코드의 일부는 아니다. 이전 코드의 결과를 출력한 것이다.

```
Testing two qubit quantum AND
  inputs forward reverse
  abc a'b'c' a''b''c''
  000 000 000
  001 001 001
  010 010 010
  011 011 011
  100 100 100
  101 101 101
  110 111 110
  111 110 111
```

다음은 2개-큐비트 양자 OR의 결과를 보여준다.

```
Testing two qubit quantum OR
  inputs forward reverse
  abc a'b'c' a''b''c''
  000 000 000
  001 001 001
  010 011 010
  011 010 011
  100 101 100
  101 100 101
  110 111 110
  111 110 111
```

다음은 3개-큐비트 양자 AND의 결과를 보여준다.

```
Testing three qubit quantum AND
 inputs forward reverse
 abcd a'b'c'd' a''b''c''d''
 0000 0000 0000
 0001 0001 0001
 0010 0010 0010
 0011 0011 0011
 0100 0100 0100
 0101 0101 0101
 0110 0110 0110
 0111 0111 0111
 1000 1000 1000
 1001 1001 1001
 1010 1010 1010
 1011 1011 1011
 1100 1100 1100
 1101 1101 1101
 1110 1111 1111
 1111 1110 1110
```

다음은 3개-큐비트 양자 OR의 결과를 보여준다.

```
Testing three qubit quantum OR
 inputs forward reverse
 abcd a'b'c'd' a''b''c''d''
 0000 0000 0000
 0001 0001 0001
 0010 0011 0010
 0011 0010 0011
 0100 0101 0100
 0101 0100 0101
 0110 0111 0110
 0111 0110 0111
 1000 1001 1000
 1001 1000 1001
 1010 1011 1010
```

```
1011 1010 1011
1100 1101 1100
1101 1100 1101
1110 1111 1110
1111 1110 1111
```

각 시나리오에서 입력 비트의 AND나 OR의 전통적인 결과가 참인 경우 보조 비트 값도 뒤집히고, 그렇지 않은 경우에는 동일하게 유지된다. 또한 함수를 실행하고 되돌리는 부분인 각 진리치표의 세 번째 열은 예상대로 입력의 첫 번째 열과 일치한다. 제공된 함수들은 잘 동작하고 다음 단계의 구성 요소로 사용될 수 있다.

▎ 그로버 알고리즘으로 3SAT 문제 해결

그로버 알고리즘은 설정 과정과 두 개의 반복된 부분으로 구성됐다고 배웠다. 한 가지 반복되는 부분은 체커 (또는 오라클) 함수를 계산하는 부분이며, 이는 결과를 참으로 평가되도록 하는 입력을 찾는 함수에 해당한다. 다른 반복되는 함수는 "확산" 과정이며, 이는 그로버 알고리즘이 오라클이 참으로 평가하게 하는 입력으로 수렴되도록 한다. 여기서는 설정, 오라클, 확산 과정을 키스킷에서 구현하고, 전체적인 논리로 그로버 알고리즘을 공식화한다. 이 과정에서 단지 두 번의 3sat_mystery(a, b, c) 함수의 양자 버전을 평가해 참으로 평가되는 3sat_mystery(a, b, c) 함수의 a, b, c 입력을 찾는 것을 확인할 것이다.

키스킷에서 오라클 구현

3sat_mystery(a, b, c)를 복습해보자. 해공간$^{solution\ space}$은 아직 충분히 작기 때문에(오직 8개의 가능한 해법) 전통적인 방식으로 함수를 구현하고, 어떤 입력이 함수를 만족하는지 억지 기법$^{brute\ force}$으로 쉽게 확인이 가능하다. 여기서는 양자 컴퓨터에서 더 적은 함수 평가에서 동일한 결과를 얻을 수 있음을 보여주지만, 우선은 전통적인 방식으로 연습하는 것이 양자 컴퓨터에서의 방식과의 차이점을 이해할 수 있도록 도움을 줄 것이다.

전통적인 논리 테스트

다음 함수를 다시 한 번 생각해보자.

$$3sat\_mystery(a,\ b,\ c) = (a \lor b \lor \neg c) \land (a \lor b \lor c) \land (a \lor \neg b \lor c) \land (a \lor \neg b \lor \neg c) \land (\neg a \lor b \lor \neg c)$$
$$\land (\neg a \lor b \lor c) \land (\neg a \lor \neg b \lor \neg c)$$

이 함수를 전통적인 방식으로 다음과 같이 구현했다.

```
def _3sat_mystery3_classic(a,b,c):
    return int((a or b or not c) and (a or b or c) and (a or not b or c)
            and (a or not b or not c) and (not a or b or not c) and (not a or b or c)
            and (not a or not b or not c))
```

그리고 가능한 모든 입력의 조합을 검사하고, 하나의 입력이 참을 반환하는 것을 확인할 수 있다.

```
import itertools
for combo in itertools.product([0,1],repeat=3):
    print(combo,'->',_3sat_mystery3_classic(combo[0],combo[1], combo[2]))
```

이 코드는 다음을 출력한다.

```
(0, 0, 0) -> 0
(0, 0, 1) -> 0
(0, 1, 0) -> 0
(0, 1, 1) -> 0
(1, 0, 0) -> 0
(1, 0, 1) -> 0
(1, 1, 0) -> 1
(1, 1, 1) -> 0
```

함수는 110 입력에 대해서만 참을 반환함을 확인할 수 있다. 양자 컴퓨터에서 더 적은 평가 횟수로 동일한 결과를 기대할 수 있다.

양자 3sat_mystery 구현 논리

3sat_mystery(a, b, c)의 정의를 다시 한 번 생각해보자.

$$3\text{sat\_mystery}(a,\ b,\ c) = (a \lor b \lor \neg c) \land (a \lor b \lor c) \land (a \lor \neg b \lor c) \land (a \lor \neg b \lor \neg c) \land (\neg a \lor b \lor \neg c)$$
$$\land (\neg a \lor b \lor c) \land (\neg a \lor \neg b \lor \neg c)$$

양자 컴퓨터에서 3sat_mystery(a, b, c) 함수를 구현하기 위해서는 이전에 배운 다중-큐비트 AND와 OR를 사용할 필요가 있다. 일반적인 전략은 3개의 변수가 OR로 된 3SAT의 각 항목을 따로 구현하고, 임시적인 사용을 위해 분리된 양자 레지스터에 결과를 저장하는 것이다. 예를 들어 3sat_mystery(a, b, c)의 첫 번째 항목은 $(a \lor b \lor \neg c)$이며, 따라서 세 개의 입력 큐비트에 대해 양자 OR를 계산하고, 임시의 양자 레지스터에 결과를 저장할 수 있다. 3sat_mystery(a, b, c)의 모든 7개의 항목에 대해서 이런 과정을 거치면 결국 모든 7개의 임시 레지스터를 한 번에 두 개씩 양자 AND로 계산하면 최종 결과를 얻을 수 있다.

논리 함수 설정이나 분해

각 항목을 계산하기 전에 그 항목을 계산하는 논리를 설정할 필요가 있을 것이다. 예를 들어 $(a \lor b \lor \neg c)$를 계산하기 전에 c의 큐비트를 반전해야 할 것이다. 키스킷 코드에서 이를 간단히 처리하기 위해 setup_or_teardown_logic 함수를 만들고, 이 함수는 양자 레지스터, 양자 회로 객체, 항목의 각 변수의 참 값을 입력으로 받는다. 이때 항목에서 변수가 부정인 경우 False를 설정하고, 아닌 경우 True를 설정한다. 함수는 다음과 같다.

```
def setup_or_teardown_logic(qr,qc,is_a,is_b,is_c):
    """
    is_a,is_b 그리고 is_c: False는 변수가 부정이 되고, True는 그대로 둔다는 것을 의미한다.
```

```
부정은 X 게이트를 사용한다.
"""
if not is_a:
    qc.x(qr[0])
if not is_b:
    qc.x(qr[1])
if not is_c:
    qc.x(qr[2])
```

($a \lor b \lor \neg c$) 계산에 대해서 설정은 setup_or_teardown_logic(qr,qc,True,True,False)가
된다. 설정 이후에 3개-큐비트 양자 OR는 quantumor_3 함수로 계산되고, 최종 결과는 선
택한 임시 레지스터에 저장된다. 이 과정은 각 항목마다 반복되고, 따라서 다음 항목을
설정하기 이전에 이 항목의 논리를 분해해야 할 것이다.

X 게이트는 자신을 반대로 하기 때문에 설정과 정확히 동일한 입력으로 setup_or_
teardown_logic 함수를 호출해 실행할 수 있다. 따라서 함수의 이름은 항목의 논리를 설
정하거나, 분해하는 데 사용될 수 있음을 뜻한다. ($a \lor b \lor \neg c$)의 경우 quantumor_3 함수
호출 전후로 setup_or_teardown_logic(qr,qc,True,True,False)를 호출할 것임을 의미
한다.

항목 하나씩 계산하기

하나의 항목을 계산하는 방법을 이해했으므로 각 항목의 논리적인 결과를 계산하는 법을
순서대로 살펴보자. 신중하게 양자 레지스터를 관리해야 할 것이다. 입력 큐비트는 첫 번
째 세 개의 레지스터에 있고, 인덱스는 0, 1, 2다. 각 quantumor_3 함수에 관해 세 개의 입
력 레지스터와 추가적으로 두 개의 임시 레지스터를 명시해야 한다. 여기서 하나의 임시
레지스터는 OR의 최종 결과를 저장할 것이다. 편의를 위해 quantumor_3 함수는 최종 결
과를 갖는 레지스터의 인덱스를 반환한다. 따라서 이후에 레지스터 간에 양자 AND를 실
행할 때 정확히 결과가 어디에 있는지 쉽게 알 수 있다. 명확성을 위해서 각 quantumor_3
함수 호출에 고유의 임시 레지스터를 사용할 것이다. 7개 항목을 계산하는 전체 코드는
다음과 같다.

```
# (a or b or not c)
setup_or_teardown_logic(qr,qc,True,True,False)
first_clause=quantumor_3(qr,qc,0,1,2,3,4)
setup_or_teardown_logic(qr,qc,True,True,False)

# (a or b or c)
setup_or_teardown_logic(qr,qc,True,True,True)
second_clause=quantumor_3(qr,qc,0,1,2,5,6)
setup_or_teardown_logic(qr,qc,True,True,True)

# (a or not b or c)
setup_or_teardown_logic(qr,qc,True,False,True)
third_clause=quantumor_3(qr,qc,0,1,2,7,8)
setup_or_teardown_logic(qr,qc,True,False,True)

# (a or not b or not c)
setup_or_teardown_logic(qr,qc,True,False,False)
fourth_clause=quantumor_3(qr,qc,0,1,2,9,10)
setup_or_teardown_logic(qr,qc,True,False,False)

# (not a or b or not c)
setup_or_teardown_logic(qr,qc,False,True,False)
fifth_clause=quantumor_3(qr,qc,0,1,2,11,12)
setup_or_teardown_logic(qr,qc,False,True,False)

# (not a or b or c)
setup_or_teardown_logic(qr,qc,False,True,True)
sixth_clause=quantumor_3(qr,qc,0,1,2,13,14)
setup_or_teardown_logic(qr,qc,False,True,True)

# (not a or not b or not c)
setup_or_teardown_logic(qr,qc,False,False,False)
seventh_clause=quantumor_3(qr,qc,0,1,2,15,16)
setup_or_teardown_logic(qr,qc,False,False,False)
```

각 항목의 결과는 first_clause, second_clause, third_clause, fourth_clause, fifth_clause, sixth_clause, seventh_clause로 된 양자 레지스터에 저장된다. 코드를 봤을 때 이들 레지스터의 인덱스는 4,6,8,10,12,14,16이다.

항목 합치기

각 항목의 최종 결과를 계산했기 때문에 전체를 계산하기 위해서는 임시 레지스터에 저장된 각 항목을 다중-큐비트 양자 AND로 합쳐야 할 것이다. quantumand_2 함수를 사용해 최종 결과를 얻을 때까지 한 번에 두 개의 결과를 계산한다. 이는 t, u, v, w, x, y, z가 7개의 개별 항목 $t \wedge u \wedge v \wedge w \wedge x \wedge y \wedge z = ((((((t \wedge u) \wedge v) \wedge w) \wedge x) \wedge y) \wedge z)$의 모든 결과라는 사실을 이용하고, AND 함수를 일반적으로 한 번에 두 개의 변수를 갖는 하위 함수로 다시 그룹 지을 수 있다. 마찬가지로 중간 결과는 임시 레지스터에 저장한다.

사실 정해진 방식 없이 원하는 방식으로 그룹을 할 수 있고, 한 번에 두 개의 변수가 있는 한 quantumand_2 함수를 사용할 수 있다. 여기서는 코드의 간략함을 위해서 $t \wedge u \wedge v \wedge w \wedge x \wedge y \wedge z = ((t \wedge u) \wedge (v \wedge w)) \wedge ((x \wedge y) \wedge z)$와 같이 한 번에 두 개씩 그룹 짓는다. 여기서 각 쌍은 추가적인 큐비트가 필요한 양자 회로와 같다.

quantumand_2 함수를 호출할 때마다 양자 AND를 적용할 두 개의 입력 큐비트를 포함하는 양자 레지스터의 인덱스와 결과를 저장할 임시 양자 레지스터의 인덱스를 명시해야 한다. 따라서 계산은 6개의 추가적인 임시 레지스터가 필요하고, 6번째(인덱스 22)는 계산의 최종 결과를 갖게 된다. 편의를 위해서 quantumand_2 함수는 결과가 저장된 임시 레지스터의 인덱스를 반환한다.

따라서 각 7개 항목의 결과에 해당하는 변수를 선택해 intermediate_and_pair1(인덱스 17)의 양자 레지스터는 $(t \wedge u)$의 결과를 가지고, intermediate_and_pair2(인덱스 18)의 양자 레지스터는 $(v \wedge w)$의 결과를 가지고, intermediate_and_pair3(인덱스 19)의 양자 레지스터는 $(x \wedge y)$의 결과를 갖는다. 그리고 intermediate_and_pair_12(인덱스 20)의 양자 레지스터는 $((t \wedge u) \wedge (v \wedge w))$의 결과를 가지고, intermediate_and_pair_34(인덱스 21)의 양자 레지스터는 $((x \wedge y) \wedge z)$의 결과를 가지고, final_result_and_pair_1234(인덱스 22)의 양자 레지스터는 최종 결과를 갖는다.

$$((t \wedge u) \wedge (v \wedge w)) \wedge ((x \wedge y) \wedge z) = (a \vee b \vee \neg c) \wedge (a \vee b \vee c) \wedge (a \vee \neg b \vee c) \wedge (a \vee \neg b \vee \neg c) \wedge (\neg a \vee b \vee \neg c) \wedge (\neg a \vee b \vee c) \wedge (\neg a \vee \neg b \vee \neg c)$$

이는 주어진 입력에 평가된 전체 3sat_mystery(a, b, c) 함수의 결과와 동일하다.

각 항목에 양자 AND를 실행한 코드는 다음과 같다.

```
# 줄여보자
intermediate_and_pair1=quantumand_2(qr,qc,first_clause,second_clause,17)
intermediate_and_pair2=quantumand_2(qr,qc,third_clause,fourth_clause,18)
intermediate_and_pair3=quantumand_2(qr,qc,fifth_clause,sixth_clause,19)

# 이제 더욱 줄여보자
intermediate_and_pair_12=quantumand_2(qr,qc,intermediate_and_pair1,intermediate_
and_pair2,20)
intermediate_and_pair_34=quantumand_2(qr,qc,intermediate_and_pair3,seventh_
clause,21)

# 이제 하나의 결과로 줄여보자
final_result_and_pair_1234=quantumand_2(qr,qc,intermediate_and_pair_12,inte
rmediate_and_pair_34,22)
```

원래로 되돌아가는 논리

그로버 알고리즘에서 일반적으로 $\sqrt{N}$번 3SAT 함수를 평가해야 필요가 있다. 여기서 N은 가능한 입력 조합의 개수와 과정이다. 중간 과정은 임시 큐비트를 이용하고, 함수를 재실행할 때는 모든 임시 큐비트가 다시 0으로 초기화되길 원한다. 다행히도 모든 양자 계산은 되돌릴 수 있기 때문에 원래의 AND나 OR를 되돌리기 위해서 동일한 입력변수를 사용해 반대로 코드를 실행할 수 있다. quantumand_2는 자기 자신이 되돌리는 함수이며, quantumor_3에는 quantumor_3_reverse 함수를 사용한다. 지금까지 전체 되돌리는 논리는 다음과 같다.

```
final_result_and_pair_1234=quantumand_2(qr,qc,intermediate_and_pair_12,intermediate_
and_pair_34,22)
intermediate_and_pair_34=quantumand_2(qr,qc,intermediate_and_pair3,seventh_
clause,21)
```

```
    intermediate_and_pair_12=quantumand_2(qr,qc,intermediate_and_pair1,intermediate_
and_pair2,20)
    intermediate_and_pair3=quantumand_2(qr,qc,fifth_clause,sixth_clause,19)
    intermediate_and_pair2=quantumand_2(qr,qc,third_clause,fourth_clause,18)
    intermediate_and_pair1=quantumand_2(qr,qc,first_clause,second_clause,17)
    # (not a or not b or not c)
    setup_or_teardown_logic(qr,qc,False,False,False)
    seventh_clause=quantumor_3_reverse(qr,qc,0,1,2,15,16)
    setup_or_teardown_logic(qr,qc,False,False,False)
    # (not a or b or c)
    setup_or_teardown_logic(qr,qc,False,True,True)
    sixth_clause=quantumor_3_reverse(qr,qc,0,1,2,13,14)
    setup_or_teardown_logic(qr,qc,False,True,True)
    # (not a or b or not c)
    setup_or_teardown_logic(qr,qc,False,True,False)
    fifth_clause=quantumor_3_reverse(qr,qc,0,1,2,11,12)
    setup_or_teardown_logic(qr,qc,False,True,False)
    # (a or not b or not c)
    setup_or_teardown_logic(qr,qc,True,False,False)
    fourth_clause=quantumor_3_reverse(qr,qc,0,1,2,9,10)
    setup_or_teardown_logic(qr,qc,True,False,False)
    # (a or not b or c)
    setup_or_teardown_logic(qr,qc,True,False,True)
    third_clause=quantumor_3_reverse(qr,qc,0,1,2,7,8)
    setup_or_teardown_logic(qr,qc,True,False,True)
    # (a or b or c)
    setup_or_teardown_logic(qr,qc,True,True,True)
    second_clause=quantumor_3_reverse(qr,qc,0,1,2,5,6)
    setup_or_teardown_logic(qr,qc,True,True,True)
    # (a or b or not c)
    setup_or_teardown_logic(qr,qc,True,True,False)
    first_clause=quantumor_3_reverse(qr,qc,0,1,2,3,4)
    setup_or_teardown_logic(qr,qc,True,True,False)
```

3sat_mystery(a, b, c)를 계산하는 코드를 실행한 후에 처음 세 개의 양자 레지스터는 입력의 값을 가지고(000, 001, 010, 011, 100, 101, 110, 111 중의 하나), 4번째에서 22번째 레지스터는 임시 계산의 결과를 포함한다. 최종적으로 23번째 레지스터(인덱스 22)는 선택된 3개의 입력에 대한 함수 계산의 최종 결과를 포함한다. 이때 결과는 입력에 따라서 0 또

는 1이 된다. 되돌리는 코드가 실행된 이후 처음 3개의 양자 레지스터는 여전히 입력의 값을 갖지만, 4번에서 23번째 레지스터는 모두 0이 된다.

그로버 알고리즘에서 8개 가능한 입력 가운데 정확히 하나만이 레지스터 22에 1의 결과를 가질 것이며, 알고리즘은 그 입력에 대해 1을 갖는 레지스터에 의존한다. 따라서 그로버 알고리즘에서 계산을 완전히 되돌리지는 않고, 인덱스 22의 양자 레지스터의 최종 결과는 반대인 그대로 둔다. 이는 다음과 같은 코드로 나타낸다.

```
final_result_and_pair_1234=quantumand_2(qr,qc,intermediate_and_pair_12,intermediate_and_pair_34,22)
```

되돌리기를 하든 아니든 함수의 테스트를 원하기 때문에 최종 결과가 있든 없든 3sat_mystery(a, b, c) 함수에 대한 옵션으로 남겨둘 것이다. 10장의 주피터 노트북은 편의를 위해 전체 _3sat_mystery_3 함수를 포함한다.

_3sat_mystery_3 함수 테스트

직접 입력 비트를 설정하고 함수를 실행해 IBM QX 시뮬레이터에서 _3sat_mystery_3 함수를 테스트해보자. 내장된 itertools 모듈과 itertools.product([0,1],repeat=3)를 사용해 모든 8개의 입력을 시도해볼 수 있다. 여러 가지 옵션에 대해 함수를 테스트할 수 있는 코드는 다음과 같다.

```
import time
from qiskit.tools.visualization import plot_histogram
def try_input_combination(input_combination,shots=1,reverse=False,full_
reverse=True):
    backend = IBMQ.get_backend('ibmq_qasm_simulator') # 원격 시뮬레이터
    qr = QuantumRegister(23)
    cr = ClassicalRegister(23)
    qc = QuantumCircuit(qr,cr)
    # 입력 설정
```

```
for i in range(3):
    if input_combination[i]:
        qc.x(qr[i])
# 입력에 함수 호출
_3sat_mystery_3(qr,qc,reverse=reverse,full_reverse=full_reverse)
# 되돌리는 것을 검증하길 원하므로 모든 큐비트를 측정
for i in range(23):
    qc.measure(qr[i],cr[i])
# IBM QX에서 연산 실행
job_exp = qiskit.execute(qc, backend=backend,shots=shots)
result = job_exp.result()
final=result.get_counts(qc)
if not len(final)==1:
    print(input_combination,final)
else:
    # IBM 시스템에서 반환된 결과는 반대 방향이며, 마지막 레지스터가 처음으로 오고,
    # 처음 레지스터가 마지막에 온다. 명확성을 위해 여기서는 결과를 반대로 하고,
    # 이는 첫 번째 레지스터가 처음, 마지막 레지스터가 마지막임을 뜻한다.
    result_in_order=list(final.keys())[0][::-1]
    print(input_combination,'->',result_in_order[-1],'(measured bits:'+result_
in_order+')')
```

되돌리지 않고 _3sat_mystery_3 함수 테스트

모든 것이 순조롭게 진행된 경우 되돌리기 옵션이 없는 함수는 입력 110에 대해서 인덱스 22에 있는 전통적인 레지스터에 100% 확률로 1, 100% 확률로 0을 반환하고, 4번째에서 22번째 레지스터에는 임시 결과를 가지고 있어야 한다. 이를 테스트하는 코드는 다음과 같다.

```
import itertools
for combo in itertools.product([0,1],repeat=3):
    try_input_combination(combo)
```

이는 다음을 출력한다.

```
(0, 0, 0) -> 0 (measured bits: 00001001111111111011010)
(0, 0, 1) -> 0 (measured bits: 00100011111111111011010)
(0, 1, 0) -> 0 (measured bits: 01011110001111111101010)
(0, 1, 1) -> 0 (measured bits: 01111110100111111101010)
(1, 0, 0) -> 0 (measured bits: 10011111111010011110100)
(1, 0, 1) -> 0 (measured bits: 10111111111000111110100)
(1, 1, 0) -> 1 (measured bits: 11011111111111101111111)
(1, 1, 1) -> 0 (measured bits: 11111111111111100111100)
```

예상대로 입력 110만이 최종 레지스터에 결과를 1로 갖고, 4번째에서 22번째 레지스터
는 모두 중간 결과를 갖는다.

_3sat_mystery_3 함수의 되돌리기 테스트

되돌리기 과정이 순조롭게 진행된 경우 함수를 구동하고 되돌리는 결과는 첫 번째, 두 번
째, 세 번째 레지스터에 입력을 가지고, 나머지 레지스터는 100% 확률로 0을 가져야 한
다. 이를 테스트하는 코드는 다음과 같다.

```
import itertools
for combo in itertools.product([0,1],repeat=3):
    try_input_combination(combo,reverse=True,full_reverse=True)
```

이 코드는 다음을 출력한다.

```
(0, 0, 0) -> 0 (measured bits: 00000000000000000000000)
(0, 0, 1) -> 0 (measured bits: 00100000000000000000000)
(0, 1, 0) -> 0 (measured bits: 01000000000000000000000)
(0, 1, 1) -> 0 (measured bits: 01100000000000000000000)
(1, 0, 0) -> 0 (measured bits: 10000000000000000000000)
(1, 0, 1) -> 0 (measured bits: 10100000000000000000000)
(1, 1, 0) -> 0 (measured bits: 11000000000000000000000)
```

```
(1, 1, 1) -> 0 (measured bits: 11100000000000000000000)
```

여기서 처음 세 개의 레지스터는 입력을 포함하고, 나머지는 0을 포함한다. 실제로 되돌리기는 잘 동작한다.

(최종 결과를 빼고) _3sat_mystery_3 함수의 되돌리기 테스트

마지막으로 결과 레지스터를 제외한 모든 레지스터의 되돌리기를 테스트해보자. 여기서 처음 세 개의 레지스터는 입력을 가지고, 마지막 레지스터는 결과를 가질 것을 기대한다. 이미 알고 있듯이 110의 입력에 대해서만 1이고, 나머지는 0이다. 그리고 중간의 모든 레지스터는 0을 포함한다. 이를 테스트하는 코드는 다음과 같다.

```
import itertools
for combo in itertools.product([0,1],repeat=3):
    try_input_combination(combo,reverse=True,full_reverse=False)
```

이 코드는 다음을 출력한다.

```
(0, 0, 0) -> 0 (measured bits: 00000000000000000000000)
(0, 0, 1) -> 0 (measured bits: 00100000000000000000000)
(0, 1, 0) -> 0 (measured bits: 01000000000000000000000)
(0, 1, 1) -> 0 (measured bits: 01100000000000000000000)
(1, 0, 0) -> 0 (measured bits: 10000000000000000000000)
(1, 0, 1) -> 0 (measured bits: 10100000000000000000000)
(1, 1, 0) -> 1 (measured bits: 11000000000000000000001)
(1, 1, 1) -> 0 (measured bits: 11100000000000000000000)
```

처음 세 개의 레지스터는 입력을 갖고, 마지막은 출력을 가진다. 예상대로 110 입력에 대해서만 1을 갖고, 모든 다른 레지스터는 일관성 있게 0을 가진다. 실제로 마지막 레지스터를 제외한 모든 레지스터의 되돌리기는 완벽하게 동작한다.

무버 단계 구현

무버 단계의 목표는 정확하지 않은 입력을 가질 확률을 낮추는 동시에 정확한 입력을 가질 확률을 높이는 것이다. 예제를 통해 어떻게 동작하는지 확인해보자.

$$|\text{"all three qubit inputs"}\rangle = \frac{1}{\sqrt{8}}(|\text{"000"}\rangle + |\text{"001"}\rangle + |\text{"010"}\rangle + |\text{"011"}\rangle + |\text{"100"}\rangle + $$
$$|\text{"101"}\rangle + |\text{"110"}\rangle + |\text{"111"}\rangle)$$

맞는 입력이 $|\text{"110"}\rangle$이고 다른 입력은 모두 틀린다면 체커 함수가 입력을 표시하게 할 수 있다. 체크 함수가 입력을 가질 확률을 변경하지는 못하고, 이는 체크 함수는 단지 틀린 입력을 0으로 설정할 수 없음을 의미한다. 특정 입력을 가질 확률은 앞에 있는 숫자의 제곱이라는 것을 기억하기 바란다. 따라서 이 경우 각 입력에 대해서 $(1/\sqrt{8})^2 = 1/8$이다. 확률을 변경하지 않고 체커로 맞는 입력을 표시할 수 있는가? 단순히 음수로 표시할 수 있다. 음수의 제곱은 양수가 되기 때문에 입력을 가질 확률을 변경하지는 않지만, 무버 함수가 사용할 수 있는 정보를 제공하는 것이다. $(1/\sqrt{8})^2 = (-1/\sqrt{8})^2$이기 때문에 최종 결과를 변경하지 않고 맞는 입력을 표시할 수 있다.

따라서 체커가 $|\text{"all three qubit inputs"}\rangle$에 실행할 때 다음을 제공한다.

$$\mathbf{checker}|\text{"all three qubit inputs"}\rangle = \frac{1}{\sqrt{8}}(|\text{"000"}\rangle + |\text{"001"}\rangle + |\text{"010"}\rangle + $$
$$|\text{"011"}\rangle + |\text{"100"}\rangle + |\text{"101"}\rangle + |\text{"110"}\rangle + |\text{"111"}\rangle)$$

$|\text{"110"}\rangle$ 앞의 음의 표시가 있음을 확인한다.

이제 첫 번째 무버 단계에 대한 준비가 됐다. 무버는 체커로부터 이 정보를 사용해 다른 상태의 확률을 낮추고 $|\text{"110"}\rangle$의 확률을 높인다.

각 개별 상태의 앞에 있는 숫자의 평균을 취함으로써 실행한다. 대부분은 $1/\sqrt{8}$이기 때문에 이는 $1/\sqrt{8}$에 매우 가깝지만, 정확하게 그 값은 아니다. 평균은 다음과 같이 계산된다.

$$\frac{\left(\frac{1}{\sqrt{8}} + \frac{1}{\sqrt{8}} + \frac{1}{\sqrt{8}} + \frac{1}{\sqrt{8}} + \frac{1}{\sqrt{8}} + \frac{1}{\sqrt{8}} - \frac{1}{\sqrt{8}} + \frac{1}{\sqrt{8}}\right)}{8} = \frac{\frac{6}{\sqrt{8}}}{8}$$

이 식의 평균은 ≈ 0.265이고, 그와 비교해 $1/\sqrt{8}$은 ≈ 0.35이다. 그리고 이 평균 값의 두 배를 취하고, 각 상태의 숫자를 뒤집고, 평균으로 나눈다. 0.265의 두 배는 0.53이고, 따라서 맞는 상태를 제외한 모든 상태는 다음과 같이 숫자를 변경한다.

$$2 \cdot \frac{\frac{6}{\sqrt{8}}}{8} - \frac{1}{\sqrt{8}} \approx 0.53 - 0.35 = 0.18$$

그리고 맞는 상태는 다음과 같이 숫자를 변경한다.

$$2 \cdot \frac{\frac{6}{\sqrt{8}}}{8} - \frac{-1}{\sqrt{8}} \approx 0.53 + 0.35 = 0.88$$

따라서 체커 함수와 무버 함수의 한 번의 반복 이후의 새로운 상태는 다음과 같다.

$$\textbf{mover}(\textbf{checker}|\text{``all three qubit inputs''}\rangle) = (2 \cdot \frac{\frac{6}{\sqrt{8}}}{8} - \frac{1}{\sqrt{8}})(|\text{``000''}\rangle + |\text{``001''}\rangle +$$

$$|\text{``010''}\rangle + |\text{``011''}\rangle + |\text{``100''}\rangle + |\text{``101''}\rangle + |\text{``111''}\rangle) + (2 \cdot \frac{\frac{6}{\sqrt{8}}}{8} - \frac{1}{\sqrt{8}})|\text{``110''}\rangle$$

계산된 결과로 표시하면 다음과 같다.

$$\textbf{mover}(\textbf{checker}|\text{``all three qubit inputs''}\rangle) = 0.18(|\text{``000''}\rangle + |\text{``001''}\rangle +$$

$$|\text{``010''}\rangle + |\text{``011''}\rangle + |\text{``100''}\rangle + |\text{``101''}\rangle + |\text{``111''}\rangle) + 0.88|\text{``110''}\rangle$$

체커와 무버의 최초 반복 이후에 맞는 입력 $|\text{``110''}\rangle$를 가질 확률은 $0.88^2 \approx 0.77$ 또는 77%가 되고, 다른 입력을 가질 확률은 $0.18^2 \approx 0.03$ 또는 3%가 됨을 알 수 있다(7개의 다른 입력이 있기 때문에 맞지 않는 다른 입력을 볼 확률은 전체적으로 21%가 된다). 모든 숫자는 올

림이 됐기 때문에 모두 더하면 100%가 되지 않겠지만, 원래 확률로 계산을 하면 100%가 될 것이다.

무버 함수는 기대한 역할을 한다는 것을 알았다. 입력 |"110">를 가질 확률을 성공적으로 높였고, 동시에 다른 입력을 가질 확률은 낮췄다. 이상적인 무버와 체커의 수를 가지는 잇따른 프로그램의 실행은 |"110">를 가질 확률을 높일 것이다. 이상적인 수보다 많게 적용하면 맞는 답에서 벗어나게 됨을 알게 될 것이다.

무버 함수의 완전한 구현

무버 함수가 구현된 방법은 이 책의 수학적인 범위를 넘어서지만 여기서는 코드 구현을 제공한다. 알아둬야 할 것은 제공되는 무버 구현은 2개 혹은 3개의 입력에만 동작하고, 더 많은 큐비트에 동작하기 위해서 코드를 확장하는 것은 숙제로 남겨둔다.

```
def diffusion_step(qr,qc,num_inputs):
    if num_inputs not in [2,3]:
        raise Exception("currently only supports 2 or 3 inputs")
    for i in range(num_inputs):
        qc.h(qr[i])
    for i in range(num_inputs):
        qc.x(qr[i])

    control_Z(qr,qc,num_inputs)

    for i in range(num_inputs):
        qc.x(qr[i])
    for i in range(num_inputs):
        qc.h(qr[i])
```

무버 함수는 제어된 Z 게이트에 의존한다. 그 구현은 다음과 같다.

```
def control_Z(qr,qc,num_inputs):
    if num_inputs not in [2,3]:
        raise Exception("currently only supports 2 or 3 inputs")
```

```
if num_inputs==2:
    qc.h(qr[1])
    qc.cx(qr[0],qr[1])
    qc.h(qr[1])
elif num_inputs==3:
    qc.h(qr[2])
    qc.ccx(qr[0],qr[1],qr[2])
    qc.h(qr[2])
```

전체 알고리즘 설정

체커와 무버를 어떻게 구현해야 하는지 알고 있다. 다음 코드는 그로버 알고리즘의 전체
구현이다.

```
def grovers_algorithm(checker,num_inputs,num_registers,num_iterations=None):
    if num_iterations == None:
        from math import floor,sqrt
        iterations=floor(sqrt(2**num_inputs))
    else:
        iterations=num_iterations
    print("Running Grover's algorithm for %d iterations"%iterations)
    qr = QuantumRegister(num_registers)
    cr = ClassicalRegister(num_registers)
    qc = QuantumCircuit(qr,cr)
    # 입력 설정
    for i in range(num_inputs):
        qc.h(qr[i])
    # 체커 함수의 출력을 설정
    qc.x(qr[num_registers-1])
    qc.h(qr[num_registers-1])
    # 그로버 단계 실행
    for it in range(iterations):
        checker(qr,qc)
        mover(qr,qc,num_inputs)
    # 입력 측정
    for j in range(num_inputs):
```

```
        qc.measure(qr[j], cr[j])
    return cr,qr,qc
```

키스킷에서 알고리즘 실행

_3sat_mystery_3를 체커 함수로 해, 키스킷에서 알고리즘을 실행하고 결과를 확인해보자.

```
from qiskit.tools.visualization import plot_histogram
backend=IBMQ.get_backend('ibmq_qasm_simulator')
shots=50
cr,qr,qc = grovers_algorithm(_3sat_mystery_3,3,23,num_iterations=num_iterations)
job_exp = qiskit.execute(qc, backend=backend,shots=shots)
result = job_exp.result()
final=result.get_counts(qc)
plot_histogram(final)
```

결과로 입력 |"110">를 96%의 확률로 가짐을 알 수 있다.

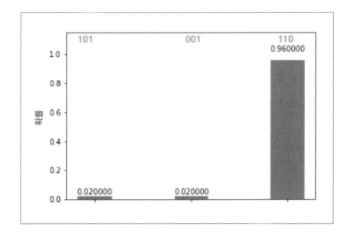

이 알고리즘은 50번 실행한 결과(shots=50)에 대한 확률을 보여준다. 하지만 50번이 다 필요하진 않았을 가능성이 높다. 아마도 한 번만 시도했어도 같은 결과일지도 모른다. 한 번의 시도는 체커 함수를 두 번 호출하고, 이는 전통적인 알고리즘이 최악의 경우 8번을 호출해야 하는 것보다는 훨씬 적은 수다.

▌ 요약

그로버 알고리즘은 모든 가능한 입력에 대해 함수의 한 가지 해답을 효과적으로 찾는다. 그로버 알고리즘은 모든 가능한 입력에 대해 중첩을 만든다. 또한 함수를 만족하는 유일한 입력을 표시하는 체커^{checker} 단계와 정확한 입력을 볼 확률을 높이고 다른 입력을 볼 확률을 낮추기 위해서 각 입력을 확인하는 확률을 변경하는 무버^{mover}의 단계를 반복함으로써 구현된다. 대부분의 양자 컴퓨팅 자료에서는 체커 과정은 오라클 단계라고 부르며, 무버 단계는 확산 단계라고 부른다. 그로버 알고리즘은 일반적으로 체커 함수에 N번의 호출을 하고, 여기서 N은 결과를 찾기 위해 체커에 입력되는 가능한 입력의 수다. 이와 비교해 전통적인 알고리즘은 체커 함수에 N번의 호출을 할 것이다.

11장에서는 현재 암호화 구현에 중요한 의미를 갖는 소인수분해의 알고리즘인 쇼어 알고리즘을 배울 것이다.

▌ 연습 문제

1. `3sat_mystery(a, b, c)`를 해결하기 위해서 다른 횟수의 반복을 사용해 그로버 알고리즘을 실행하세요. 1번의 반복을 사용하는 경우에 어떤 상황이 발생합니까? 0번인 경우에는 어떠합니까? 추천된 수보다 많은 반복인 경우에는 어떠합니까?

2. 새로운 함수를 만들기 위해서 `3sat_mystery(a, b, c)`에서 변수 b와 c를 변경합니다. 어떤 결과를 예상합니까? 전통적인 방식으로 이 결과를 얻고, 그로버 알고리즘이 새로운 함수를 사용해 전통적인 결과를 재생산하는지 확인하세요.

3. 도전 문제: 3sat_mystery(a, b, c)를 수정해 적어도 한 개가 적은 임시 큐비트를 사용하도록 만드세요. 수정한 코드가 여전히 정확한 결과를 산출하는지 확인하세요. 계속해 코드를 수정해 정확한 결과를 산출하는 동시에 가능한 적은 수의 임시 큐비트를 사용하게 만드세요. 가능한 가장 작은 수의 임시 큐비트의 수는 몇 개입니까? 큐비트의 수가 작을수록 문제를 푸는 데 필요한 양자 컴퓨터에서의 큐비트의 수도 작습니다.

4. 2SAT 그로버:

   1. 다음과 같이 각 항목이 두 변수의 OR를 포함하고, 항목들은 AND로 합쳐지는 다음 2SAT를 전통적인 방식으로 구현해보세요: $(a \lor b) \land (\neg a \lor \neg b) \land (a \lor \neg b)$. $a =$ True, $b =$ False인 경우에만 참을 반환하는지 확인하세요. 검사하는 데 몇 개의 입력이 전통적인 방식으로 필요했습니까?

   2. 다중-큐비트 AND와 다중-큐비트 OR를 사용해 양자 컴퓨터에서 함수를 구현하세요.

   3. 2SAT 함수를 만족하는 입력을 찾기 위해 그로버 알고리즘을 실행하도록 10장의 코드를 수정해보세요. 얼마나 많은 반복 구문이 필요했습니까? 반복을 늘리거나 줄이는 경우 어떤 상황이 발생했습니까?

   4. 도전 문제: IBM QX 하드웨어에서 실행하도록 코드를 수정하세요. 프로그램이 적절한 길이가 되도록 IBM QX 하드웨어에서 제공하는 수의 큐비트 이상은 사용할 수 없음을 명심하기 바랍니다. 일반적으로 IBM 하드웨어에서 단지 몇 개의 큐비트 쌍에 대해서만 두 큐비트 사이의 CNOT 게이트를 계산하는 것이 가능합니다.

5. 직접 결과를 계산함으로써 무버와 체커 함수를 다시 한 번 결과에 적용하기 바랍니다.

$$\mathbf{mover}(\mathbf{checker}|\text{"all three qubit inputs"}\rangle) = 0.18(|\text{"000"}\rangle + |\text{"001"}\rangle + |\text{"010"}\rangle + |\text{"011"}\rangle + |\text{"100"}\rangle + |\text{"101"}\rangle + |\text{"111"}\rangle) + 0.88|\text{"110"}\rangle$$

두 번째 반복 이후에 정확히 $|\text{"110"}\rangle$ 상태를 보게 될 확률은 얼마입니까?

11

양자 푸리에 변환

11장은 쇼어 알고리즘을 포함한 많은 중요한 양자 알고리즘의 하위 루틴인 양자 푸리에 변환QFT, Quantum Fourier Transform을 다룬다. 우선 시간의 함수인 신호를 주파수 영역으로 분해하는 전통적인 푸리에 변환CFT, Classical Fourier Transform의 개요를 제공한다. 이 부분은 기본적인 대수학 지식이 필요할 것이다. 음악과의 유사성을 바탕으로 푸리에 변환의 동작을 이해하고, 푸리에 변환이 계산에 사용되는 응용프로그램을 제공한다. 다음으로 전통적인 컴퓨터에서 표현된 신호의 푸리에 변환인 이산 푸리에 변환을 계산하는 전통적인 알고리즘을 설명한다. QFT의 응용프로그램이 논의되고, QFT가 CFT와 비교된다. 마지막으로 QFT 알고리즘이 OpenQASM, 키스킷, 양자 스코어로 주어지고, 여러분에게는 IBM QX나 키스킷 시뮬레이터에서 이런 양자 알고리즘을 실행할 기회가 주어질 것이다.

11장은 다음 주제를 다룬다.

- 전통적인 푸리에 변환의 개요
- 전통적인 푸리에 변환을 계산하기 위해 빠른 푸리에 변환 알고리즘 설명
- 양자 푸리에 변환
- 양자 푸리에 변환의 구현

▌ 전통적인 푸리에 변환

어떤 내용을 설명할 때 두 가지 방식으로 접근할 때가 많다. 외지인에게 어느 커피숍으로 가는 방향을 설명할 때 "첫 번째 골목에서 왼쪽으로 돌고 두 블록 지나서 오른쪽으로 도시면 됩니다"라고 하거나 아니면 거리 이름이나 상징물을 기준으로 방향을 제시할 수도 있다. 두 방법 모두 동일한 곳으로 안내할 것이다. 누구에게 길을 알려주는지에 따라 한 가지 방법이 다른 방법보다 쉽게 받아들여질 수 있다. 혹자는 상징물을 기준으로 길 찾기를 선호하고(직진하다 맥도날드에서 오른쪽으로 돌면 됩니다), 다른 사람은 이 내용이 매우 혼란스러울 수도 있다. 또다른 사람들은 좌표로 방향을 알려주는 것을 좋아하고(북쪽으로 두 블록 가시고, 서쪽으로 도세요), 또 누군가는 그렇지 않을 수도 있다.

이와 같이 수학에서도 무언가를 설명할 때 여러 가지 유사한 방식이 있을 수 있고, 어떤 것들은 수학으로 표현할 때 더욱 쉽게 받아들여질 여지가 있는 것이다. 어떤 변수 x에 대한 수학 함수 y가 있을 때, 특정 시작점과 끝점을 가지고 있고(함수는 주어진 값으로 유계 bounded라고 한다), 끊긴 점이 없는 경우(함수가 연속된다), 함수를 여러 가지 사인sine 함수의 합으로 다시 나타낼 수 있다. 즉 다른 주파수, 크기, 영점을 지나가는 형태를 가진 여러 파동으로 구성할 수 있다. 가끔 이런 방식은 매우 유용할 때가 있다. 예를 들어 함수가 어느 시간 동안 피아노 키의 소리를 나타내는 경우 다른 주파수, 크기, 영점을 지나가는 여러 사인 함수로 다시 구성하는 것은 소리를 구성하는 피아노의 키의 음표를 식별하는 것을 도와줄 수 있다. 원래 데이터로는 매우 복잡했던 문제가 수학적으로 다시 작성해 매우

쉽게 된 것이다.

다른 유사한 경우로 케이크 조리법의 결과로써 마지막 함수를 생각해볼 수도 있을 것이다. 이는 여러 사인 함수를 재료로 조리법을 만드는 것이다. 가령 두 배 많은 사람 수만큼을 위한 조리법을 원한다면, 케이크 자체는 어떻게 요리를 해야 하는지에 대한 설명을 할 수가 없는 것이다. 결국 원래의 조리법이 필요하게 된다. 완전한 케이크나 케이크를 만드는 조립법 중 하나는 동일한 것을 만들 것이지만, 둘 중의 하나를 선물로 줄 수가 있다. 상황에 따라 둘 중 하나가 더욱 유용할 것이다.

이번에는 함수가 그림을 설명한다고 상상해보자. 대부분의 그림은 작은 규모에서는 매우 조금 변하지만(가령 하나의 픽셀은 옆의 픽셀과 동일할 가능성이 높다), 큰 규모에서는 큰 변화를 가진다. 작은 규모의 변화들을 완전히 제거한다면, 매우 흐릿한 그림을 얻게 될 것이다. 신중하게 컴퓨터 화면의 해상도보다 낮은 작은 규모의 변화들을 모두 지운다면 보는 사람의 입장에서는 변환된 그림은 동일하게 보이는 작은 그림을 만들 수가 있을 것이다. 비트별로 말고 그림을 나타내는 프로세스가 다른 주파수, 크기, 영점을 지나가는 지점 등의 합으로 나타난다면 이런 연산을 하기 쉬울 것이다. 우선은 그림을 나타내는 새로운 표현 방식을 계산한다. 그리고 높은 수파수의 표현을 포함한 부분을 지운다. 그 후 그림의 원래 표현을 다시 계산하고 출력한다. 맞다! 이 과정은 이미지 압축 알고리즘을 설명한 것이다.

일례로 그림을 압축하는 JPEG 알고리즘은 푸리에 기법을 사용한다. 이런 기법은 다른 데이터 형식에도 사용될 수 있다. 오디오를 압축하기 위한 MP3 압축 알고리즘도 푸리에 기법을 사용한다.

함수에서 파동의 합으로 이루어진 표현으로 변환하는 과정이 푸리에 변환이다. 이 기술은 함수에서 함수를 이루는 "재료"로 변환하는 것이다. 파동으로 표현하는 것은 원래 표현보다 더욱 쉽게 특정 연산을 할 수 있게 해주기 때문에 수학에서 가장 유용한 기법 중 하나다. 그리고 원래의 표현과 변환된 표현 사이에 쉽게 변환이 가능하다. 가장 흔하게 사용되는 방식은 푸리에 변환이 다른 알고리즘이나 동작의 일부로 사용되고, 이는 최종 목표를 이루는 것을 더욱 쉽게 만든다.

사인 파동

사인 함수로 (반복되는 그리고 연속된) 주기 진동을 나타낼 수 있다.

모든 사인 파동은 다음과 같이 표현할 수 있다.

$$y(x) = A\sin(2\pi fx + \frac{\pi}{180}\phi)$$

f는 x초당 진동 수(11장에서 단위는 초이고 $x = 1$초가 된다)이고, A는 파동의 크기 혹은 높이이며, Φ는 각도(°)로 파동이 사이클^{cycle}의 어디에 위치하는지 나타내는 위상이다. 전체 사이클은 360°이다.

사인 파동은 다음 코드로 그릴 수 있다.

```
import numpy as np
import matplotlib.pyplot as plot
def plot_wave(A,f,phi,name=''):
    plot.clf()
    x = np.arange(0, 1, 0.01);
    y = A*np.sin(2*np.pi*f*x + np.pi/180*phi)
    plot.plot(x,y)
    plot.xlabel('x')
    plot.ylabel('y')
    plot.title(name)
    plot.grid(True, which='both')
    plot.axhline(y=0, color='k')
    plot.show()
```

크기 1, 주파수 1, 위상 0을 갖는 파동은 다음 코드로 그릴 수 있다.

```
plot_wave(1,1,0,'sine wave, A=1, f=1, omega=0')
```

원래의 사인 파동으로 사이클의 1/4 또는 $\Phi = 360°/4 = 90°$가 되는 유사한 파동을 그릴 수 있다. 입력변수를 달리한 동일한 함수를 사용해 그린다.

```
plot_wave(1,1,90,'cosine wave, A=1, f=1, omega=0')
```

그 대신 이 파동은 코사인 파동, 약자로는 cos로 불린다. 두 파동을 나타낸 다음 그림에서 사인 파동은 초록색으로, 코사인 파동은 파란색으로 나타낸다.

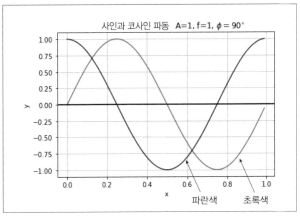

(컬러 이미지 p.349)

이 두 파동 사인과 코사인을 더하면 다음과 같은 파동을 얻는다.

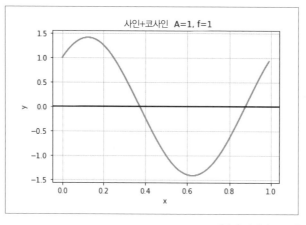

(컬러 이미지 p.349)

이제 원래 파동에서 180° 만큼의 위상 차이가 나고, 동일한 크기를 갖는 파동이 있다고 생각해보자. 두 파동을 나타낸 다음 그림에서 원래 사인 파동은 초록색, 180° 위상 차가 나는 파동은 파란색으로 나타낸다.

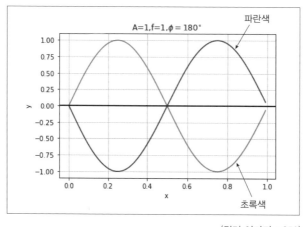

(컬러 이미지 p.350)

원래 파동이 양의 수를 가질 때마다 동일한 값으로 음의 수를 가진다. 따라서 두 파동은 서로를 상쇄한다. 두 파동을 더하면 0의 값에 선으로 표시되고, 이때 두 파동은 파괴적으로 간섭^{destructively interfere}된다고 한다.

248

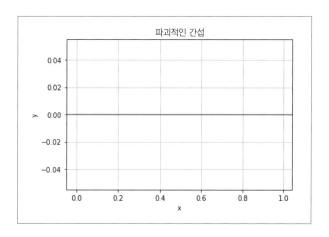

파괴적인 간섭

컴퓨터는 한정된 정확성을 갖기 때문에 하나의 파동과 180° 위상 차가 나는 파동은 정확하게 0으로 합쳐지지는 않지만 수치상 정확도를 보면 매우 유사하게 나타난다.

▌ 실질적인 푸리에 변환

앞에서 사인 파동이 서로 간에 합쳐지는 여러 예제를 살펴봤다. 모든 유계 연속된 함수는 다른 높이, 위상, 주파수를 갖는 파동의 합으로 다시 쓰일 수 있음을 알았다. 이전에 보여 준 각 예제는 자체적으로 사인 파동을 포함해 쉽게 다시 쓰일 수 있었다. 여기서는 다른 높이, 위상, 주파수를 갖는 파동으로 더 어려운 예제를 살펴보자. 초록색으로 나타낸 첫 번째 파동은 크기 10, 주파수 0.5, 위상 0°를 갖는다.

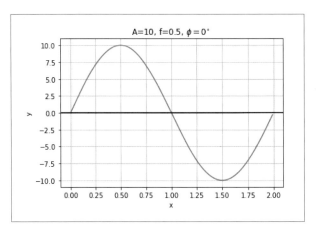

(컬러 이미지 p.350)

파란색으로 나타낸 두 번째 파동은 크기 0.75, 주파수 15, 위상 60°을 갖는다.

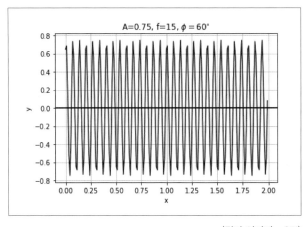

(컬러 이미지 p.351)

이 두 파동을 더하면, 빨간색으로 나타낸 다음 파동을 얻는다.

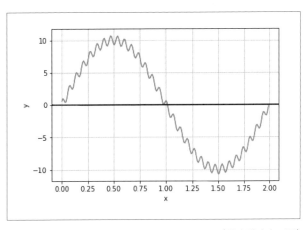

(컬러 이미지 p.351)

푸리에 변환은 초록색 함수 입력변수 $A = 10$, $f = 0.5$, $\Phi = 0°$와 파란색 함수 입력변수 $A = 0.75$, $f = 15$, $\Phi = 60°$ 사이의 어떤 값을 빨간색 파동으로 가져다준다. 빨간색 함수가 최종 결과라면, 파란색과 초록색 함수는 결과를 구성하는 재료가 되는 것이다.

반전 푸리에 변환IFT, Inverse Fourier Transform으로 푸리에 변환을 되돌릴 수 있다. IFT는 입력 변수에 해당하는 수학적인 값들인 $A = 10$, $f = 0.5$, $\Phi = 0°$와 $A = 0.75$, $f = 15$, $\Phi = 60°$을 원래 빨간색 함수로 되돌린다. 근본적으로 마지막 함수를 재료로 다시 나누는 것이며, 이것이 푸리에 변환의 힘이다. 연속continuous과 이산discrete인 두 가지 푸리에 함수 버전이 있다. 연속은 전체적으로 원래 함수에 대한 접근성이 있다는 것을 의미한다. 컴퓨터 시스템에서나 물리적인 상태에서 어떤 함수의 일부만을 샘플로 가질 수 있기 때문에 전체를 갖는다는 것은 이론적으로 가능함을 말한다. 이산은 함수에 대한 지식에 차이가 있다는 것을 의미한다. 즉, 특정 부분에 있는 함수의 값을 샘플로 가질 수 있다는 것이다. 예를 들면 다음 그림과 같이 모든 순간에 함수의 값을 아는 것이 아니라 매 0.1초마다 함수의 값만을 알고 있을 수 있는 것이다.

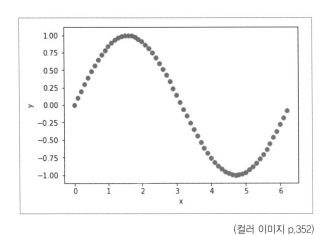

(컬러 이미지 p.352)

이 예제는 함수가 고정된 값이나 변화되는 값이 될 수 있음을 아는 장소 사이에는 매 0.1초의 간격을 가진다. 이런 고정된 차이 값은 샘플링 간격^{sampling interval}이라고 한다. 따라서 이 예제는 0.1초의 샘플링 간격을 갖는다.

여기서는 이산 푸리에 변환^{DFT, Discrete Fourier Transform}에 집중해 설명한다. 푸리에 변환은 어떻게 동작하는가? 한 가지 방법은 수학적으로 여러 가지 주파수를 시도해보고, 해당 주파수 주변에 회전하는 마지막 함수의 평균을 취해 에너지를 결정하는 것이다. 에너지는 높이와 비례해서 주파수가 마지막 함수에 기여하는 양을 나타낸다. 이 과정이 충분한 주파수에 대해서 반복된 이후에 결정된 주파수와 크기를 갖는 사인 파동들의 합인 최종 신호를 나타낼 수 있다. 변환은 이산이기 때문에 얼마나 많은 주파수를 시도해볼 것인지 선택할 수 있고, 최종 함수를 적절히 결정하기 위해서 충분한 주파수를 시도해보길 원한다.

실제로 추가적인 수학인 기법을 사용해 푸리에 변환을 더 빨리 계산하는 알고리즘이 있다. 빠른 푸리에 변환^{FFT, Fast Fourier Transform}이 가장 일반적으로 사용되고, $O(n \log n)$의 계산 복잡도를 가진다.

 좀 더 빠른 알고리즘인 희소 푸리에 변환(SFT, Sparse Fourier Transform)이 있고, 계산 복잡도는 O(k log n)이며, 여기서 k는 결과에 사용되는 주파수의 수다. 하지만 FFT가 가장 흔하게 사용하는 알고리즘이다.

앞서 본 빨간색 신호에 대해서 FFT 알고리즘을 살펴보자. 변환은 이산 변환이기 때문에 함수를 샘플하는 샘플링율과 시간 간격을 정의해야 한다.

```
sampling_rate = 100.
time_interval=2.
```

샘플의 수는 샘플링율과 시간 간격을 곱한 것과 같다.

```
n_samples = sampling_rate*time_interval
```

이제 파동을 정의하는 데 사용할 일반적인 파동 함수를 정의해보자.

```
def wave(A,f,phi):
    sampling_interval = 1/sampling_rate
    x = np.arange(0, time_interval, sampling_interval);
    y = A*np.sin(2*np.pi*f*x + np.pi/180*phi)
    return y
```

입력변수 $A = 10$, $f = 0.5$, $\Phi = 0°$로 초록색 파동을 만들 수 있다.

```
green_wave=wave(10,0.5,0)
```

입력변수 $A = 0.75$, $f = 15$, $\Phi = 60°$로 파란색 파동을 만들 수 있다.

```
blue_wave=wave(0.75,15,90)
```

빨간색 파동은 두 파동의 합이다.

```
red_wave=green_wave+blue_wave
```

그리고 numpy 패키지에 있는 fft 모듈을 사용해 빨간색 파동에서 초록색 파동과 파란색 파동의 변수(빨간색 파동의 재료)들을 찾아볼 것이다.

```
from numpy import fft
fft_wave = fft.fft(red_wave)/n_samples
```

푸리에 변환은 파동이 해당 주파수에서 어떤 높이를 갖는지 확인하기 위해 여러 주파수를 시도한다. 시도된 주파수는 다음 코드로 확인할 수 있다.

```
frequencies_tried=np.arange(n_samples)/time_interval
```

파동의 재료인 주파수가 정확히 시도된 주파수 중의 하나가 아니라면, 재료로써 정확한 답을 얻지는 못할 것이다. 이것이 재료 파동을 되찾기 위해서는 충분한 파동의 주파수를 시도해보는 것이 중요한 이유다. 이 구현의 실제 데이터에 대해서 주파수의 처음 반만 고려하면 된다. 나머지 반은 첫 번째 반의 켤레 복소수$^{complex\ conjugate}$이고, 반복된 정보를 나타낸다. 다음 식으로 크기를 계산할 수 있다.

```
amplitude=2*np.absolute(fft_wave)
```

주파수의 반만을 살펴보면 된다는 것을 알아두기 바란다. 이 반은 half_range=range(int (n_samples/2))로 정의된다. 마지막으로 숫자의 잡음으로 발생되는 매우 작은 계수는 무시한다. 다음 코드로 크기를 출력할 수 있다.

```
for f,a in zip(frequencies_tried[half_range],amplitude[half_range]):
    if a>1e-6: # 작은 계수는 숫자의 잡음으로 인한 것이니 무시한다
        print("the amplitude at f=%.2f is A=%.2f"%(f,a))
```

이 코드는 다음을 출력한다.

```
the amplitude at f=0.50 is A=10.00
the amplitude at f=15.00 is A=0.75
```

이 출력은 원래의 파란색과 초록색의 파동 입력변수와 일치한다. 빨간색 파동만으로 FFT 알고리즘은 재료 파동 입력변수를 되찾았다.

▌양자 푸리에 변환

양자 푸리에 변환$^{QFT, Quantum Fourier Transform}$은 유사한 동작을 하며 데이터에 DFT를 실행하는 대신 양자 상태에 이산 푸리에 변환을 실행한다. 더욱이 양자 푸리에 변환은 훨씬 빠르다. 즉, 계산 복잡도는 $O((\log n)2)$이고, 이는 전통적인 이산 푸리에 변환$^{CDFT, Classical}$ $^{Discrete Fourier Transform}$의 계산 복잡도 $O(n \log n)$나 $O(k \log n)$보다 빠른 것이다. 1장에서 양자 상태를 소개할 때 기본 상태 중의 하나의 특정 출력으로써 다른 기본 상태의 중첩에 있는 상태의 확률을 찾기 위해서 해당 기본 상태 앞의 계수를 제곱한 것을 기억할 것이다. 이 계수는 상태의 크기^{amplitude}이며, 일반적으로 복소수가 될 수 있다. QFT는 이런 계수에 동작한다.

QFT는 쇼어 알고리즘의 하위 루틴으로 포함되고, 인자를 찾는 데 사용된다. 이는 인수 분해를 찾는 쇼어 알고리즘을 사용해 함수의 특정 시점에서 계산될 필요가 있고, QFT는 이 동작을 하도록 사용될 수 있다. 따라서 QFT의 구현을 배우는 것은 쇼어 알고리즘 구현을 돕는 것이 될 것이다. 이외에도 QFT는 다른 양자 알고리즘의 하위 루틴으로 사용되는 여러 가지 경우가 있다.

CDFT를 소개할 때 개념을 소개했지만, 구현에 사용되는 알고리즘의 세부 사항은 제공하지 않았다. 사실 여러 알고리즘이 전통적인 이산 푸리에 변환을 계산할 수 있고, 수학적인 세부 내용을 이해하는 것은 그렇게 중요한 것은 아니다. 주된 이유는 전통적인 이산 푸리에 변환을 수행하는 라이브러리는 이미 널리 사용되는 프로그래밍 언어에 구현이 돼 있기 때문이다.

양자 컴퓨팅은 모든 양자 컴퓨터가 한 줄의 코드로 QFT를 호출할 수 있는 수준에 도달하지는 않았지만, 여전히 QFT를 사용하기 위해서 수학적인 세부 내용까지 알아야 할 필요는 없다. 여기서는 QFT를 구현하는 회로와 그 회로를 구현하는 데 필요한 배경지식 그리고 키스킷 2.0에서의 구현을 제공한다. 마지막으로 예제 양자 상태에서 QFT가 동작하는 것을 확인할 것이다.

▍ 양자 푸리에 변환 구현

QFT는 아다마르(H) 게이트와 새로 정의하는 제어된 회전 게이트 형식인 R_k 게이트로 구현된다. 또한 큐비트의 순서를 뒤집는 게이트인 REV가 필요할 것이다.

파이썬에서 제어된 회전 게이트 R_k 구현

파울리 게이트를 한 번 생각해보길 바란다. X, Y, Z는 각각 x, y, z축으로 180°로 큐비트를 회전하고 위상 게이트 S는 z축으로 90° 회전한다. QFT에서는 z축을 기준으로 원하는 각도만큼 회전하는 게이트가 필요하다. 이런 게이트를 만드는 방법을 생각해보기 위해서 S 게이트의 정의를 다시 살펴보자.

S 게이트는 z축, 즉 x-y 평면에서 90°($\pi/2$ 호도)로 회전한다.

파이썬에서는 다음과 같다.

```
S=np.matrix([[1,0],[0,np.e**(i_*np.pi/2.)]])
```

이 코드에서 pi/2는 S가 회전할 호도를 결정한다는 것을 안다. 따라서 임의의 호도를 사용하기 위해서 명시된 입력변수만큼 회전하는 함수 simple_rotation을 다음과 같이 정의할 수 있다.

```
def simple_rotation(lambda):
    np.matrix([[1,0],[0,np.e**(i_*lambda)]])
```

이 코드는 z축을 기준으로 lambda(기호는 λ) 각도만큼 회전한다. QFT에서는 n개의 큐비트에 변환을 수행하고, 각 회전은 다른 큐비트에 의해서 제어된다. 제어 큐비트가 | "1"⟩인 경우에만 대상 큐비트에 동작을 수행했던 CNOT 게이트를 생각해보기 바란다. QFT에서는 제어 큐비트에 의해서만 제어되는 회전을 원할 뿐만 아니라 인덱스 k에서 제어 큐비트를 기반으로 회전의 양을 변경하길 원한다. 양을 결정하는 데 사용할 호도로 나타낸 수식은 다음과 같다.

$$\lambda = \frac{2\pi}{2^k}$$

이 수식은 다음과 같이 각도로 나타낼 수도 있다.

$$\lambda = \frac{2\pi}{2^k}\frac{180}{\pi} = \frac{360°}{2^k}$$

이를 위해 k를 입력으로 하는 Rk 회전 게이트를 정의한다.

```
def Rk(k):
    return np.matrix([[1,0][0,np.e**(2*np.pi*1j/2**k)]])
```

이 함수는 k 값에 따라서 변하는 특정 양만큼 회전한다. $k=0$인 경우 회전은 0°(0 호도), $k=1$인 경우 180°(π 호도), $k=2$인 경우 90°($\pi/2$ 호도), $k=3$인 경우 45°($\pi/4$ 호도), $k=4$인 경우 22.5°($\pi/8$ 호도), $k=5$인 경우 11.25°($\pi/16$ 호도)가 된다. $k=0$인 경우에는 I 게이트와 같다. $k=1$인 경우에는 Z 게이트와 같다. $k=2$인 경우에는 S 게이트와 같다. $k=3$인 경우에는 T 게이트와 같다. $k=4$ 이상인 경우 IBM QX에서 배운 프리미티브 게이트는 없기 때문에 이런 게이트를 IBM QX에서 구현하기 위해서는 지금까지 배우지 않는 게이트 형태가 필요할 것이라 생각할 수 있다. 이후에 IBM QX 구현 부분에서는 새로운 게이트인 U_1 게이트를 정의할 것이다.

이제 남은 것은 제어된 게이트인 R_k를 만드는 것이다. 이를 위해서 CNOT 게이트에서 배울 점을 찾을 수 있을 것이다. CNOT 게이트는 다음과 같이 정의됐던 것을 기억할 것이다.

```
CNOT=np.matrix('1 0 0 0; 0 1 0 0; 0 0 0 1; 0 0 1 0')
```

CNOT 게이트의 파이썬에서 세미콜론으로 분리된 처음 두 행의 첫 번째 두 열은 항등 게이트와 동일하다. 즉, 제어 큐비트가 0인 경우 결과는 변경하지 않는다. 두 번째 두 행의 두 번째 두 열은 X 게이트, 즉 NOT 게이트와 같다. 이는 제어 큐비트가 1인 경우 결과를 바꾸는 것이다. 이 경우 제어된 회전 게이트를 정의하기 위해서 첫 번째 두 행은 CNOT 게이트와 같이 그대로 두지만, R_k 게이트를 포함하기 위해서 두 번째 두 행은 변경한다. 따라서 코드는 다음과 같이 작성할 수 있다.

```
def CRk(k):
    return np.matrix([[1,0,0,0],[0,1,0,0],[0,0,1,0],[0,0,0,np.e**(2*np.pi*1j/2**k)]])
```

반전 게이트-REV

이 REV 게이트는 큐비트의 순서를 반대로 바꾼다. 예를 들어 두 개의 큐비트 상태에서 다음과 같이 동작한다.

입력	출력
|"00"⟩	|"00"⟩
|"01"⟩	|"01"⟩
|"10"⟩	|"01"⟩
|"11"⟩	|"11"⟩

이 게이트의 표시는 큐비트가 반전되는 회로의 모든 선에 X 표시를 한다. 세 개의 큐비트의 회로에 동작하는 세 개의 큐비트 반전 게이트는 다음과 같다.

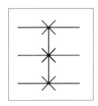

QFT 회로

첫 번째 큐비트에 대해 QFT는 다음과 같이 동작할 것이다.

1. 첫 번째 큐비트에 아다마르 게이트를 적용한다.

2. 다음 (두 번째) 큐비트를 목표로 $k = 2$를 가진 첫 번째 큐비트에 제어된 회전 게이트 R_k를 적용한다.

3. 계속해서 첫 번째 큐비트에 제어된 회전 게이트 R_k를 적용하고, 매번 k 변수를 1씩 증가하고, 제어 큐비트가 없어질 때까지 다음 큐비트로 제어 큐비트를 이동한다.

   ○ 세 번째 큐비트에 의해 제어되는 $k = 3$을 가진 첫 번째 큐비트에 제어 회전 게이트 R_k를 적용한다.

   ○ 네 번째 큐비트에 의해 제어되는 $k = 3$을 가진 첫 번째 큐비트에 제어 회전 게이트 R_k를 적용한다.

전체 QFT 회로는 큐비트가 없어질 때까지 각 연이은 큐비트에 대해서 위의 과정을 반복할 것이다. 일반적인 회로 다이어그램은 다음과 같다.

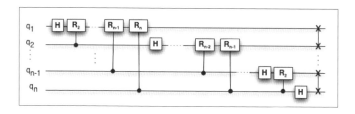

구체적으로 다음 그림은 5개의 큐비트를 가진 구현을 나타낸다.

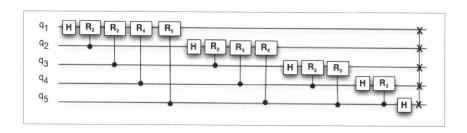

█ IBM QX에서 QFT 회로 구현

1-큐비트, 2-큐비트, 3-큐비트에 대해서 IBM QX의 QFT 구현을 할 것이다. R_k 게이트와 REV 게이트는 IBM QX에 없기 때문에 이 게이트들을 구현하거나 다른 방법을 찾아야 한다.

IBM QX에서 REV 게이트 구현

개념적으로 반전을 실행하기 위해서 IBM QX 프리미티브 게이트에서 양자 게이트를 만들 수 있지만 이보다 더 간단한 방법이 있다. 전통적인 방식의 비트가 측정된 이후에 비트를 교환할 수 있다. 따라서 비트 001을 측정한다면 단순히 그것을 100으로 읽으면 된다. 파이썬의 reverse 함수와 같이 전통적인 반전은 잘 동작할 것이며 양자 회로에 추가적인 어떤 것도 더할 필요는 없다. 회로에서 각 추가적인 게이트는 잡음과 추가적인 계산 시간을 더할 수 있고 따라서 게이트의 수를 최소화하는 것이 제일 좋은 방법일 것이다.

IBM QX에서 Rk 게이트 구현

지금까지 살펴본 표준 게이트 중에서 z축을 기준으로 회전하는 게이트는 Z, S, S†, T, T† 이며, 각각 π, $\pi/2$, $-\pi/2$, $\pi/4$, $-\pi/4$ or 180°, 90°, −90°, 45°, −45°만큼 회전한다. IBM QX에서 파이썬으로 R$_k$를 구현하기 위해서는 π, $\pi/2$, $-\pi/2$, $\pi/4$, $-\pi/4$와 같이 정해진 각도가 아닌 원하는 각도만큼 z축 혹은 x-y 평면을 기준으로 회전하는 방법이 필요하다. 이를 위해서 IBM QX 고급 게이트 중의 하나를 사용할 것이다. 이런 게이트를 확인하기 위해서 양자 컴포저에서 **Advanced**를 클릭한다.

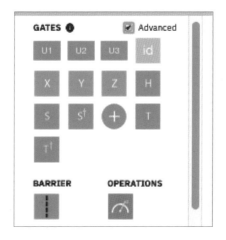

U$_1$ 게이트의 설명을 읽어보기 바란다.

OpenQASM에서 이 게이트는 0, 0, lambda를 입력변수로 갖는 U 게이트를 사용해 만들어질 수 있다. 여기서 lambda는 회전할 호도의 값과 같다. 각도에서 호도로 변환은 $\pi/180$을 곱하면 된다.

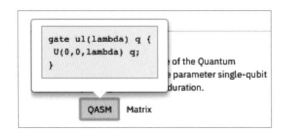

양자 컴포저에서 U_1 게이트를 스코어로 드래그해 U_1 게이트를 사용할 수 있고, 사용자 인터페이스는 z축이나 x-y 평면을 기준으로 회전해야 하는 호도의 수를 선택하는 대화 상자를 보게 될 것이다.

결국에는 U_1 게이트뿐만 아니라 제어된 R_k의 역할을 수행할 제어된 U_1 게이트인 CU_1도 필요할 것이다. 이는 IBM QX UI에 직접 가용하지는 않지만, 약간의 수학적인 개념으로 U_1과 CNOT 게이트로 CU_1 게이트와 동일한 것을 만들 수 있다. 구체적으로 $CU_1(\lambda,$ control, target)은 다음과 동일하다.

```
u1(lambda/2) control;
cx control,target;
u1(-lambda/2) target;
cx control,target;
u1(lambda/2) target;
```

262

여기서 lambda는 호도다. 다행히 CU_1 게이트는 키스킷에서 직접 사용할 수 있다. 단순히 cu1(lambda,control,target)으로 호출될 수 있다. 주어진 k에 대해서 사용할 lambda의 값을 찾기 위해서는 k를 $\lambda = 2\pi/2k$ 식에 대입하면 된다.

IBM QX에서 1-큐비트 QFT

1-큐비트의 QFT 구현을 해보자. 1-큐비트에 대한 QFT의 일반적인 회로 다이어그램은 다음과 같다.

1-큐비트 구현은 되뒬릴 필요는 없고, 따라서 다이어그램은 다음과 같다.

키스킷의 코드는 다음과 같다.

```
from qiskit import QuantumRegister, ClassicalRegister, QuantumCircuit
qr = QuantumRegister(1)
cr = ClassicalRegister(1)
circuit = QuantumCircuit(qr, cr)
circuit.h(qr[0])
```

이제 양자 시뮬레이터에서 이 QFT의 예제를 살펴보자.

IBM QX에서 2-큐비트 QFT

2-큐비트에 대한 QFT 구현을 살펴보자. 2-큐비트에 대한 QFT의 일반적인 회로 다이어

그램은 다음과 같다.

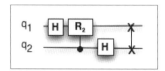

IBM QX에서 REV 게이트를 신경 쓰지 않을 것이다. 대신 측정이 끝나면 전통적인 방식으로 10을 01, 01을 10으로 변경할 것이다. 이때 00과 11은 그대로 유지된다. 따라서 R_2 게이트를 구현하는 것이 필요하다. 여기서 $\lambda = 2\pi/2^2 = 2\pi/4 = \pi/2$이고, 따라서 제어 큐비트가 두 번째 큐비트, 대상 큐비트가 첫 번째 큐비트, 각도 $\pi/2$는 인 $CU_1(\pi/2)$ 게이트를 사용할 것이다.

키스킷에서 코드는 다음과 같다.

```
import math
from qiskit import QuantumRegister, ClassicalRegister, QuantumCircuit
qr = QuantumRegister(2)
cr = ClassicalRegister(2)
circuit = QuantumCircuit(qr, cr)
circuit.h(qr[0])
circuit.cu1(math.pi/2.,qr[1],qr[0])
```

IBM QX에서 3-큐비트 QFT

3-큐비트의 QFT 구현을 살펴보자. 3-큐비트에 대한 QFT의 일반적인 회로 다이어그램은 다음과 같다.

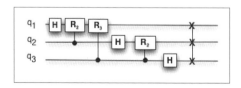

앞에서 R_2의 구현을 살펴봤다. 여기서는 IBM QX에서 R_3 구현이 필요할 것이다. 여기서 $\lambda = 2\pi/2^3 = 2\pi/8 = \pi/4$이며, 따라서 제어 큐비트가 세 번째 큐비트, 대상 큐비트가 첫 번째 큐비트, 각도 $\pi/4$인 $CU_1(\pi/4, 1, 0)$ 게이트를 사용할 것이다.

코드는 다음과 같다.

```
import math
from qiskit import QuantumRegister, ClassicalRegister, QuantumCircuit
qr = QuantumRegister(3)
cr = ClassicalRegister(3)
circuit = QuantumCircuit(qr, cr)
circuit.h(qr[0])
circuit.cu1(math.pi/2.,qr[1],qr[0])
circuit.cu1(math.pi/4.,qr[2],qr[0])
circuit.h(qr[1])
circuit.cu1(math.pi/2.,qr[2],qr[1])
circuit.h(qr[2])
```

일반화

11장의 연습 문제에서 임의의 큐비트의 수에 대해 QFT를 계산하는 키스킷 코드를 일반화하고, IBM QX 컴포저에서 QFT를 구현할 기회를 가질 것이다.

▌ 요약

11장에서는 수학적으로 주기성을 가진 유계 함수를 여러 가지 주파수, 크기, 위상을 가진 사인 파동의 합으로 나타내는 알고리즘인 푸리에 변환을 살펴봤다. 반전 푸리에 변환은 사인 파동의 합으로 나타낸 신호를 원래의 함수로 되돌리는 역할을 한다.

푸리에 변환은 양자 푸리에 변환이라고 하는 양자 버전이 있다. 이는 양자 상태의 크기의 푸리에 변환이 된다. 양자 상태의 크기를 직접 측정할 수는 없기 때문에 QFT는 보통 독립적으로 사용되지는 않지만, 여러 중요한 양자 알고리즘의 유용한 하부 컴포넌트로 사용된다. 12장에서는 쇼어 알고리즘에서 하위 컴포넌트로 사용되는 QFT의 실질적인 사용을 확인할 것이다.

▎연습 문제

1. 다른 주파수를 가진 두 개의 다른 파동과 둘을 합쳤을 때 갖는 파동을 그려보세요.

2. H, REV, R_k 게이트를 사용해 4-큐비트 QFT의 회로 다이어그램을 작성해보세요.

3. H, REV, R_k 게이트를 사용해 5-큐비트 QFT의 회로 다이어그램을 작성해보세요.

4. IBM QX 컴포저에서 QFT에 대해 하나의 큐비트 구현을 만들어보세요.

5. IBM QX 컴포저에서 QFT에 대해 두 개의 큐비트 구현을 만들어보세요.

6. 고급 문제: IBM QX 컴포저에서 QFT에 대해 세 개의 큐비트 구현을 만들어보세요.

7. 키스킷에 있는 h와 cu1 게이트를 사용해 양자 회로, 양자 레지스터, 회로의 양자 레지스터에서 n 큐비트에 QFT를 실행하는 숫자 n을 입력으로 하는 파이썬으로 된 QFT 함수를 작성하세요.

12

쇼어 알고리즘

12장은 숫자의 소인수분해를 찾는 데 사용하는 양자 알고리즘인 쇼어^{Shor}의 알고리즘을 학습한다. 우선 인수분해의 정의를 알아보고, 전통적인 구현과 쇼어 알고리즘으로 구현된 양자 구현을 비교한다. 충분한 계산 능력을 가진 양자 컴퓨터에서 실행하는 쇼어 알고리즘이 획기적인 결과를 갖는 실질적인 예제를 자세히 살펴볼 것이다. 마지막으로 키스킷에서 쇼어 알고리즘 구현을 제공한다. 예제는 키스킷 시뮬레이션에서 구동될 수 있다.

12장은 다음 주제를 다룬다.

- 쇼어 알고리즘 개요
- 쇼어 알고리즘 예제
- 쇼어 알고리즘 파이썬 구현

▌ 쇼어 알고리즘

다음 인용에서 보듯 쇼어 알고리즘은 양자 컴퓨팅에서 가장 중요한 알고리즘 가운데 하나다.

> "쇼어 알고리즘은 동시대의 이론 물리학에서 가장 흥미로운 결과인 클라우스 헤프(Klaus Hepp)라고 부른다. 많지 않은 양자 알고리즘이 존재하고, 쇼어 알고리즘은 암호화 기법의 매우 중요한 문제를 해결한다. 암호화 기법과 양자물리학 사이에 양자 암호라는 이중적인 면이 있다는 것은 다소 역설적이기도 하다."
>
> – 스테판 울프(Stefan Wolf), USI 교수

쇼어 알고리즘은 하나의 정수를 두 개의 다른 정수로 분해하고, 다시 곱했을 때 원래의 정수를 돌려준다. 쇼어 알고리즘의 실질적인 사용은 두 소수의 곱인 큰 정수를 그들의 곱인 두 개의 소수^{prime}로 분해하는 것이다. 예를 들어 1,624,637,792,837을 15,485,867과 104,911로 분해하고, 이는 15485867*104911 = 1624637792837과 같다. RSA$^{Rivest-Shamir-Adleman}$ 암호 시스템과 같은 많은 현대 암호화 기법 시스템은 큰 숫자를 분해하는 것이 계산적으로 어렵다는 사실에 의존한다. 따라서 쇼어 알고리즘은 이렇게 암호화된 값을 가능하게 복호화하는 것이 가능하게 한다. 이는 현대의 디지털 문명을 실행하는 방법에 큰 영향을 미친다.

큰 정수를 효과적으로 인수분해하는 것은 현대 암호화 기법에 영향을 미침

보안 정보를 이용하려는 사람들로부터 안전하게 유지되는 많은 현대의 암호화 기법과 온라인 뱅킹과 같이, 현재 디지털 데이터를 보관하는 방법은 한 방향의 작은문 함수^{trapdoor} $^{one-way\ function}$라고 부른다. 암호화 기법^{cryptography}은 데이터를 암호화^{encrypt}와 복호화^{decrypt}하는 과정이다. 여기서 암호화를 함수, 복호화를 그 함수를 반전하는 함수라고 생각할 수 있다.

한 방향의 함수는 모든 입력에 대해서 계산이 빠르지만, 원래 값으로 되돌리기 위해서는 계산적으로 엄청 힘든 것이다. 즉, 함수의 결과를 가지고 그 결과를 만든 입력을 찾는 것은 계산적으로 어려움을 의미한다. 따라서 한 방향의 함수는 데이터를 암호화하는데 매우 유용하다. 하지만 암호화된 데이터를 복호화하기 위해서 함수를 반전할 수 있는 방법이 필요하다.

한 방향의 작은문 함수는 그런 암호 시스템의 핵심이다. 한 방향의 작은문 함수는 반전하는 방법에 관한 힌트를 허용한다. 이 힌트를 가지고 한 방향의 함수는 더 이상 한 방향이 아니다. 실제로는 반전하기 쉽다. 반대로 힌트가 없다면 함수는 한 방향이고, 이때 한 방향으로는 계산하기 쉽지만 그 반대는 어렵다. 이는 힌트 데이터를 가지고 있는 것은 암호화될 수 있고 그런 힌트(암호 시스템에서 비밀키에 해당)를 가지고 있는 자만이 데이터를 복호화할 수 있다는 것을 의미한다.

한 가지 매우 유명한 암호 기법 시스템인 RSA 알고리즘은 준소수semiprime라 부르는 수를 만들기 위해서 두 개의 소수의 곱을 포함하는 한 방향 작은문 함수에 의존한다. 준소수는 가장 어려운 인수분해의 경우에 해당하기 때문에 한 방향 함수의 훌륭한 후보가 된다.

두 개의 소수를 곱하는 계산은 쉽다. 예를 들어 소수 533,000,401과 86,028,157의 곱은 파이썬에서 빠르게 계산하면 45,853,042,178,290,957이 되지만, 어떤 두 개의 소수를 곱해 45,853,042,178,290,957이 되는지 알아내는 것은 쉽지 않다. 따라서 이는 한 방향 함수다. 하지만 주어진 힌트로 두 소수 중의 하나가 533,000,401이라는 것을 안다면 계산은 쉬워진다. 단순히 45,853,042,178,290,957을 533,000,401로 나누면 다른 소수를 갖는다. 따라서 이는 한 방향 작은문 함수다. RSA는 큰 소수를 사용하고, 전통적인 컴퓨터에서 힌트가 없이 소수를 찾는 것은 1000조 년이 걸릴 것이다. 1000조 년은 은하계의 나이를 능가하는 숫자다. 준소수를 두 개의 소수의 합으로 분해하는 가장 잘 알려진 전통적인 알고리즘은 $O(\exp(d^{1/3}))$ 시간의 복잡성을 가지며, 여기서 d는 인수분해할 숫자가 가진 수의 자릿수다. 예를 들어 45,853,042,178,290,957의 $d = 17$이다. 이 책을 쓰는 시점에 가장 큰 d는 200 정도 된다.

소인수분해는 하나의 정수를 이루는 두 개의 소수를 찾는다. 큰 정수를 소인수분해하는 모든 알고리즘은 두 소수의 곱을 계산하는 한 방향 특성을 엄청나게 어렵게 한다. RSA 암호 시스템은 한 방향 특성에 의존하고, 따라서 그것의 암호 기법은 이 과정에서 소용없게 되는 것이다. 이는 실제 세상에 중대한 결과를 초래할 것이다. 즉, RSA 암호 시스템은 인터넷의 많은 안전한 금융 거래에 사용되고, 이런 거래가 더 이상 안전하지 않게 되는 것이다. 양자 컴퓨터에서 실행하는 쇼어 알고리즘은 지수 시간$^{exponential\ time}$이 아닌 다항 시간$^{polynomial\ time}$에 계산된다. 구체적으로 가장 잘 알려진 전통적인 알고리즘은 $O(\exp(d^{1/3}))$의 시간 복잡도를 갖는 반면, 쇼어 알고리즘은 $O(d^3)$ 복잡도로 구동한다.

쇼어 알고리즘에 취약하지 않은 새로운 암호 시스템은 디자인되거나 사용될 수 없지만, 연구에 대한 돌풍을 막지는 못한다. 일부는 양자 알고리즘이 사이버상의 공격이나 방어에 대비해 국가적인 이익을 위한 목적으로 암호화된 데이터에 특별한 접근을 할 수 있다는 희망을 가지고 있다. 쇼어 알고리즘의 존재는 양자 컴퓨팅이 실제 세상의 전통적인 기술에 영향을 줄 수 있기 때문에 더 많은 양자 알고리즘이 디자인될 수 있다는 희망을 가져오는 결과를 낳았다.

▌쇼어 알고리즘 개요

쇼어 알고리즘을 정확하게 이해하기 위해서는 정수에 관한 약간의 수학을 이해하는 것이 필요하다. 쇼어 알고리즘은 인수를 분해하는 것에 대한 것이므로 매우 합리적인 접근이 될 것이다. 몇 가지 중요한 개념은 제수^{divisor}, 서로소^{coprime}, 최대공약수$^{GCD,\ greatest\ common\ divisor}$이다.

- **제수**: 숫자의 제수는 숫자를 균등하게 나눠서 정수를 만드는 것이다. 그 예로 6의 제수는 1, 2, 3, 6이며, 이는 6/1, 6/2, 6/3, 6/6이 모두 정수이기 때문이다. 하지만 4는 6/4가 정수가 아니기 때문에 제수가 아니다. 동일하게 5도 6/5가 정수가 아니기 때문에 제수가 아니다.

- **서로소**: 두 개의 숫자가 서로소라면, 1을 제외한 동일한 다른 제수를 가지지 않는다. 예를 들어 3과 6은 3이란 제수를 공통으로 가지기 때문에 서로소가 아니다. 대신 25와 12는 서로소다. 25의 제수는 1과 5이며, 12의 제수는 1, 2, 3, 4, 6이다. 유일한 공통의 제수는 1이기 때문에 서로소다.

- **최대공약수**: 두 수 사이의 최대공약수는 공통으로 가진 가장 큰 제수다. 두 수 사이의 가장 큰 최대공약수가 1인 경우, 두 수는 1을 제외한 다른 제수를 가지지 않기 때문에 서로소다. 예를 들어 6과 21의 제수는 각각 1, 2, 3, 6과 1, 3, 7이므로 최대공약수는 3이다.

주어진 정수 N에 대해서 1과 N 사이에서 N을 P로 나눈 값도 소수가 되는 다른 소수 P를 찾길 원한다. 값을 N/P 또는 Q라고 하면, $N=P*Q$가 됨을 안다. 수학적인 용어로 N의 제수인 M이 N이나 M을 나눈다. 11장에서 사인 파동, 위상, 양자 푸리에 변환을 배웠다. 양자 컴퓨터가 N의 소인수분해를 계산하는 것이 유용하게 여겨지는 방법을 직관적으로 생각해보자. 주기가 P와 Q인 두 개의 사인 파동이 있고, 어느 시점인 길이 N에서 P와 Q의 위상은 0이 돼야 한다. $N=35$, $P=5$, $Q=7$인 경우를 상상해보고, 다음 그림을 살펴보자.

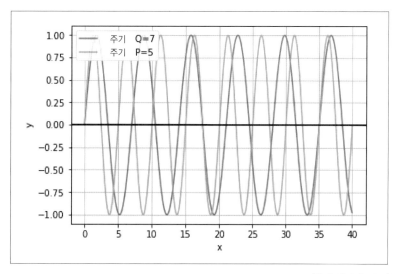

(컬러 이미지 p.352)

여기서 0과 35 이전까지 두 개의 파동이 0을 지나는 점은 없다는 것을 알 수 있다. 즉, 이 두 개의 파동은 0이 아닌 위상을 가진다. 35에서 파동은 정확히 겹치고, 여기서는 0의 위상을 가진다. 35 이후에 35 + 35 = 70 전까지 어떠한 점에서도 겹치지 않을 것이다.

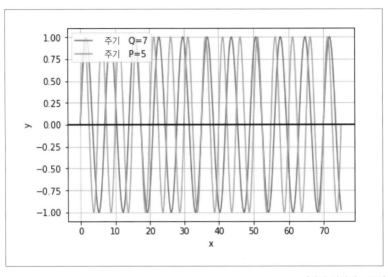

(컬러 이미지 p.353)

이것이 인수분해가 두 개의 사인 파동의 주기를 찾는 것과 관련이 있는 이유다. $N = 35$ 일 때, 인수분해 문제를 x축에서 35의 배수에서 0의 위상 차이를 가지는 두 개의 파동을 찾는 것으로 해석할 수 있고, 여기서 두 파동의 주기는 N의 인수가 되는 것이다.

쇼어 알고리즘의 기본적인 개념은 숫자의 인수분해를 찾는 문제를 주기를 찾는 문제로 다시 작성하고, 주기를 찾는 과정을 제외한 모든 것을 하고, 최종적으로 주기를 찾는 부분은 양자 컴퓨터로 이양하는 것이다. 이런 과정이 어떻게 동작하는지 수학적으로 모두 이해하는 것은 이 책의 범위를 벗어나지만, 관심이 있다면 케임브리지대학교의 마이클 닐슨[Michael Nielsen]과 이삭 청[Isaac L. Chuang]이 쓴 『Quantum Computation and Quantum Information(양자 계산과 양자 정보)』(Cambridge University Press, 2000)를 참고하기 바란다.

쇼어 알고리즘 설명

여기서는 쇼어 알고리즘 과정을 따라 할 것이다. 들여쓰기 한 부분은 모두 한 번 더 들여쓰기 한 부분의 결과에 의존한다. 0보다 큰 모든 정수에 대해서 구현은 값을 반환할 것이다. 이 구현은 다음과 같다.

1. 인수분해하길 원하는 정수 N보다 작은 임의의 정수 값을 선택한다.

2. 임의의 수와 N 사이의 최대공약수를 계산한다.

3. 임의의 수와 N 사이의 최대공약수가 하나가 아니라면 좋은 것이다. 이는 N의 인수를 찾은 것이며, 방금 계산한 최대공약수가 된다. 두 번째 인수는 인수분해를 원하는 정수를 최대공약수로 나눈 것이다. 알고리즘은 반환한다.

4. 그렇지 않고 최대공약수가 하나인 경우, 함수를 고려한다. 함수는 임의의 숫자에 x 지수와 N 나머지 연산을 하고, (함수가 반복되는) 주기를 계산한다.

5. 찾은 주기가 홀수인 경우에는 운이 없는 것이며, 다른 임의의 숫자를 찾아야 한다. 1번 과정으로 돌아가서 새로운 임의의 숫자로 다시 시작한다.

6. 찾은 주기에 임의의 수를 2로 나누고, 나머지 연산 N을 지수로 계산한 값이 -1의 나머지 연산 N을 한 값과 동일하다면, 여기서 종료한다. 그리고 다시 알고리즘의 처음으로 돌아가서 새로운 임의의 숫자로 시작한다.

7. 드디어 가능한 해결 방법에 도달했다. N의 두 인수를 찾았다.

    ◦ 찾은 첫 번째 인수는 다음 사이의 최대공약수를 계산함으로써 얻을 수 있다.

    ◦ 주기의 거듭제곱 N을 2로 나누고, 1을 더한 값과 N

    ◦ 두 번째 인수는 다음 사이에 최대공약수를 취해 찾을 수 있다.

    ◦ 주기의 거듭제곱 N을 2로 나누고, 1을 뺀 값과 N

    ◦ 이 두 인수가 단순히 N과 1인 경우 이는 해법이 아니며, 따라서 계산이 끝난 것이 아니다. 다시 1번 과정으로 돌아가 새로운 임의의 수를 선택한다. 그렇지 않으면 끝난 것이며, 알고리즘은 찾은 두 개의 인수를 반환한다.

쇼어 알고리즘은 대부분 전통적인 컴퓨터에서 실행한다. 4번째 과정에서 함수가 반복될 때 주기를 찾는 것만이 쇼어 알고리즘의 양자에 해당하는 부분이다. 이런 과정을 모두 전통적인 컴퓨터에서 실행해 전통적인 방식으로 쇼어 알고리즘을 구현할 수도 있다. 4번 과정에서 함수 주기를 양자 컴퓨터에서 찾았다면, 쇼어 알고리즘의 계산 복잡도는 $O((\log N)^2(\log \log N)(\log \log \log N))$이며, 이는 알고리즘의 일부가 전통적인 방식으로 실행된 것과 비교해 (지수적으로) 더욱 효과적인 것이다.

왜 쇼어 알고리즘은 어쨌든 동작하는가? 각 알고리즘은 양의 정수 사이의 관계에 집중한 수학 분야인 정수론에 기반해 수학적으로 증명될 수 있다. 이 책은 정수론에 관한 책이 아니기 때문에 쇼어 알고리즘 동작의 수학적인 증명에 대해서는 다루지 않겠지만, 인터넷에는 이와 관련된 많다. 적어도 수학적인 소개에 관해서는 스캇 아론슨^{Scott Aaronson} 교수의 글 (https://www.scottaaronson.com/blog/?p=208)을 추천한다.

이 책은 양자 컴퓨팅 책이므로 알고리즘의 양자 부분을 집중해서 다룰 것이다. 앞서 본 쇼어 알고리즘의 4단계에 해당하고, 이를 자세히 다룬다. 우선 완전히 전통적으로 구현된 전체 쇼어 알고리즘을 살펴봄으로써 여러 가지 상황에 대한 느낌을 얻을 수 있을 것이다. 그리고 4단계에서 알고리즘의 양자 컴퓨터의 계산의 힘을 이용하도록 구현을 수정한다.

기호/수학으로 쇼어 알고리즘 설명

전통적인 컴퓨터에서 쇼어 알고리즘을 구현하고자 기호를 사용해 이전에 작성된 알고리즘을 다시 해석할 것이다. 인수분해하길 원하는 정수 N에 대해서 기호로 나타낸 쇼어 알고리즘은 다음과 같다.

1. 임의의 정수 a를 선택하고, 여기서 $a < N$가 된다.
2. $g = gcd(a, N)$을 계산한다.
    3. $g \neq 1$인 경우, g는 N의 인수이며, 알고리즘은 종료한다. N의 두 인자는 g와 N/g가 된다.

4. 그렇지 않으면 $f(x) = a^x(\mathrm{mod}\ N)$의 주기를 찾는다. 즉, $f(x)$가 반복된 이후 정수 r을 찾는다. 이는 $f(x) = f(x+r)$ 또는 $a^x(\mathrm{mod}\ N) = a(x+r)\ (\mathrm{mod}\ N)$을 의미한다.

5. r이 홀수이면, 처음으로 돌아간다.

6. $a^{r/2}(\mathrm{mod}\ N) = -1(\mathrm{mod}\ N)$이면 처음으로 돌아간다.

7. 운이 좋다. N의 두 인수는 $\gcd(a^{r/2}+1,\ N)$과 $\gcd(a^{r/2}-1,\ N)$이다. 이 인수가 단순히 1과 N인 경우, 처음으로 다시 돌아간다. 더욱 흥미로운 인수를 찾길 원하기 때문이다.

쇼어 알고리즘의 흥미로운 부분은 4단계만 양자 컴퓨터에서 실행된다는 사실이다. 보여주기 위한 목적으로 모든 과정을 전통적인 방식으로 할 것이다. 그리고 알고리즘의 4단계를 양자 컴퓨터로 옮길 것이다.

쇼어 알고리즘 예제

쇼어 알고리즘에서 임의의 정수를 선택하는 부분은 임의성을 가지기 때문에 각 예제는 임의의 정수에 따라서 더 짧거나 더 길게 실행할 수 있다. 하지만 쇼어 알고리즘을 생각해볼 때 여러 가지 예제를 단계적으로 살펴보는 것이 유용할 것이다.

N이 소수 N = 7인 예제

예제를 자세히 살펴보자. $N = 7$인 경우를 상상해보자. 이때 인수는 7과 1이다. 이 예제에서 알고리즘이 동작하는 것을 확인해보자.

1. 임의의 정수 a를 선택하고, $a < 7$이다. 이 예제의 코드는 $a = 4$를 선택했다.

2. $g = \gcd(a, N) = \gcd(4, 7) = 1$을 계산한다.

3. $g = 1$이기 때문에 계속 진행해야 한다.

4. $f(x) = a^x (\text{mod } N) = 4^x (\text{mod } 7)$ 주기를 찾는다. 이 주기는 $r = 3$이다.

5. $r = 3$이 홀수이기 때문에 처음으로 다시 돌아간다.

처음으로 다시 돌아가면, 다음과 같이 동작해야 한다.

1. 임의의 정수 a를 선택하고, $a < 7$이다. 이 예제에서 $a = 0$을 선택했다.

2. $g = \gcd(a, N) = \gcd(0, 7) = 7$을 계산한다.

3. $g = 7$은 1과 같지 않기 때문에 여기서 끝이다. 7의 두 인수는 $g = 7$과 $7/7 = 1$(7과 1)이다.

N이 두 소수의 곱이고, N은 작고, N = 15인 예제

$N = 15$라고 하자. 이 예제는 다음과 같이 동작한다.

1. 임의의 정수 a를 선택하고, $a < 15$이다. 이 예제의 코드는 $a = 6$을 선택했다.

2. $g = \gcd(a, N) = \gcd(6, 15) = 3$을 계산한다.

3. $g = 3$은 1과 같지 않기 때문에 이미 사소하지 않은 인수를 찾았다. 두 인수는 $g = 3$과 $N/g = 15/3 = 5$이다.

N이 두 소수의 곱이고, N은 크고, N = 2257인 예제

$N = 2257$이라고 하자. 이 예제는 다음과 같이 동작한다.

1. 임의의 정수 a를 선택하고, $a < 2257$이다. 이 예제의 코드는 $a = 1344$를 선택했다.

2. $g = \gcd(a, N) = \gcd(1344, 2257) = 1$을 계산한다.

3. $g = 1$이기 때문에 계속 진행해야 한다.

4. $f(x) = a^x (\text{mod } N) = 1344^x (\text{mod } 2257)$ 주기를 찾는다. 이 주기는 $r = 180$이다.

5. r은 짝수이기 때문에 계속 진행한다.

6. $a^{r/2} = 1344^{180/2} (\text{mod } 2257) = 1768$이고, $1768 \neq -1 (\text{mod } 2257) = 2256$이다. 계속 진행한다.

7. 2257의 두 인수를 찾았다. $\gcd(a^{r/2}+1, \ N) = \gcd(1344^{180/2}+12257) = 61$과 $\gcd(a^{r/2}+1, \ N) = \gcd(1344^{180/2}-12257) = 37$이다.

결과를 확인해보자. $61 * 37 = 2257$이다. 정확하다!

N이 소수와 소수가 아닌 수의 곱이고, N = 837인 예제

$N = 837$이라고 하자. 이 예제는 다음과 같이 동작한다.

1. 임의의 정수 a를 선택하고, $a < 837$이다. 이 예제의 코드는 802를 선택했다.

2. $g = \gcd(a, \ N) = \gcd(802, 837) = 1$을 계산한다.

3. $g = 1$이기 때문에 계속 진행해야 한다.

4. $f(x) = a^x (\text{mod } N) = 802^x (\text{mod } 837)$ 주기를 찾는다. 이 주기는 $r = 30$이다.

5. $r = 30$은 짝수이기 때문에 계속 진행한다.

6. $a^{r/2} = 802^{30/2} (\text{mod } 837) = 433$이고, $433 \neq -1 (\text{mod } 837) = 836$이다. 계속 진행한다.

7. 837의 두 인수를 찾았다. $\gcd(a^{r/2}+1, \ N) = \gcd(802^{30/2}+1837) = 31$과 $\gcd(a^{r/2}+1, \ N) = \gcd(802^{30/2}-1837) = 237$이다.

결과를 확인해보자. $31 * 27 = 837$이다. 정확하다! 한 개의 수가 소수가 아니기 때문에 837을 인수분해하는 여러 개의 다른 숫자 쌍이 있다. 알고리즘은 항상 유효한 쌍을 반환하지만 어떤 쌍인지는 선택된 임의의 숫자에 따라 다르다. 따라서 알고리즘은 일반적으로 다른 결과를 보여줄 것이다.

▌쇼어 알고리즘 파이썬 구현

이제 쇼어 알고리즘을 파이썬에서 구현해보자. 파이썬에서 %는 나머지 연산자이고, 정수가 짝수인지 확인하기 위해서 2의 나머지 연산이 0이 됨을 확인한다. 다음 코드는 파이썬에서 쇼어 알고리즘을 나타낸다.

```python
import math
import random
def shors_algorithm_classical(N):
    assert(N>0)
    assert(int(N)==N)
    while True:
        a=random.randint(0,N-1)
        g=math.gcd(a,N)
        if g!=1 or N==1:
            first_factor=g
            second_factor=int(N/g)
            return first_factor,second_factor
        else:
            r=period_finding_classical(a,N)
            if r % 2 != 0:
                continue
            elif a**(int(r/2)) % N == -1 % N:
                continue
            else:
                first_factor=math.gcd(a**int(r/2)+1,N)
                second_factor=math.gcd(a**int(r/2)-1,N)
                if first_factor==N or second_factor==N:
                    continue
                return first_factor,second_factor
```

쇼어 알고리즘 – 전통적인 구현

이제 전통적인 구현의 하위 루틴을 살펴보자. $f(x) = a^x \pmod{N}$의 주기를 찾기 위해서 함수 자체가 반복되는 가장 가까운 위치를 x축에서 찾아야 한다. $f(0) = a^0 \pmod{N} = 1$

이 성립됨을 이용해 함수가 다시 1이 되는 곳의 가장 작은 x를 찾아보자. 코드는 다음과 같다.

```python
import itertools
def period_finding_classical(a,N):
    for r in itertools.count(start=1):
        if a**r % N == 1:
            return r
```

이 알고리즘은 a가 0보다 크다고 가정한다. 이 코드는 임의의 수 a와 인수분해를 원하는 숫자 N 사이의 최대공약수가 1이 아니고, N이 1이 아닌 경우에만 실행된다. a가 0이면, $\gcd(a, N)$은 항상 N이 되고, 따라서 주기를 찾는 알고리즘은 절대 실행되지 않는다.

$N = 7$, 15, 2257, 837 예제에 대해서 전통적인 방식으로 알고리즘을 여러 번 실행해보자.

```python
print(shors_algorithm_classical(7))
print(shors_algorithm_classical(15))
print(shors_algorithm_classical(2257))
print(shors_algorithm_classical(837))
```

한 번의 실행은 다음과 같은 결과를 반환한다.

```
(7, 1)
(3, 5)
(37, 61)
(3, 279)
```

다시 실행하면 837이 소수의 곱이 아니기 때문에 알고리즘이 반환하는 두 인수는 다를 수 있음을 확인한다. 예를 들어 두 번째 실행은 다음과 같은 결과를 출력할 것이다.

```
(7, 1)
(5, 3)
```

```
(37, 61)
(9, 93)
```

쇼어 알고리즘 - 양자 구현

여기서 목표는 인수분해를 원하는 N과 임의의 수 a를 가지고 알고리즘의 단계 4를 구현하는 것이다. 다음 문제를 해결한다.

$f(x) = a^x (\text{mod } N)$의 주기를 찾는다. 즉, $f(x)$ 자체가 반복된 이후의 정수 r을 찾고, 이는 $f(x) = f(x+r)$ or $a^x (\text{mod } N) = a(x+r) (\text{mod } N)$을 의미한다.

전통적인 알고리즘은 $x = 1$에서 시작했고, $a^x (\text{mod } N)$가 다시 1이 될 때까지 계속 실행했다는 것을 기억하기 바란다. 이 위치에서는 $x = r$이다. 따라서 해결 방법을 찾기 위해서 r번의 숫자만큼 실행한 것이다. 양자 병행성$^{\text{quantum parallelism}}$을 가지고 함수 $f(x) = a^x (\text{mod } N)$을 양자 컴퓨터에서 구현하면, 양자 푸리에 변환을 사용해 한 번에 r을 찾을 수 있다. 이를 위한 과정은 「Realization of a scalable Shor algorithm(확장 가능한 쇼어 알고리즘의 자각)」에서 자세히 다룬다. 논문은 https://arxiv.org/pdf/1507.08852.pdf에서 찾을 수 있다. 양자 컴퓨터에서 구현 전략에 대한 설명은 다음과 같다.

1. 가능한 모든 정수의 중첩인 양자 레지스터를 만들어서 카운트하는 변수 x를 만든다. k 큐비트의 양자 레지스터에 대해서 0에서 $2^k - 1$이 모든 가능한 숫자의 중첩을 나타낼 수 있다는 것을 의미한다. 각 k 큐비트는 0이나 1의 값을 가지도록 측정될 수 있고, 따라서 길이가 k인 2진 값을 가지고 있는 것과 마찬가지다. 다시 말해서 0에서 $2^k - 1$까지의 정수를 나타낼 수 있다.

2. 계산의 양자 레지스터를 사용해 $x < 2^k$에 대해서 $a^x (\text{mod } N)$의 모든 가능한 값을 계산하기 위해 x에 동작한다.

이것을 양자 컴퓨터에서 실행하는 방법을 이어서 설명한다.

1. 아다마르 게이트를 사용해 카운트하는 양자 레지스터 x를 만든다. "0"으로 초기화된 각 k 큐비트에 동작할 때 아다마르 게이트 (H)는 "0"과 "1" 사이에 중첩을 만든다.

2. $f(x) = a^x(\text{mod } N)$을 계산하는 양자 회로를 디자인한다. 이 문제를 전통적인 논리 게이트에 투영하고, 직접 각 게이트를 양자 게이트로 해석해 만든다. 예를 들어 전통적인 AND를 양자 AND로, 전통적인 OR는 양자 OR로, 전통적인 NOT은 양자 NOT으로 변경한다. 이는 많은 큐비트와 게이트가 필요할 것이다. 다른 방법은 필요한 큐비트를 줄이는 최적화의 방법이 존재하는지 시도하고 확인하는 것이다.

3. 양자 레지스터 x에 $f(x)$ 회로를 실행한다. 그리고 $f(x)$를 측정하고, 결과를 확인한다. 결과가 $f(x) = C$라고 상상해보자. 이는 x의 상태를 $f(x) = C$로 되게 할 수 있는 모든 가능한 x에 대해서 동일한 중첩으로 만들 것이다. $f(x)$는 주기적이므로, 이런 값들은 주기의 복수 값으로 서로 다를 것이다.

4. 마지막 연산은 $f(x) = C$가 되도록 할 수 있는 모든 가능한 숫자의 중첩을 포함하는 양자 레지스터 x에서 주기에 관한 정보를 추출하는 것이 될 것이다. 이를 위해서 상태 x에 양자 푸리에 변환을 취하고, 이는 결과가 주기의 복수 주변으로 크기의 최고점이 되도록 만들 것이다. 이 결과를 측정하는 것은 주기를 추출하는 것을 돕는다.

N = 15, a = 2로 양자 컴퓨터에서 구현하는 예제

여기서는 $N = 15$를 인수분해하기 위해서 양자 컴퓨팅 부분을 포함해 쇼어 알고리즘을 구현하는 과정의 개요를 제시할 것이다. 이전의 양자 회로 $f(x) = a^x(\text{mod } N)$을 디자인하는 과정은 전통적인 알고리즘이 임의로 선택할 각 $a < N$에 대한 특별한 양자 회로의 디자인을 포함한다. 예제를 단순화하기 위해서 알고리즘의 전통적인 부분은 임의로 $a = 2$를 선택했다고 가정한다.

여기서 $N = 15$이다. 우선 전통적인 컴퓨터에서 실행하는 것으로 시작해 예제를 살펴보자.

1. 임의의 정수 a를 선택하고, $a < 15$이다. 이 예제의 코드는 2를 선택했다.

2. $g = \gcd(a, N) = \gcd(2, 15) = 1$을 계산한다.

3. $g = 1$이기 때문에 계속 진행해야 한다.

4. $f(x) = a^x(\bmod\ N) = 2^x(\bmod\ 15)$의 주기를 찾는 문제를 양자 컴퓨터로 보낸다.

양자 컴퓨터를 사용해 f(x) = aˣ(mod N) = 2ˣ(mod 15)의 주기 찾기

양자 컴퓨터를 사용해 $f(x) = a^x(\bmod\ N) = 2^x(\bmod\ 15)$의 주기를 찾고자 한다. 나쁜 소식은 가장 단순한 알고리즘은 이론적으로 잘 동작하지만 비트를 큐비트로, 전통적인 게이트를 양자 게이트로 변경해 양자 컴퓨터에서 구현하려고 하면 실제로 너무 많은 큐비트와 게이트가 필요하다는 것이다. 계산에서 각 추가 게이트는 오류를 유발하고, 각 추가적인 큐비트는 양자 컴퓨터가 더 커야 한다는 것을 의미한다. 이는 물리적으로 어려운 문제다.

현재 혹은 가까운 미래에 존재하는 실질적인 양자 컴퓨터에서 쇼어 알고리즘의 양자 부분을 구현하기 위해서는 $f(x) = a^x(\bmod\ N)$의 간단한 알고리즘이 적은 게이트와 큐비트를 사용하도록 최적화해야 할 것이다. 그런 최적화는 수학적인 세부 사항과 학문적인 복잡한 내용을 포함하므로 이 책의 범위를 벗어난다. 그 대신 그러한 최적화의 구현에 대한 설명을 읽고 이 설명을 바탕으로 구현을 만들고 테스트를 할 준비를 하도록 도움을 줄 것이다. 이런 최적화를 완전히 이해하고 디자인하는 것은 가능하고, 이 책은 독자들이 그렇게 할 수 있게 준비하는 과정을 돕지만, 최적화를 집중적으로 다루는 닐슨과 창의 『양자 계산과 양자 정보』도 많은 도움이 될 것이다.

11장에서 알고리즘이 왜 동작하는지에 대한 세부적인 수학은 생략했고(이 경우 $f(x) = a^x(\bmod\ N)$ 최적화) 대신 최적화된 알고리즘을 나타내는 회로를 IBM QX로 해석하는 데 집중했다. 같은 취지로 $f(x) = a^x(\bmod\ N)$의 회로를 만들기 위한 최적화가 존재하는지 여부를 확인하는 약간의 연구를 할 것이다. 이 연구에서 $f(x) = a^x(\bmod\ N)$에 대한 최적화가 있다는 것을 찾고, 그것은 이 책에서 완벽하게 필요한 방법이 될 것이다. 이런 최적화는 몬즈Monz 등이 2015년에 게재한 「Realization of a scalable Shor algorithm(확장 가능한 쇼어 알고리즘의 자각)」에 나와 있다. 해당 논문은 https://arxiv.org/pdf/1507.08852.pdf 에 있다. 이 논문에서 그림 1의 회로 c는 $a = 2$, $a = 7$, $a = 8$, $a = 13$인 경우를 나타내고, 그림 1의 회로 b는 $a = 11$인 경우를 나타낸다. 이 논문에서 여러 개의 큐비트가 초기화를 통해 재사용됐지만, 여기서는 그렇게 하는 대신 명확성을 위해 추가적인 큐비트를 더했다. 더욱이 여기서는 회로를 다시 그리고 큐비트의 순서를 변경했다.

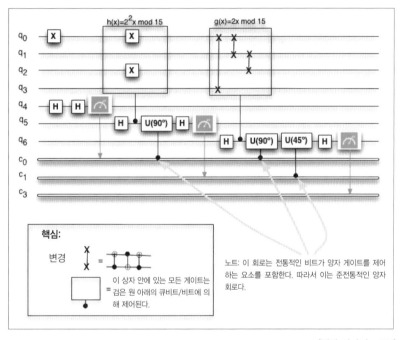

(컬러 이미지 p.354)

이 회로는 양자 게이트를 제어하는 전통적인 비트를 포함하기 때문에 준전통적인 양자 컴퓨팅 회로다.

12장의 나머지 부분은 이 회로 다이어그램을 IBM QX에 구현하는 데 할애한다. 이 책에서 배운 모든 내용을 사용하는 훌륭한 내용이 될 것이다. 즉, 연구 논문을 참고하고 IBM QX에서 결과를 구현할 수 있을 것이다. 양자 회로 다이어그램을 읽고 명료성과 목적을 위해 다시 배치하고, 다시 그리고 구현하는 것은 이 책에서 배우는 핵심 내용이다. 이런 내용은 모든 미래의 양자 프로그래밍 관련 일에 광범위하게 적용될 것이다.

g(x) = 2x(mod 15)를 찾는 하위 루틴

이전에 $f(x) = a^x(\text{mod } N)$을 계산하는 최적화된 회로에서 $g(x) = 2x(\text{mod } 15)$를 계산하기 위한 회로를 구현하는 것이 필요할 것임을 안다. 최적화된 회로에 관한 완벽한 수학식은 살펴보지 않겠지만, $g(x)$ 하위 회로에 대해 수학적으로 동작하는 이유를 알아보고 다른 값의 일반화가 합리적이고 덜 임의적일 수 있음을 살펴볼 것이다.

개념적으로 작성하기에 가장 쉬운 양자 회로는 단순히 $g(x) = 2x(\text{mod } 15)$를 계산하는 전통적인 프로그램을 살펴보는 것임을 기억하기 바란다.

```
def g(x):
    return 2*x % 15
```

회로에서 어떤 범용 고전 게이트(예를 들어 AND와 NOT)가 이 프로그램과 동일한지 알아야 할 필요가 있다. 이 파이썬 코드의 어셈블리 코드를 보고, 단순히 AND와 NOT 게이트로 다시 작성하는 것을 상상해볼 수 있다. 마지막 단계는 비트를 큐비트로, AND 게이트를 양자 AND 게이트로, NOT 게이트를 양자 NOT 게이트로 변경하고, 게이트를 되돌리기 위해서 필요한 추가적인 큐비트를 더한다. 마지막에 거대한 수의 큐비트를 가질 것이지만 더 많은 큐비트는 양자 컴퓨터를 구동하는 데 더욱 어렵기 때문에 좋은 것은 아니다.

대신 계산을 최소화하기 위해서 약간의 수학적인 방법을 사용할 것이다.

여기서 깨달아야 하는 중요한 내용은 항상 $2x(\text{mod } 15)$를 갖기 때문에 결과 $g(x)$는 항상 0과 14 사이가 된다는 것이다. 두 번째 중요한 내용은 결과에 사이클이 발생할 가능성이 있다는 것이다. 다음은 예제를 보여준다.

```
2*1 mod 15 = 2
```

```
2*2 mod 15 = 4
2*4 mod 15 = 8
2*8 mod 15 = 1
```

$g(x=1)$의 결과는 2이다. $g(x=2)$의 결과는 4, $g(x=4)$의 결과는 8, $g(x=8)$의 결과는 다시 1이 된다. 이는 맵^{map}으로 1 | 2 | 4 | 8 | 1과 같이 작성될 수 있다.

다음은 다른 예제다.

```
2*3 mod 15 = 6
2*6 mod 15 = 12
2*12 mod 15 = 9
2*9 mod 15 = 3
```

이는 맵으로 3 | 6 | 12 | 9 | 3으로 나타낼 수 있다. $2x \pmod{35}$에 대해 x 값의 모든 가능한 사이클 차트는 다음과 같다.

```
1 | 2  | 4  | 8  | 1
3 | 6  | 12 | 9  | 3
5 | 10 | 5
7 | 14 | 13 | 11 | 7
```

이는 모듈식 곱셈 맵$^{modular\ multiplication\ map}$이라고 한다. $g(1) = 2*1 \pmod{15}$와 같이 읽고, 앞의 모듈 곱셈 맵에서 1을 찾고, 다음에 나오는 값을 결과로 얻을 수 있다. 여기서는 2가 된다. 이제 $g(14) = 2*14 \pmod{15}$의 결과는 무엇인가? 14를 찾고, 다음에 나오는 값인 13이 결과가 된다. 정답이다. 이 과정이 무엇을 돕는 것인가? 여기서 x(예들 들어 6)를 알면, 모듈식 공식 맵을 사용해 $g(x=6)$에 대한 결과를 쉽게 계산할 수 있다. 2진으로 15는 1111이므로, 네 자릿수이며, $g(x)$의 각 입력(예를 들어 $x=8$이면 2진으로 1000)은 입력의 2진 표현을 모듈식 공식 맵에 따른 출력으로 일치시킬 것임을 의미한다. 이 경우 $f(8)$은 2진으로 $f(1000)$과 동일하고, 10진수로 1이 결과가 되고, 2진으로 0001이 된다.

이를 구현하는 양자 회로는 동일한 동작을 해야 한다. 입력이 $|1000\rangle$이라면, $|0001\rangle$을 출력해야 하고, 예제에서 보여준 모든 숫자에 대해서 동일하게 적용된다. 따라서 $f(x) = 2x\,(\mathrm{mod}\ 15)$에 대해서 정확한 회로를 만들기 위해서는 다음과 같은 과정이 필요하다.

1. 반복되는 그룹을 찾는다.

2. 10진수를 2진수로 변경한다.

3. 예제와 같이 일괄되게 하나의 2진수를 다음과 같이 변경하는 알고리즘을 만든다.

모듈식 곱셈 맵의 2진수를 작성하고, 패턴이 있는지 확인해보자.

- 1 | 2 | 4 | 8 | 1을 2진으로 작성하면 0001 | 0010 | 0100 | 1000 | 0001

- 3 | 6 | 12 | 9 | 3을 2진으로 작성하면 0011 | 0110 | 1100 | 1001 | 0011

- 5 | 10 | 5를 2진으로 작성하면 0101 | 1010 | 0101

- 7 | 14 | 13 | 11 | 7을 2진으로 작성하면 0111 | 1110 | 1101 | 1011 | 0111

벌써 한눈에도 몇 가지 패턴이 보인다. 운이 좋은 편이다. 우선 각 줄에 2진 값은 1과 0이 섞여 있다. 즉, 1 | 2 | 4 | 8 | 1의 2진 값에는 하나의 1과 세 개의 0이 있다. 3 | 6 | 12 | 9 | 3은 두 개의 1과 두 개의 0을 가진다. 5 | 10 | 5는 두 개의 1과 두 개의 0을 가진다. 7 | 14 | 13 | 11 | 7은 세 개의 1과 한 개의 0을 가진다. 이는 가능한 패턴에 대한 근거를 제공한다. 0을 1로, 1을 0으로 변경하고, 숫자를 변경하는 부정을 사용할 필요는 없을 것이다. 단순히 1과 0의 위치를 변경함으로써 모면할 수 있을 것이다.

다음 양자 알고리즘은 모듈식 곱셈 맵에서 어떤 시작 입력에서도 동작할 것이다.

1. 10진수를 2진수로 변경한다.

2. 각 비트를 큐비트로 옮긴다.

3. 0번째 큐비트와 세 번째 큐비트를 바꾼다.

4. 0번째 큐비트와 첫 번째 큐비트를 바꾼다.

5. 첫 번째와 두 번째를 바꾼다.

6. 큐비트 0, 1, 2, 3을 측정하고, 결과를 전통적인 비트 레지스터에 둔다.

7. 결과를 10진수로 읽기 위해 결과 비트를 10진수로 변경한다.

$g(6)$의 예제를 대입해보자.

1. 6은 2진수로 0110이다.

2. 0110을 |"0110"⟩로 옮긴다.

3. 0번째 큐비트와 세 번째 큐비트를 바꾸고, |"0110"⟩를 얻는다.

4. 0번째 큐비트와 첫 번째 큐비트를 바꾸고, |"1010"⟩를 얻는다.

5. 첫 번째와 두 번째 큐비트를 바꾸고, |"1100"⟩를 얻는다.

6. |"1100"⟩를 측정하고, 1100을 얻는다.

7. 1100을 10진수로 변경해 결과 12를 얻는다.

모듈식 곱셈 맵에서 6을 가지고 결과인 12를 얻는다는 것을 확인할 수 있다. 모든 입력을 검증해볼 수 있을 것이다.

마지막으로 할 것은 두 개의 큐비트를 바꾸는 양자 SWAP 게이트를 만드는 것이다. 이것은 세 개의 CNOT 게이트를 사용해 구현될 수 있다. 회로 다이어그램은 다음과 같다.

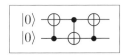

다시 말해서 0번째 큐비트와 첫 번째 큐비트를 바꾸기 위해서 키스킷에서 다음 코드를 사용한다. 이때 qc 변수는 양자 회로이고, qr 변수는 적어도 두 개의 큐비트를 포함하는 양자 레지스터다.

```
qc.cx(qr[1],qr[0])
qc.cx(qr[0],qr[1])
```

```
    qc.cx(qr[1],qr[0])
```

따라서 큐비트 교환이 포함된 3, 4, 5단계를 구현하기 위해서는 키스킷에서 다음과 같이
구현할 것이다.

```
def mult_2mod15_quantum(qr,qc):
    # 0번째 큐비트와 3번째 큐비트를 교환
    qc.cx(qr[0],qr[3])
    qc.cx(qr[3],qr[0])
    qc.cx(qr[0],qr[3])

    # 0번째 큐비트와 1번째 큐비트를 교환
    qc.cx(qr[1],qr[0])
    qc.cx(qr[0],qr[1])
    qc.cx(qr[1],qr[0])

    # 1번째 큐비트와 2번째 큐비트를 교환
    qc.cx(qr[1],qr[2])
    qc.cx(qr[2],qr[1])
    qc.cx(qr[1],qr[2])
```

12장에 제공된 노트북에는 파이썬에서 전통적으로 구현한 2*x%15에 대비해서 이 양자 알
고리즘을 IBM QX에서 구동하고, 확인하는 추가적인 코드가 있다. 여기서 IBM QX에
구동하기 전에 입력은 2진으로 된 큐비트를 2단계에서 x 값으로 설정해 초기화한다.

전체 알고리즘 구현

우선 회로를 맞추기 위해서 추가적인 큐비트로 제어되는 mult_2mod15_quantum 알고리즘
을 만들 필요가 있다. 이 함수는 세 개의 다른 큐비트 사이의 큐비트 교환을 수행한다. 다
행히도 키스킷에는 cswap이라고 하는 제어된 교환 게이트가 이미 있기 때문에 그대로 계
산에 사용할 수 있다. 따라서 이제 해야 할 일은 cswap을 사용해 세 개의 교환 각각을 다
시 작성하는 것이다. mult_2mod15_quantum 함수를 controlled_mult_2mod15_quantum으로

다시 만든 것은 다음과 같다.

```
def controlled_mult_2mod15_quantum(qr,qc,control_qubit):
    """
    2 mod 15로 곱한 제어된 양자 회로
    노트: 제어 큐비트는 3보다 큰 인덱스여야 하고,
    큐비트 0, 1, 2, 3은 회로 동작에 이미 예약돼 있다.
    """
    # 0번째 큐비트와 3번째 큐비트를 교환
    qc.cswap(control_qubit,qr[0],qr[3])

    # 0번째 큐비트와 1번째 큐비트를 교환
    qc.cswap(control_qubit,qr[1],qr[0])

    # 1번째 큐비트와 2번째 큐비트를 교환
    qc.cswap(control_qubit,qr[1],qr[2])
```

다음으로는 나머지 구현 부분을 처리하는 회로를 다시 살펴보는 것이며, 편의를 위해 여기서 다시 보여준다.

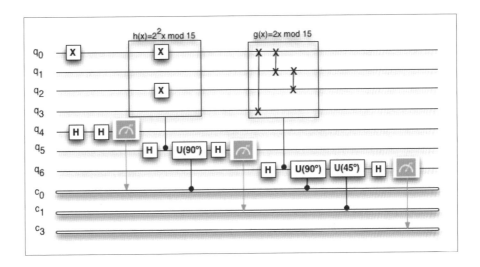

파이썬 구현은 다음과 같다.

```
def shors_subroutine_period_2mod15(qr,qc,cr):
    qc.x(qr[0])
    qc.h(qr[4])
    qc.h(qr[4])
    qc.measure(qr[4],cr[0])

    qc.h(qr[5])
    qc.cx(qr[5],qr[0])
    qc.cx(qr[5],qr[2])
    if cr[0]:
        qc.u1(math.pi/2,qr[4]) # pi/2는 호도로 90도다
    qc.h(qr[5])
    qc.measure(qr[5],cr[1])

    qc.h(qr[6])
    controlled_mult_2mod15_quantum(qr,qc,qr[6])
    if cr[1]:
        qc.u1(math.pi/2,qr[6]) # pi/2는 호도로 90도다
    if cr[0]:
        qc.u1(math.pi/4,qr[6]) # pi/4는 호도로 45도다
    qc.h(qr[6])
    qc.measure(qr[6],cr[2])
```

결과 읽기

쇼어 알고리즘의 양자 하위 루틴은 일반적으로 여러 가지 다른 측정 결과를 만들 수 있다. 어떠한 측정도 주기 r을 제공하지는 않는다. 그 대신 옳은 방식으로 재작성된 측정은 높은 확률로 주기 r의 정수 배수를 제공한다.

쇼어 알고리즘의 양자 하위 루틴은 건설적이고 파괴적인 간섭을 이용한다. 이는 주기 r로 나누어진 여러 가능한 측정 배수에 대한 정보를 제공한다.

주기 r이 우연찮게도 전체 가능한 측정의 수를 나누는 값($2^{\text{number of qubit registers}}$)이라면 완벽하게 건설적이거나 완벽하게 파괴적인 간섭을 측정의 결과로 얻을 것이다. 그렇지 않다면 측정은 실제 해답의 반올림한 값을 반환할 것이다. 실제 주기를 얻기 위해서는 전체 가능한 측정의 정수 배수가 주기로 나눠지는지 결정할 필요가 있다. 이를 위해 연분수 확장 continued fraction expansion이라는 알고리즘을 사용한다.

측정에서 주기 r을 찾기 위해 연분수 확장의 추가적인 수학적 기법이 필요할 것이다. 이 논의는 로마나코Lomanaco가 2000년에 게재한 「A Lecture on Shor's Quantum Factoring Algorithm(쇼어의 양자 인수분해 알고리즘에 관한 강의)」에서 가져왔다. 이 논문은 https://arxiv.org/pdf/quant-ph/0010034.pdf에 있다. 모든 양의 유리수는 다음과 같은 합으로 나타낼 수 있다.

$$\xi = a_0 + \cfrac{1}{a_1 + \cfrac{1}{a_2 + \cfrac{1}{a_3 + \cfrac{1}{\cdots + \cfrac{1}{a_N}}}}},$$

ξ에 대해 연분수 확장은 계수 a_0, a_1, ... , a_N를 찾는다. 알고리즘은 다음과 같다. 여기서는 기본값은 초기화되고, 각 차후의 a는 이전 값에서 계산된다.

$$a_0 = \lfloor \xi \rfloor,\, \xi_0 = \xi - a_0;\, \text{if } \xi_n \neq 0,\, \text{then } a_{n+1} = \lfloor 1/\xi_n \rfloor,\, \xi_{n+1} = \frac{1}{\xi_n} - a_{n+1}$$

각 $\xi_n = p_n/q_n$을 재작성할 수도 있고, 이는 다음 식으로 계산된다. 다시 말하지만 기본값은 초기화돼 있고, 각 차후의 p와 q는 이전 값에서 계산된다.

$$p_0 = a_0, p_1 = a_1 a_0 + 1; p_n = a_n, p_{n-1} + p_{n-2}$$
$$q_0 = 1, q_1 = a_1; q_n = a_n, q_{n-1} + q_{n-2}$$

이를 구현하는 파이썬 코드는 다음과 같다.

```
import math
def continued_fraction(xi,max_steps=100): # stop_after is cutoff for algorithm, for
debugging
    """
    이 함수는 반복되는 관계당 입력 xi의 연분수 확장을 계산한다.
    관련 내용은 https://arxiv.org/pdf/quant-ph/0010034.pdf의 11페이지에 있다.
    """
    # a와 xi 초기화
    all_as=[]
    all_xis=[]
    a_0=math.floor(xi)
    xi_0=xi-a_0
    all_as+=[a_0]
    all_xis+=[xi_0]
    # p와 q 초기화
    all_ps=[]
    all_qs=[]
    p_0=all_as[0]
    q_0=1
    all_ps+=[p_0]
    all_qs+=[q_0]
    xi_n=xi_0
    while not numpy.isclose(xi_n,0,atol=1e-7):
        if len(all_as)>=max_steps:
            print("Warning: algorithm did not converge within %d steps, try
increasing max_steps"%max_steps)
            break
        # a와 xi를 계산
        a_nplus1=math.floor(1/xi_n)
        xi_nplus1=1/xi_n-a_nplus1
        all_as+=[a_nplus1]
        all_xis+=[xi_nplus1]
        xi_n=xi_nplus1
```

```
        # p와 q를 계산
        n=len(all_as)-1
        if n==1:
            p_1=all_as[1]*all_as[0]+1
            q_1=all_as[1]
            all_ps+=[p_1]
            all_qs+=[q_1]
        else:
            p_n=all_as[n]*all_ps[n-1]+all_ps[n-2]
            q_n=all_as[n]*all_qs[n-1]+all_qs[n-2]
            all_ps+=[p_n]
            all_qs+=[q_n]
    return all_ps,all_qs,all_as,all_xis
```

몇 가지 숫자에 실험해보자. $\xi = 51.54639175257732$에 대해서 어떤 값을 갖는가? 최종 p 값을 최종 q로 나누어보기 바란다. 그 값은 ξ에 가까워야 한다. $\xi = \pi$인 경우에는 어떤 값을 갖는가?

아직 끝난 것은 아니다. 양자 컴퓨터의 측정에서 주기를 추출하기 위해서는 전통적인 컴퓨터에서 한 단계 수행할 필요가 있다. 구체적으로 measurement_result/전체 측정 확률의 연분수 확장을 계산하는 것이다. 즉, (measurement result)/2^k의 연분수 확장을 계산하는 것이며, 여기서 k는 QFT가 계산되는 큐비트의 수가 된다.

다음은 하나씩 연분수 확장의 요소들을 계산하고, $a^{q_n} = 1 \pmod{N}$이 q_n의 요소에 도달할 때 멈춘다. a는 쇼어 알고리즘의 첫 번째 단계의 일부로서 임의로 선택됐고, N은 인수분해를 원하는 숫자라는 것을 다시 한 번 기억하기 바란다.

 이전 검사는 코드로 만들기 쉽지만, 더 직관적인 수식도 존재한다. 여기서 전체 연분수 확장을 취하고, 어떠한 나머지 계산을 할 필요가 없이 주기 r을 알아낼 수 있는 예제를 보여준다. 실험의 한 가지 결과가 3-큐비트 레지스터에서 값이 6이라고 하자. 3-큐비트 레지스터는 $2^3 = 8$개의 가능한 값을 가진다. 6/8을 취하고, 연분수 확장을 통해서 다시 작성한다. 즉, $p_0/q_0 = 0/1$, $p_1/q_1 = 1/1$, $p_2/q_2 = 3/4$이 된다. 순서대로 봤을 때 마지막의 분모(q)는 인수분해하려고 하는 숫자(15라고 가정해보자)보다 작다. 이 경우 $q_2 = 4$이며, 주기가 r = 4라는 것을 의미한다.

다음은 양자 측정에서 주기를 추출하는 최종 알고리즘을 보여준다.

```python
import math
def period_from_quantum_measurement(quantum_measurement,
                                    number_qubits,
                                    a_shor,
                                    N_shor,
                                    max_steps=100):
    """
    이 함수는 반복되는 관계당 입력 xi의 연분수 확장을 계산한다.
    관련 내용은 https://arxiv.org/pdf/quant-ph/0010034.pdf의 11페이지에 있다.
    a_shor는 쇼어 알고리즘의 일부로 선택된 임의의 숫자
    N_shor는 쇼어 알고리즘이 인수분해하려는 숫자
    """
    xi=quantum_measurement/2**number_qubits
    # a와 xi 초기화
    all_as=[]
    all_xis=[]
    a_0=math.floor(xi)
    xi_0=xi-a_0
    all_as+=[a_0]
    all_xis+=[xi_0]
    # p와 q 초기화
    all_ps=[]
    all_qs=[]
    p_0=all_as[0]
    q_0=1
    all_ps+=[p_0]
    all_qs+=[q_0]
    xi_n=xi_0
    while not numpy.isclose(xi_n,0,atol=1e-7):
        if len(all_as)>=max_steps:
            print("Warning: algorithm did not converge within max_steps
                %d steps, try increasing max_steps"%max_steps)
            break
        # a와 xi 계산
        a_nplus1=math.floor(1/xi_n)
        xi_nplus1=1/xi_n-a_nplus1
        all_as+=[a_nplus1]
        all_xis+=[xi_nplus1]
```

```
            xi_n=xi_nplus1
            # p와 q를 계산
            n=len(all_as)-1
            if n==1:
                p_1=all_as[1]*all_as[0]+1
                q_1=all_as[1]
                all_ps+=[p_1]
                all_qs+=[q_1]
            else:
                p_n=all_as[n]*all_ps[n-1]+all_ps[n-2]
                q_n=all_as[n]*all_qs[n-1]+all_qs[n-2]
                all_ps+=[p_n]
                all_qs+=[q_n]
            # q가 정답인지 확인
            # (첫 번째 q는 사소한 경우로 생략함)
            if a_shor**all_qs[-1]%N_shor == 1 % N_shor:
                return all_qs[-1]
```

양자 컴퓨터에서 쇼어 알고리즘 실행

실제로 양자 컴퓨터에서 실행해보자. 준전통적인 특성으로 인해 이전의 전통적인 비트에 의존하는 if문을 완벽하게 지원하는 시뮬레이터에서 실행하는 것이 더욱 편리하다는 것을 알아두기 바란다. IBM QX를 포함한 양자 하드웨어는 가까운 미래에 그런 준전통적인 알고리즘을 지원할 수 있을 것이다. 다음 코드는 2(mod 15)의 곱을 위해서 지역 시뮬레이터에서 쇼어의 하위 루틴을 실행한다.

```
from qiskit import QuantumCircuit, ClassicalRegister, QuantumRegister
from qiskit import Aer
from qiskit import IBMQ
# 계정을 인증하고, 이 세션 동안 사용하기 위해 추가한다.
# 문자열 입력변수를 자신의 개인 토큰으로 대체한다.
IBMQ.enable_account("INSERT_YOUR_API_TOKEN_HERE")
def binary_string_to_decimal(s):
    dec=0
    for i in s[::-1]:
        if int(i):
```

```
            dec+=2**int(i)
        return dec
def run_shors_subroutine_period2_mod15():
    qr = QuantumRegister(7)
    cr = ClassicalRegister(3)
    qc = QuantumCircuit(qr,cr)
    # (측정 단계를 포함하는) 회로를 실행한다.
    shors_subroutine_period_2mod15(qr,qc,cr)
    import time
    from qiskit.tools.visualization import plot_histogram
    backend=Aer.get_backend('qasm_simulator')
    job_exp = qiskit.execute(qc, backend=backend,shots=1)
    result = job_exp.result()
    final=result.get_counts(qc)
    # 최종 결과를 10진수로 변경한다.
    measurement=binary_string_to_decimal(list(final.keys())[0])
    period_r=period_from_quantum_measurement(measurement,3,2,15)
    return period_r
```

그리고 전통적인 주기 찾기 코드 대신에 양자 주기 찾기 코드를 사용하도록 shors_algorithm_classical 코드를 새로 만들어야 한다. 여기서 양자 주기 찾기 코드는 주기를 반환할 때까지 계속해서 진행하고 결국 주기를 반환하지 않거나 정확하지 않은 주기를 반환한다.

```
def period_finding_quantum(a,N):
    # 예제를 위해서 이 알고리즘을 완전하게 구현하지는 않을 것이며,
    # 대신 한 개의 선택된 a와 N을 가진 예제를 만든다.
    # 이는 일반적인 경우로 확장이 가능하다.
    if a==2 and N==15:
        return run_shors_subroutine_period2_mod15()
    else:
        raise Exception("Not implemented for N=%d, a=%d" % (N,a))
def shors_algorithm_quantum(N):
    assert(N>0)
    assert(int(N)==N)
    while True:
        a=random.randint(0,N-1)
```

```
        g=math.gcd(a,N)
        if g!=1 or N==1:
            first_factor=g
            second_factor=int(N/g)
            return first_factor,second_factor
        else:
            r=period_finding_quantum(a,N)
            if not r:
                continue
            if r % 2 != 0:
                continue
            elif a**(int(r/2)) % N == -1 % N:
                continue
            else:
                first_factor=math.gcd(a**int(r/2)+1,N)
                second_factor=math.gcd(a**int(r/2)-1,N)
                if first_factor==N or second_factor==N:
                    continue
                if first_factor*second_factor!=N:
                    # 결과를 확인한다
                    continue
                return first_factor,second_factor
```

이 코드는 a=random.randint(0,N-1)에서 $a = 2$를 "우연히" 선택하지 않는다면 실패할 것이다. 12장의 연습 문제에서 코드를 완성하고, 따라서 $N = 15$인 경우에 모든 a에 대해 동작하도록 만들 것이다. 또한 연습 문제의 고급 문제 부분에서 다른 N에 대해서도 동작하도록 코드를 구현할 것이다. 이 예제에서는 다음과 같이 코드를 수정해 알고리즘이 어떤 a를 선택할지 제어할 수 있다.

```
def shors_algorithm_quantum(N,fixed_a=None):
```

다음으로 사용자가 선택된 임의의 숫자를 고정하길 원하는 경우를 고려해 임의의 숫자를 선택하는 코드를 변경한다.

```
if not fixed_a:
```

```
        a=random.randint(0,N-1)
    else:
        a=fixed_a
```

그리고 $a = 2$인 경우 알고리즘을 테스트하기 위해서 다음 코드를 실행할 수 있다.

```
shors_algorithm_quantum(15,fixed_a=2)
```

이 코드는 다음을 출력한다.

```
(5, 3)
```

알고리즘이 a의 모든 가능한 값으로 동작하는 것을 확인하기 위해서 다음을 실행한다.

```
# 코드에서 직접 임의의 a 값을 선택하도록 하는 경우에 알고리즘이 어떻게 동작하는지 확인하기 위해 시도
한다:
for a in range(15):
    # 다음은 주어진 a에 대한 결과다:
    try:
        print("randomly chosen a=%d would result in %s"%
            (a,shors_algorithm_quantum(15,fixed_a=a)))
    except:
        print("FINISH IMPLEMENTING algorithm doesn't work with a
            randomly chosen a=%d at this stage"%a)
```

이 코드는 다음을 출력할 것이다.

```
FINISH IMPLEMENTING algorithm doesn't work with a randomly chosen a=0 at
this stage
FINISH IMPLEMENTING algorithm doesn't work with a randomly chosen a=1 at
this stage
randomly chosen a=2 would result in (5, 3)
randomly chosen a=3 would result in (3, 5)
FINISH IMPLEMENTING algorithm doesn't work with a randomly chosen a=4 at
```

```
this stage
randomly chosen a=5 would result in (5, 3)
randomly chosen a=6 would result in (3, 5)
FINISH IMPLEMENTING algorithm doesn't work with a randomly chosen a=7 at
this stage
FINISH IMPLEMENTING algorithm doesn't work with a randomly chosen a=8 at
this stage
randomly chosen a=9 would result in (3, 5)
randomly chosen a=10 would result in (5, 3)
FINISH IMPLEMENTING algorithm doesn't work with a randomly chosen a=11 at
this stage
randomly chosen a=12 would result in (3, 5)
FINISH IMPLEMENTING algorithm doesn't work with a randomly chosen a=13 at
this stage
FINISH IMPLEMENTING algorithm doesn't work with a randomly chosen a=14 at
this stage
```

양자 컴퓨터에서 주기를 찾은 이후 동작 확인

양자 주기를 찾는 하위 루틴을 호출하는 a의 값에 대해서 주기 $r = 4$가 발견된 이후에 다음과 같은 동작이 발생한다.

1. $r = 4$가 짝수이면, 계속 진행한다!

2. $a^{r/2} = 2^{4/2}(\bmod\ 15) = 4$와 $4 \neq -1\ (\bmod\ 35) = 14$라면 계속 진행한다!

3. 15의 두 개의 인수를 찾았다. $\gcd(a^{r/2}+1,\ N) = \gcd(2^{4/2}+1,\ 15) = 5$와 $\gcd(a^{r/2}+1,\ N) = \gcd(2^{4/2}-1,\ 15) = 3$이다.

결과를 확인해보자. $3*5 = 15$다. 정확하다! 여기서 중지할 수 있다.

양자 컴퓨터에서 N = 35, a = 8인 예제 구현

여기서는 $N = 35$를 인수분해하기 위해서 양자 컴퓨팅 부분을 포함한 쇼어 알고리즘의 구현하는 과정을 보여줄 것이다. 양자 회로 $f(x) = a^x(\bmod\ N)$을 디자인하는 단계는 전통적인 알고리즘이 임의로 선택할 각 $a < N$에 대해서 특별한 양자 회로를 디자인하는 과정을 포함한다. 예제를 단순화하기 위해서 알고리즘의 전통적인 부분은 임의로 $a = 8$을 선택한다고 가정할 것이다.

 여기서 예제를 단순화하기 위해 선택된 임의의 숫자를 고정한다. 연습 문제에서 N = 15를 인수분해하기 위한 양자 주기 찾기를 가진 쇼어 알고리즘을 구현하고, 선택되는 모든 임의의 숫자를 허용해야 하는 회로를 만들 기회를 가질 것이다. 예제를 단순화하는 목적은 다른 N을 가진 예제를 부분적으로 연산하기 위한 것이다.

$N = 35$라고 해보자. 다른 과정을 추적해보자. 이전에 글/수식으로 나타낸 쇼어 알고리즘과 그 예제와 동일한 순서를 가지고, 전통적인 컴퓨터에서 다음을 실행한다.

1. 임의의 정수 a를 선택하고, $a < 35$이다. 이 예제의 코드는 $a = 8$을 선택했다.

2. $g = \gcd(a, N) = \gcd(8, 835) = 1$을 계산한다.

3. $g = 1$이기 때문에 계속 진행해야 한다.

4. $f(x) = a^x (\mathrm{mod}\ N) = 8^x (\mathrm{mod}\ 35)$ 주기를 찾는 문제를 양자 컴퓨터로 보낸다.

양자 컴퓨터를 사용해 f(x) = aˣ(mod N) = 8ˣ(mod 35)의 주기 찾기

우선은 양자 컴퓨터에서 8 mod 35에 의한 곱을 구현한다. 즉, $f(x) = 8^x (\mathrm{mod}\ 35)$ 함수를 구현한다. 이를 위한 억지 기법은 함수를 계산하는 전통적인 프로그램을 취하는 것이다.

```
def 8xmod35(x):
    return 8*x % 35
```

그리고 이 파이썬 코드와 동일한 어셈블리 코드에서 AND와 NOT 게이트로 해당 어셈블리 코드를 재작성할 필요가 있다. 마지막 단계는 비트를 큐비트로, AND 게이트를 양자 AND 게이트로, NOT 게이트를 양자 NOT 게이트로 변경한다. 이때 양자 AND 게이트와 양자 NOT 게이트를 되돌리는 것은 추가적인 큐비트를 필요로 하므로, 필요한 경우 추가적인 큐비트를 더한다. 이런 전통적인 컴퓨터에서 양자 컴퓨터를 통한 억지 기법^{brute force translation approach}을 사용한 변환 방법에서는 많은 수의 큐비트가 필요하게 될 것이다. 큐비트의 수가 늘어날수록 안정된 양자 알고리즘을 다루는 것과 실제 하드웨어에서 실행하기 어렵기 때문에 이렇게 많아진 큐비트는 실용적이지 않을 것이다. 따라서 현실적으로 억지 기법을 이용한 변환 방법은 사용하기 어려울 것이다.

대신 계산에 필요한 큐비트의 수를 최소화하기 위해서 약간의 수학적인 방법을 사용할 수 있다. 항상 $8x(\mathrm{mod}\ 35)$만을 취하기 때문에, $f(x)$ 결과는 항상 0과 34 사이의 값이 될 것임을 이해하는 것이 중요하다. 그리고 결과에는 잠재적으로 사이클이 있을 수 있다는 것도 중요한 내용이다. 다음은 하나의 예제를 보여준다.

```
8*1 mod 35 = 8
8*8 mod 35 = 29
8*29 mod 35 = 22
8*22 mod 35 = 1
```

또 다른 예제는 다음과 같다.

```
8*2 mod 35 = 16
8*16 mod 35 = 23
8*23 mod 35 = 9
8*9 mod 35 = 2
```

$8x(\mathrm{mod}\ 35)$의 모듈식 곱셈 맵을 찾는 것은 좀 더 많은 것을 수반한다. 다음은 임의의 a 값(여기서는 $a=8$)과 임의의 N(여기서는 $N=35$)에 대해서 모듈식 곱셈 맵을 계산할 수 있는 코드를 보여준다.

```
def U_a_modN(a,N,binary=False):
    """
```

```
a와 N은 10진수
이 알고리즘은 U_a를 반환하고,
    U_a는 |x>에서 |ax mod N>까지의 모듈식 곱셈 연산자 맵이다.
함수 입력에서 2진수가 True로 설정되면, 매핑은 10진수가 아닌 2진수로 주어진다.
"""
res={}
l=[]
for i in range(1,N):
    l+=[a*i%N]
res=set()

for i in range(1,N):
    mp=[i]
    end=i
    nxt=i-1
    while l[nxt]!=end:
        mp+=[l[nxt]]
        nxt=l[nxt]-1
    res.add(tuple(mp))
final_res=[]
for item in res:
    dup=False
    for final_item in final_res:
        if set(item) == set(final_item):
            dup=True
    if not dup:
        final_res+=[item]
if not binary:
    return final_res
else:
    final_res_bin=[]
    for mapping in final_res:
        final_res_bin+=[tuple(['{0:06b}'.format(decimal)
                       for decimal in mapping])]
    return final_res_bin
```

$a=8$과 $N=35$에 대한 10진수와 2진수에 결과는 다음 명령어로 계산된다.

```
print(U_a_modN(8,35))
print(U_a_modN(8,35,binary=True))
```

이 코드는 다음을 출력한다.

```
[(7, 21, 28, 14), (34, 27, 6, 13), (2, 16, 23, 9), (26, 33, 19, 12), (18,
4, 32, 11), (24, 17, 31, 3), (15,), (30,), (5,), (8, 29, 22, 1), (20,),
(10,), (25,)]

[('000111', '010101', '011100', '001110'), ('100010', '011011', '000110',
'001101'), ('000010', '010000', '010111', '001001'), ('011010', '100001',
'010011', '001100'), ('010010', '000100', '100000', '001011'), ('011000',
'010001', '011111', '000011'), ('001111',), ('011110',), ('000101',),
('001000', '011101', '010110', '000001'), ('010100',), ('001010',),
('011001',)]
```

$8x \pmod{35}$에 대해서 x 값에서 모든 가능한 사이클은 다음과 같다. 각 집합은 사이클이기 때문에 사이클의 입력을 포함된 숫자 중에 아무 값으로 선택할 수 있다. 여기서는 사이클의 입력을 최솟값으로 선택하는 관례를 따르고, 첫 번째 입력 값으로 사이클의 순서를 나타낸다.

```
1 | 8 | 29 | 22 | 1
2 | 16 | 23 | 9 | 2
3 | 24 | 17 | 31 | 3
4 | 32 | 11 | 18 | 4
5 | 5
6 | 13 | 34 | 27 | 6
10 | 10
12 | 26 | 33 | 19 | 12
15 | 15
20 | 20
25 | 25
30 | 30
```

이것은 무엇을 뜻하는가? 여기서 x의 값(3이라 가정)을 안다면, 앞의 모듈식 곱셈 맵을 사용해 $x=24$, $x=17$, $x=31$에 대한 결과를 쉽게 계산할 수 있다는 것을 의미한다. 35는 2진수로 100011이므로 6비트 길이이며, $f(x)$의 각 입력($x=8$ 또는 2진수로 0010000이라 가정)은 맵에 따라서 단순히 입력의 2진 표현은 출력에 사상^{map} 된다는 것을 의미한다. 이 경우 $f(8)$은 2진수로 $f(0010000)$이고, 결과는 10진수로 29 또는 2진수로 011101이 된다.

이것을 구현하는 양자 회로는 동일한 동작을 해야 한다. 만약 입력이 $|0010000\rangle$이라면, 출력은 $|011101\rangle$이 돼야 하고, 각 입력에 대해서 동일한 방법이 적용된다. 따라서 $f(x)=8x(\bmod\ 35)$의 정확한 회로를 만들기 위해서는 다음 과정을 따라야 한다.

1. 반복되는 그룹을 찾는다.

2. 10진수를 2진수로 변경한다.

3. 예제와 같이 일괄되게 하나의 2진수를 다음 것으로 변경하는 알고리즘을 만든다.

2진수로 회로를 만드는 것을 도와줄 패턴을 찾을 수 있겠는가? 쉽게 할 수 없을 것이다. 이 예제는 $N=15$를 인수분해하는 것보다 더욱 많은 내용을 포함한다. 이런 패턴은 모듈식 곱셈 맵에서 하나의 값을 다른 것으로 이동하는 것이 명확하지 않다. 실제로 방법을 새로 재발명하는 대신 마르코브^{Markov}와 사이디^{Saeedi}가 2015년 게재한 논문 「Constant-Optimized Quantum Circuits for Modular Multiplication and Exponentiation(모듈식 곱셈과 멱법을 위한 지속적으로 최적화된 양자 회로)」를 참고할 수 있다. 논문은 https://arxiv.org/pdf/1202.6614.pdf에서 볼 수 있다. 이 논문은 전통적인 계산을 가지고 양자 게이트를 전통적인 게이트로 변환하는 억지 기법과 비교해 작은 규모의 모듈식 곱셈 회로를 만드는 알고리즘을 고안하는 방법을 자세히 설명한다. 도전을 좋아한다면 연습 문제에서 $8x(\bmod\ 35)$에 관해 이를 시도해보는 것도 좋은 경험이 될 것이다.

주기를 발견한 이후

양자 컴퓨터에서 주기를 발견하면 전통적인 컴퓨터에서 알고리즘의 나머지 부분을 진행한다.

1. $r = 4$가 짝수이면, 계속 진행한다!

2. $a^{r/2} = 8^{4/2} \pmod{35} = 29$와 $29 \neq -1 \pmod{35}$라면 계속 진행한다!

3. 35의 두 개의 인수를 찾았다. $\gcd(a^{r/2}+1, N) = \gcd(8^{4/2}+1, 35) = 7$이다.

결과를 확인해보자. $5*7 = 35$이다. 정확하다!

▌요약

12장은 숫자의 소인수분해를 찾는 데 사용되는 양자 알고리즘인 쇼어 알고리즘을 학습했다. 소인수분해의 전통적인 알고리즘의 구현과 쇼어 알고리즘으로 제공되는 양자 구현을 비교함으로써 소인수분해의 정의를 살펴봤다. 쇼어 알고리즘은 큰 전통적인 부분을 가지고, 양자 컴퓨터에서 실행할 수 있는 한 가지 주기를 찾는 하위 루틴을 가진다. 12장은 우선 전통적인 컴퓨터에서 이 하위 루틴의 구현을 보여준다. 그리고 쇼어 알고리즘에 대한 동작의 이해를 점진적으로 돕기 위해서 단계별로 여러 가지 다른 인수분해로 쇼어 알고리즘을 살펴본다. 마지막으로 구체적인 하위 사례로 양자 컴퓨터에서 주어진 N에 대해 N을 인수분해하는 높은 수준의 함수로 통합하는 양자 주기 찾기의 전체 구현을 제공한다. 구체적인 N의 예제들과 더 일반적인 경우에 동작하도록 알고리즘을 확장하는 기법을 살펴봤다.

13장에서는 양자 오류 정정 알고리즘을 통해 양자 알고리즘에서 오류를 피하는 방법을 살펴볼 것이다.

▌연습 문제

1. $N = 20$이고, 1단계에서 임의의 숫자 $a = 9$로 선택된 경우에 대해서 단계별로 쇼어 알고리즘을 살펴보세요. 매번 1단계는 반복돼야 하고, 파이썬에서 random.randint(0,N)을

실행해 새로운 임의의 숫자를 생성해야 합니다.

2. $N = 7378$이고, 1단계에서 임의의 숫자 $a = 4108$로 선택된 경우에 대해서 단계별로 쇼어 알고리즘을 살펴보세요. 매번 1단계는 반복돼야 하고, 파이썬에서 `random.randint(0,N)`을 실행해 새로운 임의의 숫자를 생성해야 합니다.

3. 아래 나타낸 긴 예제에서 쇼어 알고리즘의 양자 컴퓨팅의 구현을 마무리할 것입니다 (힌트: https://arxiv.org/pdf/1202.6614.pdf에 있는 마르코브와 사이디가 2015년 게재한 논문 「모듈식 곱셈과 멱법을 위한 지속적으로 최적화된 양자 회로」의 그림 3은 도움이 될 만한 회로 다이어그램을 포함한다).

   - $7x \pmod{15}$의 양자 회로를 만드세요.
   - $8x \pmod{15}$의 양자 회로를 만드세요.
   - $11x \pmod{15}$의 양자 회로를 만드세요.
   - $13x \pmod{15}$의 양자 회로를 만드세요.
   - $14x \pmod{15}$의 양자 회로를 만드세요.
   - 양자 주기 찾기를 사용해 15의 인수분해의 쇼어 알고리즘 구현을 완성하기 위해서 만든 $2 \pmod{15}$(12장에서 만듦), $7 \pmod{15}$, $8 \pmod{15}$, $11 \pmod{15}$, $13 \pmod{15}$ 그리고 $14 \pmod{15}$의 회로를 사용하세요(힌트: 이 문제를 도와줄 IBM과 다른 자료들이 존재한다. 한 가지 예로 아나 팬[Anna Phan]이 작성한 '정수 소인수분해를 위한 쇼어 알고리즘[Shor's Algorithm for Integer Factorization]' 주피터 노트북을 참고할 수 있다. 이 노트북은 토마스 몬즈[Thomas Monz] 등이 2015년 게재한 논문 「Realization of a scalable Shor algorithm(확장 가능한 쇼어 알고리즘의 자각)」의 그림 1을 참고한다).

4. 도전을 즐기는 독자들을 위한 문제: https://arxiv.org/pdf/1202.6614.pdf에 있는 마르코브와 사이디의 「모듈식 곱셈과 멱법을 위한 지속적으로 최적화된 양자 회로」에 제시된 방법에 따라 12장에서 주어진 $8x \pmod{35}$의 구현을 완성하세요.

13

양자 오류 정정

13장은 양자 오류 전파의 문제를 논의하고 양자 오류 정정의 필요성을 설명할 것이다. 양자 오류 전파는 항등 게이트를 여러 번 적용하고, 결국 측정이 예상 외의 값을 가지게 됨을 보여줌으로써 쉽게 설명할 수 있다. 이에 대한 예제를 제공할 것이다. 다음으로 양자 오류 정정QEC, quantum error correction의 개요를 다루고, 마지막으로 13장은 간단한 QEC 알고리즘을 구현한다.

13장은 다음 주제를 다룬다.

- 양자 오류
- 양자 오류 정정

▌ 양자 오류

양자 컴퓨터는 결어긋남을 통해서 환경과 상호작용하고 시간이 지남에 따라 결과적으로 계산에 대한 정보 정확도가 저하된다. 이는 계산 결과에 오류를 가져온다. 3장에서 이런 정보 소실을 양적으로 측정하는 방법을 논의했다. T_1은 큐비트에 얼마나 빨리 환경의 영향으로 인해 주어진 하드웨어의 에너지 소실이 발생하는지 측정하는 것을 도와주며, 이 때 에너지 손실은 주파수를 변경하게 되고, 결국 결어긋남을 발생한다. 이는 최종 비트를 변환하는 결과를 가져온다. T_2는 마찬가지로 환경과 상호작용해 생기는 결어긋남으로 인해 큐비트의 위상이 얼마나 빨리 바뀌는지 측정하는 것을 도와준다. T_1과 T_2가 클수록 양자 계산은 오류에 더욱 강력할 것이다.

IBM QX 하드웨어와 다른 양자 컴퓨팅 회사들은 T_1과 T_2를 증가하려고 노력하지만 현재 시점에서 봤을 때 가까운 미래에 T_1과 T_2는 여전히 낮고, 실질적인 계산에서 오류를 포함할 가능성이 높다. 이런 오류는 이상적인 계산에서 기대하는 위상 차이나 비트의 반전된 형태로 올 수 있다. 양자 알고리즘은 오류를 보상하기 위한 양자 오류 정정이 없이는 효과적으로 실행할 수 없다. 오류 정정 함수는 하나의 큐비트에서 여러 큐비트로 정보를 퍼지게 함으로써 동작하며, 이는 양자 오류 정정이 포함되지 않은 알고리즘은 양자 오류 정정을 포함한 알고리즘보다 적은 큐비트를 사용함을 의미한다. QEC는 양자 컴퓨팅의 게이트 모델에서 실질적인 양자 컴퓨팅에 필요하기 때문에 실질적인 알고리즘을 구현하는 데 필요한 큐비트의 수는 알고리즘이 이론적으로 필요로 하는 큐비트의 최소 수보다 많다는 것을 의미한다.

하드웨어 오류, 비트 반전 오류 설명

IBM QX에서 실행해보자. 다음 코드는 항등 게이트를 10번 적용하는 OpenQASM과 양자 스코어다. 이 시뮬레이터에서 입력(0)과 정확히 동일한 결과를 출력으로 내지만, 장치에서 실행할 때는 $|"0"\rangle$로 초기화된 큐비트에 항등 게이트를 실행하면 잡음이 없는 상태에서는 동일한 큐비트가 출력돼야 한다.

```
include "qelib1.inc";
qreg q[5];
creg c[5];
id q[0];
id q[0];
id q[0];
id q[0];
id q[0];
id q[0];
id q[0];
id q[0];
id q[0];
id q[0];
measure q[0] -> c[0];
```

이 코드는 IBM QX에서 다음과 같다.

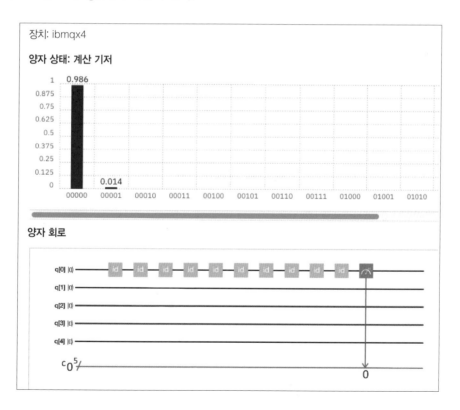

1024번의 실행 중에서 98.6%를 |"0"〉가 반환됨을 확인할 수 있다. 그리고 첫 번째 항등 게이트 전에 x q[0]를 추가해 첫 번째 큐비트를 |"1"〉로 변경하면 여러 오류가 발생한다는 것을 확인할 수 있다.

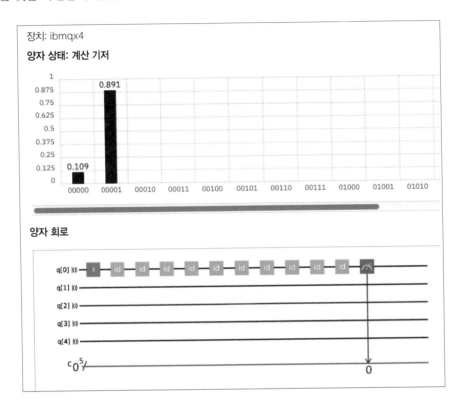

여기서 맞는 답은 |"1"〉를 89.1%만큼만 가진다가 된다. |"1"〉로 시작하는 것은 물리적으로 흥분된 상태에서 시작하는 것이기 때문에 계산이 길어질수록 |"0"〉가 |"1"〉로 되는 것보다 |"1"〉가 |"0"〉로 변환되기 쉽다. 더 많은 항등 게이트를 사용하고, 더 오랜 시간 동안 계산을 수행할수록 오류가 발생할 확률은 높다.

시뮬레이터에서 모델링 오류

이상적인 양자 시뮬레이션에서 X 게이트는 큐비트의 부호를 변경하고, Z 게이트는 위상을 변경한다. 따라서 큐비트와 위상을 반전하는 오류를 모델링하는 한 가지 방법은 오류 모델링 과정이 임의로 X와/또는 Z 게이트를 시뮬레이션된 회로에 추가하는 것, 즉 비트와/또는 위상을 임의로 반전하는 것이다. 이는 오류 정정을 생각해볼 수 있는 효과적인 방법이다. 다시 말해서 X 게이트를 통한 비트의 반전이 발생한 곳이 어딘지 안다면, 또 X 게이트가 자신을 반전한다는 사실을 바탕으로 다시 X 게이트를 적용해 다시 반전할 수 있다. X 게이트를 두 번 적용하면 원래의 비트로 돌아올 것이다. Z 게이트도 동일한 방법을 적용할 수 있다. Z 게이트에 의해서 발생된 위상 반전을 되돌리기 위해서는 단순히 다른 Z 게이트를 적용할 수 있다.

키스킷 Aer 모듈은 잡음도 시뮬레이션할 수 있는 가능성을 제공한다. 실제 IBM QX 장치를 선택하고, 속성을 추출하고, 잡음 모델을 생성하고, 시뮬레이션을 실행할 수 있다. 앞에서 사용한 반복된 항등 게이트를 사용해 시험해보자. 다음 코드는 개인 컴퓨터의 시뮬레이터나 원격의 하드웨어에서 실행할 수 있게 하고, |"0"〉나 |"1"〉로 시작해 몇 개의 항등 게이트를 적용할지 결정할 수 있다. 개인 컴퓨터 시뮬레이터에서 실행하면 시뮬레이터가 오류를 발생해야 하는지 여부를 선택할 수 있다.

```python
import time
from qiskit import Aer
from qiskit.tools.visualization import plot_histogram, plot_state_city
from qiskit import compile,execute
from qiskit.tools.monitor import job_monitor
def apply_identity_gate(qubit_val,apply_times=10,noisy=True,simulator=True):
    shots=1000
    qr = qiskit.QuantumRegister(1)
    cr = qiskit.ClassicalRegister(1)
    qc = qiskit.QuantumCircuit(qr, cr)
    if qubit_val not in [0,1]:
        raise Exception("initial qubit must be either 0 or 1")
    if qubit_val==1:
```

```
    # q0=|"1"> 설정
    qc.x(qr[0])
# 항등 게이트를 10번 적용한다.
for i in range(apply_times):
    qc.iden(qr[0])
# 결과를 측정한다. 하드웨어가 완벽하다면,
# 항상 동일한 큐비트 값이 qubit_val에 있어야 한다.
qc.measure(qr[0],cr[0])
if simulator:
    backend = Aer.get_backend('qasm_simulator') # Local simulator
    if noisy:
        device = IBMQ.get_backend('ibmqx4')
        properties = device.properties()
        coupling_map = device.configuration().coupling_map
        noise_model = noise.device.basic_device_noise_model(properties)
        basis_gates = noise_model.basis_gates
        exp_job = execute(qc, backend,
                          coupling_map=coupling_map,
                          noise_model=noise_model,
                          basis_gates=basis_gates)
    else:
        exp_job = execute(qc,backend,shots=shots)
else:
    if noisy: # 실행할 준비
        backend = IBMQ.backends(name='ibmqx4')[0] # 원격 하드웨어
        exp_job = execute(qc,backend,shots=shots)
    else:
        raise Exception("Hardware is always noisy,
                        to use hardware keep noise=True")
job_monitor(exp_job)
exp_result = exp_job.result()
final=exp_result.get_counts(qc)
print(final)
plot_histogram(final)
```

양자 오류 정정

양자 컴퓨터는 오류를 가지고, T_1과 T_2는 계산 과정에서 발생하는 이런 오류를 방지할 만큼 충분히 크지 않기 때문에 정확한 결과를 만들기 위해서 양자 컴퓨터를 사용하기 위해서는 이런 오류를 정정할 어떤 방법이 필요할 것이다. 좋은 소식은 큐비트를 양자 회로에 추가하고, 원래 회로에서 결어긋남으로 발생한 오류를 정정하는 데 추가된 큐비트를 사용할 수 있다는 것이다.

> "당연히 실험적인 물리학에서는 많은 지엽적인 결과가 존재하고, 이는 여러 큐비트를 가진 장치를 만드는 데 발전을 가져왔다. 하지만 이런 결과는 양자 컴퓨팅 외에도 관심의 대상이 된다. 양자 컴퓨팅에서 발견된 가장 중요한 결과는 내고장성 한계점 정리(fault tolerant threshold theorem)이다. 대략적으로 이는 양자 컴퓨팅이 가능함을 증명하기도 한다."
>
> – 아론 밴 디벤더(Aaron Van Devender), 파운더 펀드 수석 연구원

다른 큐비트의 오류를 정정하기 위해 큐비트를 사용하는 경우, 오류를 정정하는 큐비트 자체에서도 오류가 발생할 수 있다. 오류는 아마도 축적돼 일반적으로 양자 계산에서 오류를 효과적으로 정정할 방법이 없게 된다는 걱정이 생길 것이지만, 다행히도 이는 사실이 아니다. 양자 컴퓨팅에서 중요한 개념은 한계점 정리^{threshold theorem}이며, 이 개념은 게이트의 오류가 특정 한계점 이하인 경우에는 충분한 오류 정정 큐비트를 사용하여 항상 정확한 계산을 할 수 있음을 의미한다. 이 한계점은 게이트의 오류가 측정되는 방법과 보편적인 게이트의 선택에 따라서 달라지지만, 중요한 것은 한계점 정리는 옳은 조건하에서 오류가 발생하는 것보다 정정하는 것이 빠를 가능성이 있음을 보여준다. 한계점 정리에서는 오류 정정 큐비트 자체에서 양자 오류가 발생할 수도 있지만, 이 역시도 다른 큐비트로 정정이 될 수 있고, 또한 여기서 사용되는 큐비트에 오류가 생길 수도 있고, 이는 다시 다른 큐비트로 정정될 수 있는 과정이 대수의 수준^{logarithmic level}으로 반복된다. 여기서 각 수준에서 오류 정정 큐비트의 수는 계산에 사용된 원래 큐비트의 수보다 적게 필요하기 때문에 결과적으로 원래 큐비트의 오류를 충분히 정정하면서, 동시에 모든 수준의

큐비트도 함께 동작하는 지점에 도달할 것이다.

전통적인 오류 정정은 중복된 정보를 사용하고, 따라서 정보의 일부는 참이 변환되어 거짓이 될 수 있는 방식으로 잡음에 의해서 손상된다. 양자 오류 정정에서 큐비트는 복제가 될 수 없기 때문에 이런 방식에 의존할 수 없다. 다음에 설명할 양자 오류 정정의 한 가지 전략은 하나의 큐비트에서 여러 큐비트로 양자 정보를 분산하고, 양자 상태에 영향을 미치지 않고 잠재적인 오류를 진단할 수 있는 측정을 수행하는 것이다. 몇 가지 간단한 경우와는 달리 양자 오류 정정 코드는 원래의 상태를 복원하지 않을 것이다. 그 대신 양자 오류 정정 코드는 정확한 결과를 획득할 가능성을 증가시킬 것이다.

하나의 비트 반전 오류 정정

여기서는 비트 반전 오류를 정정하는 방법을 살펴본다.

전통적인 비트 반전 오류 정정

하나의 비트에서 발생한 오류를 정정하길 원한다고 상상해보자. 단순히 비트를 여러 번 복사하면 너무 많은 비트에서 오류가 발생해 비트가 반전되지 않는 이상은 대부분의 비트가 가진 값이 실제 값이 된다. 예를 들어 비트 1의 오류를 정정하기 위해서는 3번 복사하고, 이때 하나의 비트에서 오류가 발생하는 경우 (중간 비트에서 오류 발생했다고 가정하면) 비트 값은 101이 되고, 최종 비트는 대부분의 비트가 1임으로 1이 된다. 이런 식으로 비트를 복사함으로써 잡음이 그렇게 대단하지 않은 환경(예제에서 하나의 비트 이상을 반전할 확률이 그렇게 높지 않은 환경)에 덜 민감하게 되고, 잡음이 있는 환경에서도 정확한 결과를 복원할 수가 있다.

하나의 큐비트 반전에 대한 양자 오류 정정

3장에서 양자 정보는 복제할 방법이 없다고 배웠다. 이는 큐비트를 복사할 수 없다는 것을 의미한다. 따라서 큐비트를 여러 번 복제하는 전략은 통하지 않을 것이다. 하지만 $|"0"\rangle$

큐비트로 시작해 큐비트에 연관된 양자 정보를 CNOT 게이트 집합을 이용해 얽힌 다른 큐비트로 확산할 수는 있다. 여기서 아이디어는 $|"0"\rangle$나 $|"1"\rangle$로 측정될 수 있는 하나의 큐비트 상태 대신에 $|"000"\rangle$나 $|"111"\rangle$로 측정될 수 있는 세 개의 큐비트 상태를 만드는 것이다.

$|"000"\rangle$나 $|"111"\rangle$ 상태가 잡음에 의해서 영향을 받는 경우 비트는 반전될 수 있다. 이를 어떻게 감지할 것인가? 다시 말하지만 전통적인 정보와는 다른 양자 정보의 특별한 특성을 고려해야만 한다. 일반적으로 오류 정정 코드는 큐비트가 100% $|"000"\rangle$나 100% $|"111"\rangle$인 경우뿐만 아니라, 둘 사이의 중첩인 경우에도 동작해야 한다. 상태를 정정할 수 있기 전에 정보를 파괴할 수 있기 때문에 단순히 상태를 측정할 수는 없다. 세 개의 큐비트가 일치하지 않는 것이 중첩 상태의 확률적인 측정 때문인지, 단순히 상태를 측정하는 경우의 오류 때문인지 정확히 판단할 수는 없을 것이다. 따라서 측정을 하기 전에 오류를 감지하고 정정해야 한다. 어떻게 할 수 있을까?

상태를 측정하기 전에 오류를 감지하고 정정하는 핵심은 추가적인 도움 큐비트에 정보를 확산하고 이런 추가적인 큐비트를 측정해 비트가 반전이 됐는지 그리고 어디서 반전이 됐는지에 대한 정보를 밝히는 것이다. 도움 큐비트는 실제 필요한 큐비트와는 다른 큐비트의 정보를 드러내고, 그런 큐비트의 실제 상태가 무엇인지에 대한 정보는 제공하지 않기 때문에 원래 상태는 방해하지 않는 방식으로 진행이 될 수 있다.

이런 비트 반전에 대한 회로 다이어그램은 다음과 같다. 이 그림은 「Quantum Error Correction for Beginners(초보자를 위한 양자 오류 정정)」(Simon J. Devitt 등, 2013)의 그림 3에 자세히 나온다.

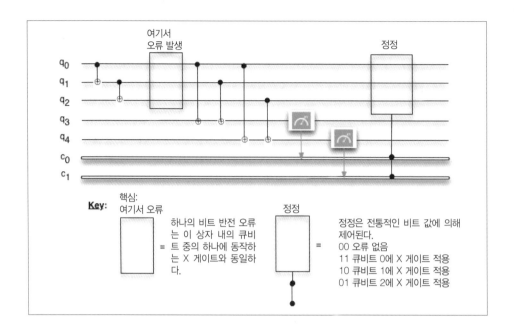

이 회로에서 최초 큐비트 q_0를 세 개의 큐비트로 확장한다. 이 확장은 두 개의 CNOT 게이트로 만들어지고, 이후에 발생하는 오류를 정정하는 것을 도와줄 것이다. 그리고 "여기서 오류 발생"이라고 적힌 상자에서 오류가 발생할 수 있다. 여기서 오류는 하나의 비트 반전 오류다. 이 하나의 비트 반전 오류는 실제 기계의 하드웨어에서 오거나 상자 내에 있는 q_0, q_1, q_2 큐비트 중의 하나에 X 게이트를 추가함으로써 시뮬레이션될 수 있다. 다음으로 연속된 4개의 CNOT 게이트와 두 개의 측정이 뒤이어 온다. 이 측정은 회로의 "여기서 오류 발생" 부분에서 오류가 발생했는지 여부를 진단하는 데 사용될 것이다. 만약 오류가 발생했다면 어느 큐비트에서 발생했는지도 진단한다. 마지막으로 "정정" 상자는 방금 측정한 두 개의 전통적인 비트에 조건이 걸려 있고, 해당 값에 따라서 비트 반전 오류를 정정하기 위해서 해당 큐비트에 X 게이트를 적용한다. 이 회로에서 "여기서 오류 발생" 상자의 모든 개별적인 큐비트에 X 게이트를 설치할 수 있고 회로의 나머지는 자동적으로 "정정" 상자에서 동일한 큐비트에 X 게이트를 설치할 것이다. 이는 두 개의 연속된 X 게이트는 큐비트를 반전하고, 다시 되돌려서 원래 큐비트에서는 오류의 효과가 없기 때문이다.

316

다음 OpenQASM은 회로를 구현한다.

1. 먼저 회로를 초기화한다.

```
include "qelib1.inc";
qreg qr[5];
creg result[3];
```

2. 다음은 오류가 있는지 여부를 판단하는 것을 돕는 비트로 사용될 것이다.

```
creg er[2];
```

3. 첫 번째 큐비트는 $|"0"\rangle$이다. 다음 코드의 주석을 없애면 $|"1"\rangle$로 초기화된다.

```
//x qr[0];
```

4. 첫 번째 큐비트가 $|"0"\rangle$이면 오류 정정을 포함하면 $|"000"\rangle$를 원하고, 첫 번째 큐비트가 $|"1"\rangle$인 경우에는 $|"111"\rangle$를 원한다. 이를 위해서 원래 큐비트를 세 개의 큐비트와 얽히게 한다.

```
cx qr[0], qr[1];
cx qr[1], qr[2];
```

여기서 다음 제안 사항 중에서 하나의 주석을 제거함으로써 오류를 모델링한다. 이때 한 개 이상의 제안에 대해 주석을 제거하면 오류 정정은 모호하게 된다.

- 인덱스 0의 위치에 있는 큐비트를 반전해 하나의 비트 반전 오류를 모델링하기 위해 다음 코드의 주석을 제거한다.

```
// x qr[0];
```

이 옵션에서 최초 상태가 오류 이후에 |"0"⟩라면, 인덱스 0의 큐비트에 오류로 인해서 |"100"⟩를 가진다. 반대로 최초 상태가 |"1"⟩인 경우, 인덱스 0의 큐비트에 의한 오류로 |"011"⟩를 가진다.

- 인덱스 1의 큐비트를 반전해 하나의 비트 반전 오류를 모델링하기 위해 다음 코드의 주석을 없앤다.

```
//x qr[1];
```

이 두 번째 옵션하에서 최초 상태가 오류 이후에 |"0"⟩라면 인덱스 1에 있는 큐비트의 오류로 인해서 |"010"⟩를 가진다. 반대로 최초 상태가 |"1"⟩인 경우에는 인덱스 1에 있는 큐비트의 오류로 인해서 |"101"⟩를 가진다.

- 인덱스 2의 큐비트를 반전해 하나의 비트 반전 오류를 모델링하기 위해 다음 코드의 주석을 없앤다.

```
//x qr[2];
```

이 세 번째 옵션하에서 최초 상태가 오류 이후에 |"0"⟩라면 인덱스 2에 있는 큐비트의 오류로 인해 |"001"⟩를 가진다. 반대로 최초 상태가 |"1"⟩인 경우에는 인덱스 2에 있는 큐비트의 오류로 인해서 |"110"⟩를 가진다.

이제 목표는 방금 소개된 오류 이전에 원래 상태를 복원하는 것이다. 이를 위해서 몇 개의 추가적인 큐비트(세 번째와 네 번째)을 얽히게 한다.

```
cx qr[0],qr[3];
cx qr[1],qr[3];
cx qr[0],qr[4];
cx qr[2],qr[4];
```

이제 목표인 세 개의 큐비트를 방해하지 않고 정보를 얻기 위해서 세 번째(인덱스 3)와 네 번째(인덱스 4) 큐비트의 측정을 할 수 있다.

```
measure qr[3]->er[1];
measure qr[4]->er[0];
```

비트 반전 오류가 어떤 큐비트에서 발생했는지 알아내고, 비트 반전 오류를 되돌리고 큐비트에 X 게이트를 적용하기 위해 앞의 측정을 사용할 수 있다. 여기서 이 과정은 「Quantum Error Correction for Beginners(초보자를 위한 양자 오류 정정)」에 자세히 나온다.

비트가 11(10진수로 3)인 경우 인덱스 0의 큐비트가 오류를 가지고, 따라서 반전한다.

```
if(er==3)
    x qr[0];
```

비트가 10(10진수로 2)이라면 인덱스 1의 큐비트가 오류를 가지고, 따라서 반전한다.

```
if(er==2)
    x qr[1];
```

비트가 00인 경우에는 오류가 없으므로 아무것도 하지 않는다.

모든 하나의 큐비트 오류를 감지하고, 정정했기 때문에 결과를 측정할 수 있다. 결과는 원래 큐비트가 |"1">의 상태였다면 111이 될 것이고, |"0">였다면 000이 돼야 한다.

```
measure qr[0]->result[0];
measure qr[1]->result[1];
measure qr[2]->result[2];
```

qasm_string 문자열에 QASM을 대입하고, 다음 코드로 실행될 수 있다.

```
from qiskit import Aer
from qiskit.tools.visualization import plot_histogram
backend = Aer.get_backend('qasm_simulator')
```

```
qc = QuantumCircuit.from_qasm_str(qasm_string)
exp_job = execute(qc,backend,shots=1000)
job_monitor(exp_job)
exp_result = exp_job.result()
final=exp_result.get_counts(qc)
print(final)
plot_histogram(final)
```

하나의 위상 반전에 대한 양자 오류 정정

전통적인 컴퓨터에서 오류 정정을 걱정해야 하는 것은 비트 반전이지만, 양자 컴퓨터에서는 다른 종류의 반전인 위상 반전이 있다. 이 반전은 상태에 동작하는 Z 게이트와 동일하다. 따라서 상태 |"0"⟩와 |"1"⟩는 위상 반전에 의해서 변경되지 않지만, 상태 |"+"⟩와 |"−"⟩는 반대 상태로 반전될 것이다. 좋은 소식은 이 오류를 정정하기 위해서 비트 반전 코드와 매우 유사한 회로를 사용할 수 있다는 것이다. H 게이트는 |"0"⟩ 상태를 |"+"⟩ 상태로 변경한다. 하나의 큐비트에 모든 위상 오류는 |"+"⟩ 상태를 |"−"⟩ 상태로 변경할 것이다. 마지막으로 다른 H 게이트를 적용하면 오류 이후에 |"1"⟩ 상태를 가질 것이다. 따라서 위상 오류가 잠재적으로 H 게이트에 의해서 만들어진 곳을 감싸면 위상 오류를 비트 반전 오류로 변환하고, 동일한 비트 반전 코드를 사용해 오류를 감지할 수 있다. 그리고 오류를 정정하기 위해서 Z 게이트를 적용한다. 이제 하나의 비트 반전 오류와 하나의 위상 반전 오류를 모두 다룰 수 있기 때문에 모든 하나의 큐비트 오류를 다룰 준비가 됐다.

쇼어 코드 – 하나의 비트 또는 위상 반전

큐비트에 비트 반전, 위상 반전 또는 둘 다 발생할 수 있는 하나의 큐비트에 오류를 가져오는 과정을 처리할 수 있다. 지금까지 배운 오류 정정 알고리즘은 둘 중에 하나를 정정할 수 있지만, 한 번에 둘 다 정정할 수는 없다. 위상 반전과 비트 반전 모두를 동시에 가지는 하나의 큐비트 오류를 정정하기 위해서는 더욱 많은 수의 큐비트에 양자 정보를 분산할 필요가 있을 것이다. 쇼어 코드는 하나의 큐비트에 발생하는 비트 반전 또는 위상 반전의 정정을 위해 우선 9개의 큐비트에 걸쳐 양자 정보를 분산한다. 그리고 위상과 비트에서 큐비트가 일치하는지 혹은 다른지 여부에 따라서 정보를 드러내 알고리즘이 두 종류의 오류를 모두 진단하고, 정정하도록 측정을 실행하는 하나의 알고리즘이다.

▌ 요약

양자 컴퓨팅의 게이트 모델에서 결어긋남으로 인해서 발생하는 오류는 양자 계산에 영향을 미치기 때문에 실제 양자 컴퓨팅 응용프로그램에서 양자 오류 정정은 매우 중요하다. 양자 오류 정정은 하나의 큐비트에 있는 정보를 여러 큐비트에 분산하고, 오류의 종류와 위치를 파악할 수 있는 측정을 실행해 동작하고, 정확한 결과를 얻는 데 필요한 원래의 큐비트에 있는 정보에는 영향을 주지 않고 오류를 수정한다. 한계점 정리는 하나의 큐비트에 있는 오류의 확률이 특정 한계점 아래에 있는 한, 오류를 효과적으로 정정할 가능성이 있다는 것을 보여준다. 양자 오류 정정은 원래 알고리즘에서 주어진 큐비트보다 많은 큐비트를 사용해 오류를 진단하고 정정하기 때문에 양자 오류 정정은 항상 알고리즘에서 필요한 최소한의 큐비트보다 항상 많은 큐비트가 필요할 것이다. 이는 양자 컴퓨팅 시스템이 실용적이 되기 위해서는 오류 정정이 필요 없는 경우에 필요한 큐비트보다 많은 큐비트가 필요할 것임을 의미한다.

▌ 연습 문제

1. 위상 반전 오류 정정 코드의 회로를 그리세요.

2. 위상 반전 오류 정정 코드를 구현하세요.

3. 비트 반전 오류 정정 코드에서 하나의 큐비트 오류가 아닌, 두 개의 큐비트 오류가 있는 경우 어떤 상황이 발생하는지 설명하세요.

4. 비트 반전 오류 정정 코드에서 X 게이트를 도입해 잡음을 시뮬레이션하는 대신에 잡음이 포함된 양자 시뮬레이터에서 구동하세요. 이 환경에서도 오류 정정 코드 함수가 잘 동작하나요?

5. 이 책을 쓰는 시점에 IBM QX 장치는 전통적인 비트에 제어문으로 사용되는 if문을 지원하지 않았습니다. 하지만 오류를 정정하도록 허용할 if문을 구현할 수 없음에도 실제 하드웨어에서 오류의 종류와 위치를 진단하기 위한 측정을 수행할 수 있습니다. 비트 반전 코드 정정 코드에서 if문을 제거하고, 하드웨어에서 구동해보세요. 프로그램을 실행하는 동안 몇 번이나 두 번째 큐비트에 비트 반전 오류가 발생했습니까?

14

결론-양자 컴퓨팅의 미래

마지막 14장은 지금까지 배운 내용을 다시 검토하고 양자 컴퓨터가 혁신하는 영역에 맞게 논의한다. 양자 계산과 양자 프로그래밍을 이해하는 사람들은 취업 시장에서 인기가 높을 가능성이 많다. 양자과 관련된 영역은 컴퓨터 보안, 재료 공학, 기계 학습, 인공지능, 화학 등이 될 것이다. 이런 변화는 약, 대체 에너지, 국제 금융, 세계 경제에 영향을 줄 것이다. 현재 양자 컴퓨팅과 앞으로 수십 년 내에 다가올 미래에 대한 예측은 산업체에서 필요한 혁신에 관한 예측과 함께 발전할 것이다. 더욱이 이 책은 특별히 양자 물리학자가 아닌 경영자, 프로그래머, 기술에 관심이 많은 사람이 양자 컴퓨팅에 관심을 갖는 이유에 대해서 논의한다.

"양자 컴퓨팅을 이용해 상업적으로 얼마나 많은 것들이 유용할지는 모른다. 나에게 있어서 양자 컴퓨팅은 현재 전략적인 자산에 불과하다. 산업계의 큰 문제들을 해결해 의미 있는 수

익을 창출할지는 불확실하다. 나의 투자가 근시적인 이익에만 집중됐다면 양자 컴퓨팅에 투자하지 않을 것이다. 내가 생각하기에 당신은 아마도 세계에서 가장 큰 산업 중의 하나인 컴퓨팅 산업에서 엄청난 구조상의 변화가 있고, 현재 존재하는 회사들이 향후에 엄청난 전략적인 값어치를 축적할 것이라는 믿음을 바탕으로 하는 전략적인 시각에 의해 투자할 필요가 있을 것이다."

– 션 맥과이어(Shaun Maguire), 파트너, 구글 벤처스

컴퓨팅 혁명의 시작점에 있다고 상상해보자. 그게 언제가 될 것인가? 선사시대의 첫 번째 컴퓨팅 장치가 개발된 시점이 되겠는가? 에이다 러브레이스^{Ada Lovelace}가 찰스 배비지 ^{Charles Babbage}의 이론적인 분석 엔진에 최초의 컴퓨터 프로그램을 작성한 1840년대가 될 것인가? 혹은 첫 번째 아날로그 컴퓨터 시대가 될 것인가? 트랜지스터의 개발이 이루어진 시기는 어떠한가? 메인 프레임이나 개인용 컴퓨터의 개발은 어떠한가? 이런 열정으로 레지스터에 직접 프로그래밍을 한 이후에 어셈블리와 같은 언어를 환영할 것인가? 아니면 자바와 파이썬과 같은 수준 높은 프로그래밍 언어가 개발될 때까지 기다릴 것인가? 이도 아니면 인터넷이 개발될 때까지 기다렸다가 혁명이 시작됐다고 할 것인가?

컴퓨팅의 역사는 길고도 다양하다. C 언어는 1972년부터 알려져 왔고, 포트란^{Fortran}의 초기 버전은 1957년부터 시작됐다. 이런 언어들을 개발한 엔지니어는 컴퓨팅 혁명이 사회에 가져올 발전을 예측했을지도 모른다. 또는 중간에 그런 생각들을 잊고, 컴퓨팅의 궁극적인 장점을 예측하지 못했을 수도 있다. 현재 개발이 진행 중인 양자 컴퓨팅의 개발은 사람들로 하여금 향후 발전을 정확히 볼 수 없게 하기도 한다.

"내가 생각하기에 양자 컴퓨팅은 근본적으로 새로운 형태의 계산을 나타내기 때문에 중요하다. 트랜지스터를 처음 개발했을 때 컴퓨팅의 새로운 세상과 규모가 열렸다. 양자 컴퓨터를 만드는 것은 하드웨어 자원을 제공할 뿐만 아니라 인류에 엄청나게 흥미롭고 중요한 새로운 컴퓨팅 모델을 제공한다."

– 사라 카이저(Sarah Kaiser), 펜서 개발(Pensar Development) 연구 엔지니어

이 책의 전반에 걸쳐서 우리가 익숙한 실리콘과 트랜지스터에 기반한 컴퓨터를 전통적인 컴퓨터라고 했다. "전통적인"이라는 단어는 이 책의 주제인 양자 컴퓨터와 대비될 필요가 있다.

양자 컴퓨팅은 전통적인 트랜지스터 기반의 컴퓨팅만큼이나 혁명적일 것이라는 생각을 기반으로 하는 컴퓨팅의 새로운 패러다임이다. 양자역학의 독특한 특성을 사용해 양자 컴퓨터는 전통적인 컴퓨터와는 완전히 다른 방식으로 특정 계산을 수행한다. 전통적인 컴퓨터는 평생에 걸쳐도 풀지 못할 문제를 양자 컴퓨터는 수일 내에 풀 수 있는 효율성을 제공할 가능성이 있다. 양자역학은 모든 것에 적용되지만, 일상적인 경험에서 양자역학의 효과는 매우 미묘해 알아차리기 힘들다. 양자역학의 효과를 알아보고, 계산에 이용하기 위해서는 일상의 온도와는 다르고 (매우 차갑고), 일상의 크기와는 다른 (매우 작은) 영역에서 다뤄야 한다. 양자역학의 특성을 이용하기 위해서 양자 컴퓨터는 매우 저온의 작은 장치의 물리적인 속성을 조심스럽게 다뤄야 한다. 이는 실용적인 양자 컴퓨터의 진전에 이어서 공학 기술의 도전이기도 하다.

당신이 생각하는 전통적인 컴퓨팅 혁명이 수천 년 전, 수백 년 전, 수십 년 전에 일어났다고 하더라도 하루 아침에 이뤄진 것은 아니다. 양자 컴퓨팅 혁명도 마찬가지일 것이다.

> "획기적인 방식으로 기술을 발전시키는 유일한 방법은 새로운 물리적인 현상에 기반해 하드웨어를 개발하는 것이다. 이것이 우리에게 트랜지스터를 가져다줬다. 양자 컴퓨팅은 컴퓨팅의 속도를 높일 수 있는 방식으로 양자역학의 힘을 이용하는 방법이고, 이 시대에 가장 강력하고, 영향력 있는 기술 중의 하나다."
>
> – 그웬 프라위로트모조(Guen Prawiroatmodjo),
> 소프트웨어 엔지니어이자 양자 물리학자

현시점에서 기술의 발전이 어디까지 왔는지는 확실하지 않다. 실용적인 양자 컴퓨터가 존재하지만 각각은 성숙한 기술이기보다는 프로토타입에 가깝다. 더욱 성숙한 장치는 특별한 목적을 가지고, 최적화와 관련된 문제의 집합만을 해결하도록 만들어졌다. 더욱 일반적인 장치는 미성숙한 단계에 있고, 실용적이 되기까지 많은 공학적인 기술 발전이 필요하다. 발전은 더욱 긴 결맞음의 시간을 갖는 큐비트를 만들고, 큐비트의 수를 늘리는 등의 개발이 될 것이다. 일반 목적의 양자 컴퓨팅을 사용하기까지 얼마나 걸릴 것인가? 아무도 답을 알지 못한다.

이 책의 소개에서 양자 컴퓨팅의 역사, 양자 컴퓨터의 중요성 그리고 앞으로 5년에서 10년 사이에 어떤 일이 발생할지에 대한 전문가의 입장을 다뤘다. 마지막 14장에서는 이 책에서 배운 내용을 정리하고, 양자 컴퓨팅을 왜 비관적으로 바라보는지 전문가의 최종 생각을 정리하고, 이런 생각들에 낙관론을 불어넣어 반박해본다. 그리고 향후 50년에서 100년 사이에 어떤 일이 일어날지 논의해본다.

▌ 양자 컴퓨팅의 중요 개념

양자 컴퓨팅의 몇 가지 주요 개념은 다음과 같다.

- **양자 컴퓨터**: 양자 물리학의 특성인 중첩과 얽힘을 사용해 전통적인 컴퓨터보다 훨씬 효과적으로 계산을 수행한다.
- **큐비트**: 두 값의 하나의 가능한 조합을 나타내는 양자 컴퓨팅에서 사용되는 양자의 정보 단위다. 큐비트의 정보를 조작하는 것은 IBM QX를 포함한 많은 현대적인 양자 컴퓨터를 작동하게 하는 힘이다.
- **양자 상태**: 양자 상태는 하나 혹은 그 이상의 큐비트의 그룹이다.
- **얽힘**: 양자 상태를 이루는 큐비트가 관련됐을 때, "얽혀 있다"고 한다. 얽힘은 양자 컴퓨팅이 가진 힘의 핵심이다.
- **결맞음**: 결맞음은 파동의 특성이다. 파동이 결맞음인 경우 어떤 뜻으로 "함께 동작할 수 있음"을 의미한다. 큐비트는 환경과 상호작용하고 이 과정은 결맞음으로 인해 생긴 연관성을 잃게 하고, 이는 양자 계산을 하는 능력을 방해한다. 양자 컴퓨터의 결맞음이 길수록 잘 동작할 것이다.

- **양자 게이트**: 양자 컴퓨팅의 게이트 모델에서는 입력 양자 상태를 가지고 양자 게이트로 원하는 방식으로 변환한다. 게이트의 옳은 집합은 모든 양자 계산을 할 수 있다. IBM QX에서 이런 집합은 I, X, Y, Z, H, S, $S^\dagger$, T, $T^\dagger$, CNOT 게이트를 포함한다.

- **양자 회로**: 양자 회로는 하나 혹은 그 이상의 양자 게이트가 함께 그룹된 순서다.

- **양자 회로 다이어그램**: 양자 회로를 가시화하는 방법이다. IBM QX 양자 컴포저는 양자 회로 가시화를 사용해 IBM QX를 프로그램하는 방식이다.

- **IBM QX 프로그래밍**: 양자 회로를 가시적으로 나타내는 방식으로 양자 컴포저를 통해 프로그램될 수 있다. 파이썬 qiskit 모듈을 통해 컴퓨터나 시뮬레이션 툴로 파이썬 API를 사용해 프로그래밍할 수 있다. 범용 양자 프로그래밍 언어인 OpenQASM으로 프로그래밍할 수 있다.

- **양자 알고리즘**: 그로버 알고리즘은 모든 가능한 입력에서 함수에 있어서 하나의 해답을 효과적으로 찾는다. 쇼어 알고리즘은 숫자의 인자를 찾는다. 양자 푸리에 변환은 쇼어 알고리즘을 포함한 많은 양자 알고리즘의 유용한 하위 루틴이다.

- **양자 우위**: 양자 컴퓨팅이 전통적인 컴퓨터에서 가장 좋은 알고리즘과 비교해 획기적인 성능 향상을 제공하고, 양자 컴퓨터에서 보여줄 때 사용하는 용어다. 이 책을 쓰는 시점에 많은 알고리즘은 양자 우위를 약속하지만 양자 컴퓨팅의 하드웨어는 이론에 뒤처져 있고, 양자 우위는 아직 확실히 보여지지 않았다.

▌양자 컴퓨팅이 유용할 분야

조만간 전문가들은 어떤 분야에서 양자 컴퓨팅의 첫 번째 '킬러 앱'이 나올 것이라는 전망에 대해 뜻을 달리할 것이다. 양자 컴퓨팅은 여러 분야에 혁신을 가져올 것이며, 특히 다음 분야들이 주목할 만하다.

- 화학
- 물리학

- 재료 공학
- 인공지능
- 최적화 문제
- 암호화

❚ 양자 컴퓨팅에 대한 비관론

이 책은 게이트 모델로 양자 컴퓨팅을 집중적으로 설명했고, 이런 지식이 유용할 것이라고 가정했다. 하지만 이는 보장된 것은 아니다. 전문가들은 다음과 같은 사항을 걱정한다.

- 양자 컴퓨팅 분야는 과대평가된 측면이 있다.
- 양자 컴퓨팅 전문가 집단의 다양성 부족이 앞으로의 발전에 좋지 않은 영향을 줄 것이다.
- 양자 컴퓨팅의 근본적인 이해가 부족하다면 발전 속도가 느려질 것이다.
- 지금까지 양자 컴퓨팅의 발전 속도는 지속될 것이며, 이는 중요한 개발이 아직 멀었다는 것을 의미한다.

❚ 양자 컴퓨팅에 관한 낙관론

전문가들은 양자 컴퓨팅이 발전하기 쉽지 않을 것이라고 생각할 만하지만 낙관적으로 생각할 이유도 충분하다. 그 이유는 다음과 같다.

- 양자 컴퓨팅에 종사하는 똑똑한 사람들이 많다.
- 양자 컴퓨팅이 투명하게 개발되도록 권해지고 있으며, 이는 연구원들이 협력하기 쉬운 환경을 만들어준다.
- 지금까지 많이 발전해왔으며, 이는 계속해서 발전할 것이라는 희망을 보여준다.
- 매우 흥미로운 분야다.

- IBM QX와 다른 종류의 양자 컴퓨터에 프로토타입 응용프로그램이 이미 존재한다.

양자 컴퓨팅 분야가 과대평가되고 있다는 일반적인 우려가 있지만, 일부 전문가들은 그러한 과대평가가 정당화될 만큼 양자 컴퓨팅이 유용해지기까지 얼마 남지 않았다고 낙관하고 있다.

▌양자 컴퓨팅에 관한 마지막 생각

이 책에서 양자 프로그램을 구현하고, 중요한 양자 알고리즘을 이해했으며, 양자 컴퓨팅과 충분히 익숙해졌다. 따라서 양자 컴퓨터가 실용화된다면 독자는 이미 배운 내용을 바탕으로 컴퓨팅의 새로운 분야에서 실질적인 개발을 할 준비가 된 셈이다.

부록

부록은 책의 전체적인 내용을 이해하는 데 필요한 개념 등의 수학적인 사항을 다룬다. 양자 계산을 강력하게 하는 수학적인 부분의 깊은 이해는 효과적인 양자 알고리즘 개발에 있어서 필수적이다. 수학적으로 이상적인 양자 계산을 실현하기 위해 필요한 선형대수의 일부 내용의 간단한 개요를 다룬다. 이 내용은 행렬, 행렬 곱셈, 크로네커 곱을 포함한다. 양자 계산의 상세한 수학식과 물리적인 설명은 이 책의 범위를 벗어나기 때문에 부록은 간략하게 정리했다. 추가 상세 내용이 필요하다면 닐슨과 창이 2000년에 쓴 『양자 계산과 양자 정보』의 정본을 읽어보길 추천한다. 특히 더욱 정확한 수학적인 명세와 이 책에서 제시한 수학식으로 설명되는 물리학 부분은 참고할 만하다.

유용한 수학 기법

이 책에서 제공되는 파이썬 코드의 배경이 되는 수학식을 이해하는 데 도움이 될 표기법과 아이템을 다룬다. 완전한 목록이나 종합적인 설명을 포함하는 것은 아니지만, 수학식에 추가적인 공부를 할 영감을 주는 용어를 제공해 도움을 주기 위해서다.

합

시그마 표시는 시그마의 아래에 있는 값으로 초기화된 변수에서 위에 있는 값으로의 합 Summation을 나타낸다. 예를 들어 $\sum_{i=0}^{10} 2i$는 $2*0 + 2*1 + 2*2 + 2*3 + 2*4 + 2*5 + 2*6 + 2*7 + 2*8 + 2*9 + 2*10$과 같고, 코드는 다음과 같다.

```
sum=0
for i in range(11):
    sum+=2*i
print(sum)
```

해답은 110을 출력한다. 변수가 초기화된 값이 명시되지 않은 경우에는 0으로 가정한다.

복소수

복소수Complex numbers의 수학은 양자역학과 양자 컴퓨팅에 있어서 필수적이다.

복소수는 평면의 좌표를 제공하는 것이라고 생각하면 된다. x축(실수축)에는 양과 음의 실수를 가지고, y축(허수축)에서는 양과 음의 허수 값을 가진다. 여기서 허수 i의 양과 음의 배수가 되고, i는 음의 값 1의 제곱근으로 정의된다. 실수는 이런 특성을 가지고 있지 않기 때문에 i를 허수라고 한다. i는 −1의 제곱근이기 때문에 $i^2 = -1$이 된다. 평면의 모든 점은 $a + bi$로 나타낼 수 있고, a와 b는 모두 실수다. a는 실수 부분, b는 허수 부분이다.

켤레 복소수

허수 $a + bi$의 켤레 복소수^{Complex conjugation}는 동일한 실수 부분을 갖지만, 허수 부분의 부호가 반대다. 예를 들어 $6 + 27i$의 켤레 복소수는 $6 - 27i$가 된다.

선형대수

여기서는 선형대수^{Linear algebra}를 다룬다. 파이썬의 배경이 되는 수학의 주요 분야다. 종합적인 설명을 포함하는 것은 아니지만, 수학식에 대해 추가적인 공부를 할 영감을 주는 용어를 제공해 도움을 주기 위해서다.

행렬

행렬^{Matrix}은 2차원 배열에 정리된 숫자 집합이다. 행렬에 정리된 숫자들은 선형대수의 규칙에 따라서 곱셈, 수정, 결합이 될 수 있다. 예를 들어 $M = \begin{pmatrix} 1 & 2 \\ 3 & 4 \\ 5 & 6 \end{pmatrix}$은 행렬이다. 행렬의 크기는 행 $\times$ 열로 주어지고, 따라서 이 행렬은 3×2가 된다. 행렬의 입력은 1에서 시작하는 행과 열의 번호로 인덱스가 주어진다. 따라서 M_{21}은 3, M_{12}는 2다. 행렬은 $K = \begin{pmatrix} 1 \\ 3 \\ 5 \end{pmatrix}$나 $B = (1\ 3\ 5)$와 같이 하나의 열이나 하나의 행으로도 이뤄질 수 있다. 파이썬에서 행렬을 나타내기 위해서는 numpy 모듈을 사용한다. 앞에서 본 행렬 M을 나타내기 위해서는 다음 파이썬 코드를 사용할 수 있다.

```
import numpy as np
print(np.matrix('1 2; 3 4; 5 6'))
```

이 코드는 다음을 출력한다.

```
matrix([[1, 2],
    [3, 4],
```

```
    [5, 6]])
```

행렬 곱

행렬 곱^{Matrix multiplication}을 설명한다. 우선 상수를 행렬과 곱하는 경우를 살펴본다. 그리고 두 개의 행렬을 곱하는 방법을 다룬다.

상수와 행렬의 곱

행렬과 곱한 상수는 행렬의 각 요소를 상수로 곱하는 것을 의미한다. 한번 다음 행렬을 고려해보자.

$$M = \begin{pmatrix} 1 & 2 \\ 3 & 4 \\ 5 & 6 \end{pmatrix}$$

상수 2를 곱하면 다음과 같이 된다.

$$2M = 2 \begin{pmatrix} 1 & 2 \\ 3 & 4 \\ 5 & 6 \end{pmatrix} = \begin{pmatrix} 2 & 4 \\ 6 & 8 \\ 10 & 12 \end{pmatrix}$$

행렬의 곱을 파이썬에서는 단순히 * 기호를 사용한다.

```
import numpy as np
M=np.matrix('1 2; 3 4; 5 6')
print(2*M)
```

이 코드는 상수 2를 행렬 M에 곱한 값을 다음과 같이 출력한다.

```
matrix([[ 2  4]
 [ 6  8]
 [10 12]])
```

두 행렬의 곱

숫자와 달리 여러 행렬에서 곱셈의 순서는 중요하다. 두 행렬의 곱은 첫 번째(왼쪽) 행렬의 열의 수가 두 번째 행렬(오른쪽)의 행의 수와 일치하는 경우에만 성립한다. 예를 들어 행렬 $M = \begin{pmatrix} 1 & 2 \\ 3 & 4 \\ 5 & 6 \end{pmatrix}$은 3×2이고, 오직 두 개의 행을 가진 행렬과 곱셈이 가능하다. 이때 두 행렬은 모두 임의의 어떤 수의 열을 가질 수 있다. 행렬 곱의 결과는 첫 번째 행렬과 동일한 행의 수를 가지고, 두 번째 행렬과 동일한 열의 수를 가질 것이다. 따라서 3×2인 행렬 M을 2×21인 행렬 N과 곱하면, $M*N$의 답은 3개의 행과 21개의 열을 갖는 3×21의 크기가 될 것이다. N은 21열을 가지고, M은 2개의 행을 갖는다. 이는 서로 다르기 때문에 $N*M$을 할 수는 없다.

결과 행렬의 각 요소는 첫 번째 행렬의 해당 행과 두 번째 행렬의 해당 열의 곱셈으로 구성된다. 즉, 행의 첫 번째 요소와 열의 첫 번째 요소를 곱하고, 행의 두 번째 요소와 열의 두 번째 요소의 곱을 더하고, 모든 요소에 대해서 동일한 과정을 반복한다. 2×2인 $P = \begin{pmatrix} 7 & 8 \\ 9 & 10 \end{pmatrix}$ 행렬을 고려해보자. $M*P$의 최종 결과는 3×2가 되고, 계산 과정은 다음과 같이 나타낼 수 있다.

$$M \cdot P = \begin{pmatrix} (M \text{ row } 1) \cdot (P \text{ column } 1) & (M \text{ row } 1) \cdot (P \text{ column } 2) \\ (M \text{ row } 2) \cdot (P \text{ column } 1) & (M \text{ row } 2) \cdot (P \text{ column } 2) \\ (M \text{ row } 3) \cdot (P \text{ column } 1) & (M \text{ row } 3) \cdot (P \text{ column } 1) \end{pmatrix}$$

각 요소를 계산해보자.

- (M row 1)*(P column 1)는 (1 2) 곱하기 (7 9) 또는 $1*7 + 2*9 = 25$가 된다.
- (M row 1)*(P column 2)는 (1 2) 곱하기 (8 10) 또는 $1*8 + 2*10 = 28$이 된다.
- (M row 2)*(P column 1)는 (3 4) 곱하기 (7 9) 또는 $3*7 + 4*9 = 57$이 된다.
- (M row 2)*(P column 2)는 (3 4) 곱하기 (8 10) 또는 $3*8 + 4*10 = 64$가 된다.
- (M row 3)*(P column 1)는 (5 6) 곱하기 (7 9) 또는 $4*7 + 6*9 = 89$가 된다.

- (M row 2)*(P column 2)는 (5 6) 곱하기 (8 10) 또는 5*8 + 6*10 = 100이 된다.

따라서 최종 행렬은 다음과 같다.

$$M \cdot P = \begin{pmatrix} 25 & 28 \\ 57 & 64 \\ 89 & 100 \end{pmatrix}$$

파이썬에서 행렬은 numpy 모듈을 사용해 나타내고, * 부호로 곱셈을 수행할 수 있다.

따라서 코드는 다음과 같다.

```
import numpy as np
M=np.matrix('1 2; 3 4; 5 6')
P=np.matrix('7 8; 9 10')
print(M*P)
```

이 코드는 다음을 출력한다.

```
matrix([[ 25, 28],
 [ 57, 64],
 [ 89, 100]])
```

켤레 행렬

행렬의 켤레는 원래 행렬의 각 요소의 복소수 켤레를 취해 만든 행렬이다. 켤레 행렬 Conjugate matrix의 기호는 원래 행렬의 이름 위에 가로 막대를 가진다.

다음과 같은 행렬을 가진다고 해보자.

$$Q = \begin{pmatrix} 1+i & 2+6i \\ 3+9i & 4-3i \\ 5-2i & 6 \end{pmatrix}$$

이 행렬의 켤레 행렬은 다음과 같다.

$$\bar{Q} = \begin{pmatrix} 1-i & 2-6i \\ 3-9i & 4+3i \\ 5+2i & 6 \end{pmatrix}$$

파이썬에서 켤레 행렬을 갖기 위해서는 다음 코드를 사용한다. 어떤 공학 교과서에서 파이썬은 복소수를 j 대신에 i를 사용하고, 사용자 정의 변수를 구분하기 위해서 j를 따로 사용할 수 없고, 항상 부동 소수점이나 정수 접수사를 사용해야만 한다.

```
import numpy as np
Q=numpy.matrix([[1+1j,2+6j],[3+9j,4-3j],[5-2j,6]])
print(Q.conjugate())
```

전치 행렬

행렬의 전체는 행을 열로, 열을 행으로 변경해 만들어진다. 전치 행렬^{Matrix transpose}의 부호는 원래 행렬의 위에 어깨 글자로 T를 사용한다. 다음 예제 행렬 M은 원래 행렬이다.

$$M = \begin{pmatrix} 1 & 2 \\ 3 & 4 \\ 5 & 6 \end{pmatrix}$$

이 행렬의 전치는 다음과 같다.

$$M^T = \begin{pmatrix} 1 & 3 & 5 \\ 2 & 4 & 6 \end{pmatrix}$$

파이썬에서 행렬의 전치는 다음 코드를 이용한다.

```
import numpy as np
M=np.matrix('1 2; 3 4; 5 6')
print(M.transpose())
```

행렬 복합공액전치

행렬의 복합공액전치Matrix conjugate transpose는 행렬의 켤레와 전치를 동시에 취하는 것이다.

복합공액전치의 기호는 원래 행렬의 상단에 어깨 글자로 *를 사용한다. 다음은 원래 행렬 Q이다.

$$Q = \begin{pmatrix} 1+i & 2+6i \\ 3+9i & 4-3i \\ 5-2i & 6 \end{pmatrix}$$

이 행렬의 복합공액전치는 다음과 같다.

$$Q^* = \begin{pmatrix} 1-i & 3-9i & 5+2i \\ 2-6i & 4+3i & 6 \end{pmatrix}$$

```
import numpy as np
Q=numpy.matrix([[1+1j,2+6j],[3+9j,4-3j],[5-2j,6]])
print(Q.getH())
```

결과는 다음과 같다.

```
matrix([[1.-1.j, 3.-9.j, 5.+2.j],
        [2.-6.j, 4.+3.j, 6.-0.j]])
```

행렬 크로네커 곱

행렬의 곱셈multiplication 외에도 다른 종류의 행렬 곱product이 존재한다. 이는 크로네커 곱 Kronecker product이라고 알려져 있다. 행렬 곱셈은 *나 점으로 쓰이지만, 크로네커 곱은 ⊗으로 쓴다. 크로네커 곱에서 행렬의 크기나 모양에 대한 제한은 없다. $n \times m$ 행렬과 $p \times q$의 크로네커 곱은 더욱 큰 행렬인 $np \times mq$가 된다.

크로네커 곱은 두 번째 행렬(오른쪽)을 첫 번째 행렬(왼쪽)로 나누는 것이다. 구체적으로 왼쪽 행렬의 모든 요소는 그 요소와 전체 오른쪽 행렬의 곱으로 '확장'된다. 예제를 살펴보자. 앞의 예제에서 살펴본 M과 P의 크로네커 곱을 해보자.

$$M = \begin{pmatrix} 1 & 2 \\ 3 & 4 \\ 5 & 6 \end{pmatrix} \text{과 } P = \begin{pmatrix} 7 & 8 \\ 9 & 10 \end{pmatrix}$$

M은 3×2 행렬, P는 2×2 행렬이므로 $M \otimes P$은 $3*2 \times 2*2 = 6 \times 4$가 될 것이다. 따라서 풀어서 표현된 다음 수식을 살펴보기 바란다.

$$M \otimes P = \begin{pmatrix} 1 & 2 \\ 3 & 4 \\ 5 & 6 \end{pmatrix} \otimes \begin{pmatrix} 7 & 8 \\ 9 & 10 \end{pmatrix} = \begin{pmatrix} 1\begin{pmatrix} 7 & 8 \\ 9 & 10 \end{pmatrix} & 2\begin{pmatrix} 7 & 8 \\ 9 & 10 \end{pmatrix} \\ 3\begin{pmatrix} 7 & 8 \\ 9 & 10 \end{pmatrix} & 4\begin{pmatrix} 7 & 8 \\ 9 & 10 \end{pmatrix} \\ 5\begin{pmatrix} 7 & 8 \\ 9 & 10 \end{pmatrix} & 6\begin{pmatrix} 7 & 8 \\ 9 & 10 \end{pmatrix} \end{pmatrix}$$

$$= \begin{pmatrix} \begin{pmatrix} 7 & 8 \\ 9 & 10 \end{pmatrix} & \begin{pmatrix} 7 & 8 \\ 9 & 10 \end{pmatrix} \\ \begin{pmatrix} 7 & 8 \\ 9 & 10 \end{pmatrix} & \begin{pmatrix} 7 & 8 \\ 9 & 10 \end{pmatrix} \\ \begin{pmatrix} 7 & 8 \\ 9 & 10 \end{pmatrix} & \begin{pmatrix} 7 & 8 \\ 9 & 10 \end{pmatrix} \end{pmatrix} = \begin{pmatrix} 7 & 8 & 14 & 16 \\ 9 & 10 & 18 & 20 \\ 21 & 24 & 28 & 32 \\ 27 & 30 & 36 & 40 \\ 35 & 40 & 42 & 48 \\ 45 & 50 & 54 & 60 \end{pmatrix}$$

확실히 답은 6×4 행렬이다. 파이썬에서 표현해보자.

```
import numpy as np
M=np.matrix('1 2; 3 4; 5 6')
P=np.matrix('1 2; 3 4')
print(np.kron(M,P))
```

이 코드는 다음을 출력한다.

```
matrix([[ 7, 8, 14, 16],
```

```
       [ 9, 10, 18, 20],
       [21, 24, 28, 32],
       [27, 30, 36, 40],
       [35, 40, 42, 48],
       [45, 50, 54, 60]])
```

브라-켓 표기법

양자역학과 양자 컴퓨팅에서 브라-켓 표기법bra-ket notation은 종종 양자 상태를 나타내는 데 사용된다. 다음은 켓ket이다.

$$|0\rangle = \begin{pmatrix} 1 \\ 0 \end{pmatrix} \text{와 } |1\rangle = \begin{pmatrix} 0 \\ 1 \end{pmatrix}$$

반대로 다음은 브라bras다.

$$|0\rangle = (1 \ \ 0) \text{와 } \langle 1| = (0 \ \ 1)$$

켓은 단순히 하나의 열로 나타낸 행렬인 반면, 브라는 하나의 행으로 나타낸 행렬이다. 브라나 켓 내에서 동일한 표기에 대해 서로 간에 복합공액전치의 관계에 있다. 따라서 $\langle 0|^* = |0\rangle$과 $|0\rangle^* = \langle 0|$, $\langle 1|^* = |1\rangle$과 $|1\rangle^* = \langle 1|$이다. 브라와 켓은 다른 모양(브라는 $1 \times n$ 행렬, 켓은 $n \times 1$ 행렬)이므로, 일반적으로 다른 행렬을 브라나 켓 하나에 곱할 수 있다고 해서 다른 행렬에도 곱셈을 할 수 있다는 것을 의미하지는 않는다.

▌ 행렬의 큐비트, 상태, 게이트

여기서는 이전에 살펴본 내용을 파이썬이 아닌 더욱 수학적인 용어를 바탕으로 다시 설명한다. 이 부분은 2018년 https://www.frontiersin.org/articles/10.3389/fphy.2018.00069/full에 게재된 저자의 논문 「A tool for Introducing Quantum Computing Into the Classroom(Quintuple: 양자 컴퓨팅을 수업 교재로 소개하는 툴)」에 기반한다.

340

큐비트

큐비트는 전통적인 비트의 양자 일반화다. 전통적인 비트와 달리 그것의 구성 요소의 선형 중첩에 따라서 어떤 값이 될 수 있다. 공식적으로 두 개의 정규화된 고유치^{orthonormal} ^{eigenstates}다. 이 책 전반에 걸쳐서 숫자 1이 상태 1과 다르다는 것을 나타내기 위해서 상태를 나타낼 때는 따옴표를 사용해 "1"로 표시했다. 예를 들어 $|"1"\rangle$로 표기했다. 하지만 일반적인 수학 문헌에는 $|$와 $\rangle$ 또는 $\langle$와 $|$ 사이에 있는 모든 것은 상태의 레이블로 인식되고, 따라서 문헌에 일치하도록 여기서는 따옴표를 제거한다.

부록에서 기본으로 선택된 기저는 다음과 같다.

$$|0\rangle = \begin{pmatrix} 1 \\ 0 \end{pmatrix}, \ |1\rangle = \begin{pmatrix} 0 \\ 1 \end{pmatrix}$$

양자 상태를 나타내기 위해 사용하는 이런 다중-목적 표기법($\langle|$이나 $|\rangle$)은 브라-켓 또는 디락^{Dirac} 표기법이라 부르고, 양자역학에서는 표준이다. 수학에 대한 상세한 논의를 하지 않고, $|\rangle$ 표기법 사이에 있는 기호는 상태의 레이블이라고 생각하면 된다. 표기법 $|\rangle$ 대비 $\langle|$ 표기법은 각각 행 대비 열 벡터로 표현된 것을 나타낸다. $\langle|$은 $|\rangle$의 복합공액전치는 복합공액전치이고, 반대도 성립한다. 따라서 일반적인 한 개의 큐비트 상태 $|\psi\rangle$은 $|\psi\rangle = a|0\rangle + b|1\rangle$이다.

계수 a와 b는 복소수이고, 이런 복소수 계수는 $\{|0\rangle, |1\rangle\}$ 기저에서 ψ의 표현을 제공한다. $|0\rangle$ 상태에서 $|\psi\rangle$을 찾을 확률은 $|a|^2 = aa^*$이며, a^*은 a의 복소 켤레다. 유사하게 상태 $|1\rangle$에서 $|\psi\rangle$을 찾을 확률은 $|b|^2 = bb^*$이다. 이 두 개의 확률은 1로 정규화된다. 즉, $|a|^2 + |b|^2 = 1$이다. 하나의 큐비트 상태 $|\psi\rangle$은 양자역학적인 두 개의 상태 시스템과 일치하는 여러 가지 메커니즘에 의해서 물리적으로 실현될 수 있다. 여러 시스템 중에서도 두 개의 스핀 시스템^{two spin system}이나 두 단계 시스템^{two level system}이 이에 해당된다. 블로흐 구는 단위 구체에서 하나의 큐비트의 상태를 나타내는 데 유용한 방법이다. 공식적으로 블로흐 구에서 큐비트의 상태는 다음과 같이 쓴다.

$$|\psi\rangle = \cos\frac{\theta}{2}\,|0\rangle + e^{i\phi}\sin\frac{\theta}{2}\,|1\rangle$$

θ와 ϕ는 단위 구체에서 벡터를 나타내는 극좌표이다.

양자 계산의 강력함을 사용하기 위해서 일반적으로 더 많은 큐비트를 원할 것이다. 전통적인 n-비트 레지스터에서 각 비트는 0이나 1로 초기화할 수 있다. 예를 들어 10진수의 숫자 19를 전통적인 5-비트 레지스터에 나타내기 위해서는 비트를 10011로 설정할 수 있다. n 큐비트에 대해서 양자 레지스터에서 동일한 상태를 만들기 위해 $|10011\rangle = |1\rangle \otimes |0\rangle \otimes |0\rangle \otimes |1\rangle \otimes |1\rangle$ 상태를 준비한다. 여기서 $\otimes$는 텐서곱tensor product 또는 크로네커 곱과 같다. 일반적으로 n-비트 양자 레지스터는 n-큐비트 상태의 모든 중첩을 가질 수 있다.

n-큐비트 상태에 대해서 n-큐비트 상태가 중첩이 될 수 있는 2^n개의 가능한 값이 있다. 예를 들어 2-큐비트 상태에 대해 $2^2 = 4$개의 가능한 상태 $\{|00\rangle, |01\rangle, |10\rangle, |11\rangle\}$이 된다. 3-큐비트 상태에 대해서는 $2^3 = 8$개의 가능한 상태 $\{|000\rangle, |001\rangle, |010\rangle, |011\rangle, |100\rangle, |101\rangle, |110\rangle, |111\rangle\}$이 된다.

0에서 $2^n - 1$로 상태의 숫자를 매기고, 여기서는 사용되는 기본 배치는 $\sum_{m=0}^{1} \cdots \sum_{j=0}^{1} \sum_{i=0}^{1} |ij...m\rangle$이며, 여기서 합의 수는 큐비트의 수와 일치한다. 따라서 이런 상태의 복소 계수complex coefficients인 크기를 포함하면 상태 $ij...m\rangle$에서 $|\psi\rangle = \sum_{m=0}^{1} \cdots \sum_{j=0}^{1} \sum_{i=0}^{1} c_{ij}...m\,|ij...m\rangle$를 찾을 확률은 $c_{ij...m}$, $|c_{ij...m}|^2 = c_{ij...m}c^*_{ij...m}$의 절댓값의 제곱으로 계산할 수 있다. n-큐비트의 상태를 개별적인 큐비트의 상태의 텐서곱인 $|q_0 q_1 ... q_n\rangle = |q_0\rangle \otimes |q_1\rangle \otimes ... \otimes |q_n\rangle$으로 나타낼 수 있다면, 상태는 분리 가능separable하다고 한다. 하지만 중첩의 특성으로 인해 다중 큐비트 상태는 분리가 불가능하고, 개별적인 큐비트 상태는 다른 큐비트에 독립적으로 제대로 정의되지 않는다. 이런 비지역적인 연관 현상은 얽힘이고, 전통적인 계산에 비해 지수의 양자 속도를 달성하기 위해 필요한 자원이다. 따라서 다중-큐비트의 분리 불가능한 상태를 저장하는 데 필요한 양자 레지스터의 개념은 양자 계산 시뮬레이션에서 주요 역할을 담당할 것이다.

게이트

전통적인 n-비트 레지스터와 동일한 양자 데이터를 저장하는 n-큐비트 양자 레지스터를 설명했다. 여기서도 전통적인 상태와 양자 상태를 발전시키는 전통적인 게이트와 양자 게이트를 함께 소개한다. 전통적인 계산에서 전통적인 게이트는 상태를 발전시키기 위해 전통적인 레지스터에 동작한다. 양자 계산에서 양자 게이트는 상태를 발전시키기 위해 양자 레지스터에 동작한다. 양자 상태는 행렬로 표현될 수 있다. 양자 상태의 발전에 관한 수학식도 행렬로 표현될 수 있다. 현재 상태를 개진된 상태로 만들기 위해서는 현재 상태를 행렬에 곱하기 때문에 양자 게이트를 나타내기 위해서는 양자역학의 공준postulate에 따라야만 한다. 구체적으로 상태의 발전은 확률을 보존해야만 한다(규범을 보존함). 1 이상의 확률을 가진 상태들의 중첩인 상태를 만들 수는 없다.

상태를 곱할 때 확률의 보전을 보장하는 행렬은 단위unitary라고 한다. 공식적으로는 행렬 U가 복합공액전치 $U^\dagger$가 해당 행렬의 반전을 갖는 특성과 일치한다. 즉, $U^\dagger U = UU = I$이고, I는 일치 행렬이다. 양자 계산에서 양자 게이트는 단위 행렬과 같고, 모든 단위 행렬은 유효한 양자 게이트와 동일하다. 단위 행렬은 항상 반전이 가능하기 때문에 양자 게이트에 따라서 그 계산은 반대로 되돌릴 수 있다. 즉, 모든 동작은 되돌릴 수 있는 것이다. 큐비트 상태는 여러 가지 양자 역학적인 시스템에 의해서 물리적으로 실현될 수 있기 때문에 양자 게이트도 여러 가지 양자 역학적인 메커니즘에 의해 물리적으로 실현될 수 있다. 이는 필연적으로 시스템에서 큐비트의 표현에 의존해야만 한다. 예를 들어 큐비트가 양자 트랩quantum trap에서 이온ion으로 표현되는 곳의 시스템에서 특정 주파수에 맞춰진 레이저는 단위 변형을 유도할 수 있고, 이는 효과적으로 양자 게이트로 동작할 수 있다.

하나의 큐비트에 동작하는 게이트는 임의의 수의 큐비트의 양자 레지스터에 적용될 수 있다. 예를 들어 게이트 X에 대해 4-큐비트 양자 레지스터에서 세 번째 큐비트에 동작하는 큐비트를 원하는 경우, X는 큐비트를 $|0\rangle$에서 $|1\rangle$이나 $|1\rangle$에서 $|0\rangle$으로 반전하는 게이트다. 적절한 게이트는 $X_{3of4} = I \otimes I \otimes X \otimes I$를 통해서 만들어지고, 여기서 I는 2×2 일치 행렬이다. 일반적으로 하나의 큐비트에 동작하는 게이트 G에서 n 큐비트의 레지스터

의 m번째 큐비트에 동작하기 위한 $G_{m \text{ of } n}$ 게이트를 만들기 위해서는 다음을 사용한다.

$$\text{Gi of n} = \bigotimes_{i=1}^{n} \begin{cases} I & \text{if } i \neq m \\ G & \text{if } i = m \end{cases}$$

여기서 $\bigotimes_{i=1}^{n}$는 $\sum_{i=0}^{n}$와 동일하게 동작하며, 여기서는 합이 아닌 텐서곱이 된다. 하나의 큐비트에 동작하는 게이트의 적용은 얽힘을 만들지 않고, 이는 동작하는 양자 레지스터의 크기를 확장하지 않기 때문이다.

사용할 게이트는 다음과 같이 정의된다.

행렬을 기반으로 게이트 정의

NOT과 AND 게이트와 전통적인 게이트의 특정 집합은 모든 다른 전통적인 논리 게이트를 만드는 데 사용될 수 있고, 범용 고전 게이트의 집합을 구성한다. 다른 형태의 이런 집합도 존재한다. 사실 부정 AND인 NAND 게이트는 독자적으로 범용 고전 게이트가 된다. 양자 계산에서 범용 게이트 집합을 얻기 위해서는 n-큐비트 레지스터의 2-큐비트에 적용되는 다중-큐비트 게이트가 필요할 것이다. CNOT 게이트는 그런 게이트 중 하나다. CNOT은 2-큐비트 제어 부정 게이트다. CNOT의 첫 번째 입력은 제어 큐비트, 두 번째 큐비트는 대상 큐비트로 알려져 있고, 대상 큐비트의 상태는 제어 큐비트가 |1⟩인 경우에만 출력을 반전한다. 다양한 경우에 CNOT의 적용은 얽힘을 만든다. 하나의 큐비트 게이트와 합쳐진 CNOT은 양자 컴퓨터의 거의 모든 단위 동작을 만들 수 있다. 양자 게이트는 양자 회로를 만들기 위해서 합쳐질 수 있고, 이는 선으로 연결된 논리 게이트로 구성된 전통적인 회로와 같다. IBM QX가 지원하는 전체 게이트의 집합으로는 모든 다중-큐비트 논리 게이트를 만들기 위해서 양자 회로에서 게이트를 합칠 수 있기 때문에 비최소non-minimal 범용 양자 게이트 집합을 이룬다.

H 게이트는 아다마르Hadamard 게이트로 알려져 있고, 다음과 같이 정의한다.

$$H = \frac{1}{\sqrt{2}} \begin{pmatrix} 1 & 1 \\ 1 & -1 \end{pmatrix}$$

X, Y, Z 게이트는 파울리^{Pauli} 게이트로 알려져 있고, 다음과 같이 정의한다.

$$X = \begin{pmatrix} 0 & 1 \\ 1 & 0 \end{pmatrix}, Y = \begin{pmatrix} 0 & -i \\ i & 0 \end{pmatrix}, Z = \begin{pmatrix} 1 & 0 \\ 0 & -1 \end{pmatrix}$$

I 게이트는 일치^{Identity} 게이트로 알려져 있고, 다음과 같이 정의한다.

$$I = \begin{pmatrix} 1 & 0 \\ 0 & 1 \end{pmatrix}$$

S 게이트는 위상^{Phase} 게이트로 알려져 있고, 다음과 같이 정의한다.

$$S = \begin{pmatrix} 0 & 1 \\ 1 & i \end{pmatrix}, S^\dagger = \begin{pmatrix} 1 & 0 \\ 0 & -i \end{pmatrix}$$

T 게이트는 π/8 게이트로 알려져 있고, 다음과 같이 정의한다.

$$T = \begin{pmatrix} 0 & 1 \\ 1 & e^{\frac{i\pi}{4}} \end{pmatrix}, T^\dagger = \begin{pmatrix} 1 & 0 \\ 0 & -e^{\frac{i\pi}{4}} \end{pmatrix}$$

CNOT 게이트는 양자 NOT 게이트로 알려져 있고, 다음과 같이 정의한다.

$$CNOT = \begin{pmatrix} 1 & 0 & 0 & 0 \\ 0 & 1 & 0 & 0 \\ 0 & 0 & 0 & 1 \\ 0 & 0 & 1 & 0 \end{pmatrix}$$

추가적인 게이트

양자 경험은 세 개의 추가적인 게이트를 정의하고, 이는 블로흐 구의 다른 영역을 더욱 쉽게 이동할 수 있는 것과 같다. 이런 게이트는 보편적인 양자 게이트 집합에는 필요하지 않지만, 전체 게이트의 수를 최소화하는 것을 돕고 결과적으로 계산의 오류를 줄이거나 계산을 쉽게 만든다. 이와 같은 게이트는 다음과 같다.

$$U_1(\lambda) = \begin{pmatrix} 1 & 0 \\ 0 & e^{i\lambda} \end{pmatrix},$$

$$U_2(\lambda, \phi) = \begin{pmatrix} \frac{1}{\sqrt{2}} & -\exp(i\lambda)\frac{1}{\sqrt{2}} \\ \exp(i\phi)\frac{1}{\sqrt{2}} & \exp(i\lambda + i\phi)\frac{1}{\sqrt{2}} \end{pmatrix},$$

$$U_3(\lambda, \phi, \theta) = \begin{pmatrix} \cos(\frac{\theta}{2}) & -\exp(i\lambda)\sin(\frac{\theta}{2}) \\ \exp(i\phi)\sin(\frac{\theta}{2}) & \exp(i\lambda + i\phi)\cos(\frac{\theta}{2}) \end{pmatrix}.$$

양자 측정

양자역학에서 측정 함수가 양자 레지스터에서 정보를 추출하는 동작의 제약을 이해할 필요가 있다. 양자역학에서 측정은 많은 논의가 필요한 주제이지만, 측정의 특성은 철학이 아닌 수학적으로 나타내기에 간단하다. 모든 기저에 대해서 전체 확률이 1이 되는 정규화가 돼 있는 이상 하나의 큐비트의 측정을 수행하는 것은 가능하다. 동일하게 모든 정규화된 기저에 대해서 다중-큐비트 시스템을 측정하는 것도 가능하다. 앞서 큐비트를 설명할 때 다음 식을 찾는 확률을 다뤘다.

$$|\psi\rangle = \sum_{m=0}^{1} \cdots \sum_{j=0}^{1} \sum_{i=0}^{1} c_{ij\ldots m} |j\ldots m\rangle$$

상태 $|ij\ldots m\rangle$은 $c_{ij..m}$의 절댓값의 제곱근이며, $|c_{ij..m}|^2 = c_{ij..m}c^*_{ij..m}$이다. 여기서 측정을 실행할 때 적절한 확률 $|c_{ij..m}|^2$을 가지고 이런 상태 $|ij\ldots m\rangle$ 중의 하나에서 시스템을 찾는다. 측정이 실행되고 난 이후에 상태는 고정되고, 모든 추가적인 측정은 동일한 결과인 상태 $|ij\ldots m\rangle$는 확률 1을 갖는 결과를 반환한다.

1장

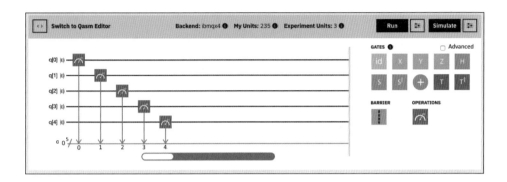

▲ p.39

2장

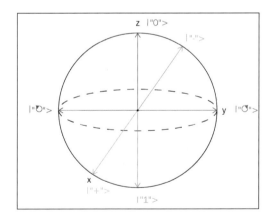

▲ p.56

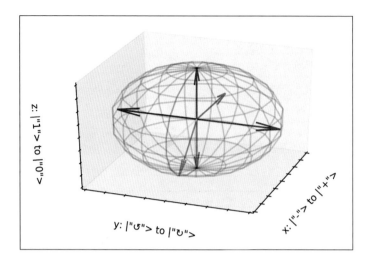

▲ p.59

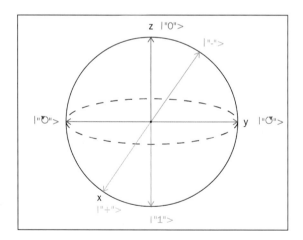

▲ p.89

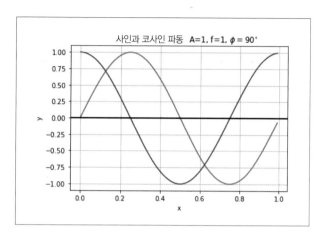

▲ p.247

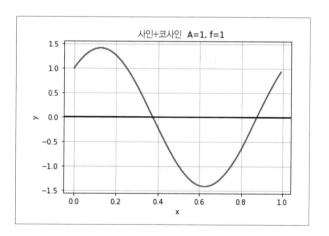

▲ p.248

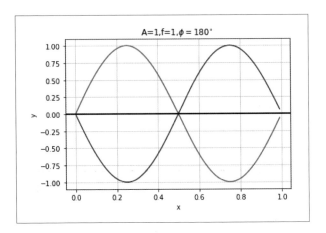

▲ p.248

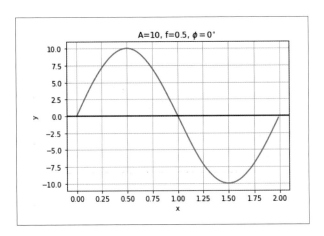

▲ p.250

350

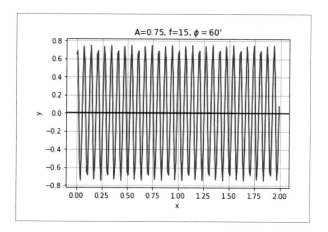

▲ p.250

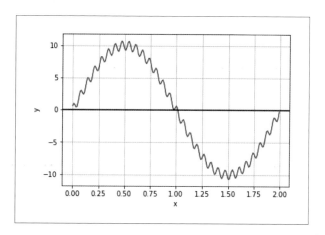

▲ p.251

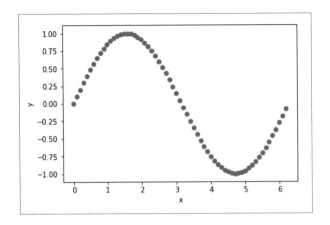

▲ p.252

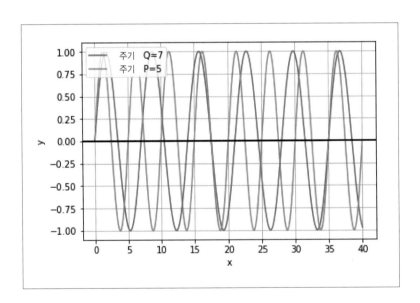

▲ p.271

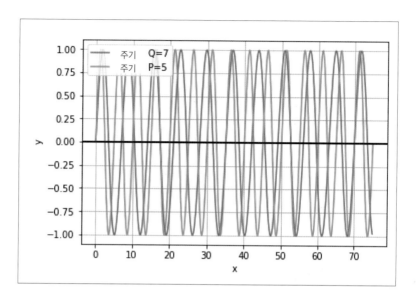

▲ p.272

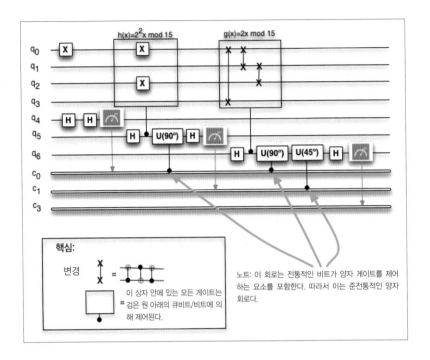

찾아보기

ㄱ

가상 환경 37
값 173
결맞음 78, 130, 326
결어긋남 65, 78, 130, 214, 308
결합법칙 87
결합성 199
계산 오류 77
계산적인 기저 53
고급 게이트 261
고점 78
공준 343
교환법칙 86, 87
구글 32
그로버 알고리즘 201, 207, 210, 223
기저 49
기저의 물리적인 시스템 52
기저 집합 61
깃허브 37

ㄴ

낮은 수준의 코드 169
논리곱 정규형 187
높은 수준의 라이브러리 169

ㄷ

다항 시간 270
단위 343
단위 반경 55
대각 기저 54

대

대거 101
대거 게이트 101
대상 큐비트 13, 108, 132
대상 큐비트 전선 112
대수의 수준 313
도치 207
동일한 준비 61
두 개의 스핀 시스템 341
두 단계 시스템 341
디-웨이브 컴퓨터 31
딕셔너리 172

ㄹ

레지스터 66
로컬 시뮬레이터 166
리게티 31
리게티 컴퓨팅 34
리처드 파인만 34

ㅁ

모듈식 곱셈 맵 285
모조 변수 187
무버 212
무버 단계 211
무버 함수 210
물리적인 시스템 68
밑 68

ㅂ

반복의 양자 단계 추정 170

백엔드 166
범용 게이트 양자 컴퓨팅 31
벡터 55
변분 양자 아이겐솔버 170
복소 계수 342
복소수 74, 332
복소 켤레 74
복제 36
복합공액전치 338
복호화 268
부동소수점 86
부동소수점(실수) 87
분리 가능 342
불투명한 게이트 159
브라 340
브라-켓 표기법 340
블로흐 구 45, 55, 56
비트 30
비트 반전 320
빠른 푸리에 변환 252

사운드 팩 174
사이클 246
사인 파동 247
사인 함수 244, 246
상관관계 78
샘플링 간격 252
생성자 118
서로소 270
서포트 벡터 머신 방사성 기저 함수 커널 170
서포트 벡터 머신 변분 170
서포트 벡터 머신 양자 커널 170
선형대수 333
설정 단계 211
소리 클립 171
소수 268
소스 코드 37

소프트웨어 127
속도 172
쇼어 알고리즘 255, 268
순환 변수 88
스펙트럼 48
시그마 332
시뮬레이션 47, 140
실수축 332

ㅇ

아다마르 게이트 89, 91, 344
아스키 문자 171
악보 115
암호화 268
암호화 기법 268
양자 NOT 게이트 345
양자 가열 냉각 컴퓨터 31
양자 검색 207
양자 게이트 84, 85, 327
양자 게이트의 학습 140
양자 계산 39, 45
양자 그로버 검색 170
양자 다이내믹스 170
양자 단계 추정 170
양자 데이터 84
양자 데이터베이스 검색 207
양자 레지스터 66, 84, 228
양자 레지스터 선언 145
양자 레지스터 참조 145
양자 물리학 30, 34, 47, 61
양자 병행성 280
양자 상태 47, 66, 326
양자 스코어 115, 129, 131, 140, 152
양자 스코어 인터페이스 134
양자 알고리즘 207, 327
양자역학 61, 76
양자역학 시스템 47
양자 오류 정정 307

양자 우위　31, 327
양자 정보 과학 키트　115
양자 중첩　60
양자 측정　39, 60, 73, 346
양자 커뮤니티　48
양자 컴포저　38, 42, 115, 127, 128, 134
양자 컴퓨터　30, 326
양자 컴퓨터 하드웨어　138
양자 컴퓨팅 커뮤니티　49
양자 트랩　343
양자 푸리에 변환　255
양자 프로그램　39
양자 회로　112, 134, 327
양자 회로 다이어그램　112, 327
어셈블리 코드　169
억지 기법　223
얽힌 상태　69
얽힘　30, 71, 326, 342
에너지 소실　308
에너지 완화　80
연결 다이어그램　130, 131
연분수 확장　291, 293
연산　128, 132, 134
연속　251
예외　86
오라클　212, 223
오픈소스 양자 컴퓨팅 프레임워크　41
오픈 양자 어셈블리 언어　143
오픈 카즘　143
옥타브　172
원형 기저　55
위상 게이트　89, 97, 345
위상 반전　320
위상차　78
음　174
음악 다이어그램　115
음의 높이　172
음 이름　172
이산　251

이산 푸리에 변환　252
이온　343
인수분해　272
인스턴스　118
일치 게이트　345
임시 레지스터　228
임의성　72
입력 큐비트　124

ㅈ

작은문 함수　268
잡음　77, 311
장벽　128, 134
장벽 동작　146
장벽의 함수　133
저점　78
전치 행렬　337
전통적인 게이트　84
전통적인 레지스터 선언　145
전통적인 레지스터 참조　145
전통적인 비트　39, 46
전통적인 이산 푸리에 변환　255
전통적인 컴퓨터　30
정규화된 고유치　341
정보의 소실　79
정수　86, 87
정확한 아이겐솔버　170
제수　270
제어된 NOT 게이트　113
제어된 Z 게이트　237
제어된 부정 게이트　103
제어 큐비트　104, 108, 112, 113, 132
주기　78
주파수　174
주피터 노트북　37
준소수　269
준전통적인 알고리즘　295
중첩　30, 49, 59

증음된 삼화음 179
지수 시간 270
진리치표 190

ㅊ

체커 212
체커 단계 211
체커 함수 210
체크아웃 36
최대공약수 270, 279
최적화기 171
측정 게이트 137
측정 동작 146
측정 동작 문법 146
칩 다이어그램 130

ㅋ

켓 340
컬레 복소수 254, 333
컬레 행렬 336
코드 저장소 36
코사인 파동 247
큐비트 32, 39, 45, 46, 326, 341
크기 174
크로네커 곱 331, 338
크론 67
클라우드 34
클라우스 헤프 268
키 173
키스킷 41, 115
키스킷 Aer 311
키스킷 아쿠아 169
키스킷 테라 169
킬러 앱 327

ㅌ

탈위상 214

토폴리 게이트 192
트랜지스터 30

ㅍ

파괴적 간섭 248
파동 78, 174
파울리 게이트 89, 92, 256, 345
파이썬 36
파이썬 가상 환경 36
파이썬 인터페이스 41
파이썬 패키지 174
패키지 매니저 37
포트란 324
표준 기저 53
표준 헤더 148
푸리에 기법 245
프리미티브 214
프리미티브 게이트 146, 157, 260
플레이스홀더 159
피클 172

ㅎ

하드웨어 127
하이브리드 양자 시스템 35
한계점 정리 313
함수형 프로그래밍 67
항등 게이트 85, 132, 133
해공간 223
행렬 333
행렬 곱 334, 338
행렬의 곱셈 338
허수축 332
헤더 정의 159
헤르츠 주파수 173
호도 261
화음 174, 179
확률 74
확산 213, 223

회전 게이트 257
희소 푸리에 변환 252

A

AND 84
AND 게이트 191
API 144
API 키 40
API 토큰 165
ASCII 171
associative 199

B

barriers 128
base 68
basis 49
bit 30
Bloch sphere 55
bookkernel(책커널) 38
Boolean expression 184
Boolean satisfiability problem 187
bra-ket notation 340
bras 340
brute force 223

C

CCNOT 192
ccx 192
CDFT, Classical Discrete Fourier Transform 255
checker 210
circular basis 55
classical 30
ClassicalRegister 클래스 118
clone 36
CNOT 103
CNOT 게이트 132, 345
coherence 78

commutative 86
complete 189
complex coefficients 342
complex conjugate 74, 254
Complex conjugation 333
Complex numbers 332
Composer 128
computational basis 53
Conjugate matrix 336
conjunctive normal form 187
constructor 118
continued fraction expansion 291
continuous 251
controlled-controlled-NOT 게이트 192
controlled-not gate 103
coprime 270
cos 247
CPLEX 170
creg 156
cryptography 268
cx 192
cycle 246
C 언어 324

D

dagger 101
decoherence 65, 78, 214
decrypt 268
destructively interfere 248
DFT, Discrete Fourier Transform 252
diagonal basis 54
diffusion 213
diphase 214
discrete 251
divisor 270
dummy variables 187
D-Wave 31

E

EE, Exact Eigensolver 170
encrypt 268
energy relaxation 80
entangled 69
entanglement 30
exception 86
exponential time 270

F

FFT, Fast Fourier Transform 252
fft 모듈 254
Fortran 324
frequency 78

G

GCD, greatest common divisor 270
Grover 207

H

Hadamard 89, 344
Hz 173
H 게이트 91, 121, 320, 344

I

IBM 31
IBM QX 33, 38, 42, 80
ibmqx4 128, 131
IBM QX API 166
IBM QX 양자 프로세서 115
IBM QX 프로그래밍 327
IBM 클라우드 서비스 40
identical preparation 61
Identity 345
identity gate 85
if문 156

invert 207
ion 343
ipykernel 38
ipython 38
IQPE, Iterative Quantum Phase Estimation 170
I 게이트 345

J

JPEG 알고리즘 245

K

Kernel 38
ket 340
key 173
Klaus Hepp 268
kron 67
Kronecker product 338

L

lambda 257, 261
Linear algebra 333
local 166
local_qasm_simulator 166
logarithmic level 313
loop 88

M

Matrix 333
Matrix conjugate transpose 338
Matrix multiplication 334
Matrix transpose 337
MIDI 코드 171
modular multiplication map 285
mover 210
MP3 압축 알고리즘 245
multiplication 338

N

NAND 84
NOT 84
NP-완성 189
numpy 67
numpy 모듈 333
numpy 패키지 254

O

OpenQASM 143, 144
operations 128
optimizer 171
oracle 212
orthonormal eigenstates 341

P

package manager 37
Pauli 89, 92, 345
peak 78
Phase 89, 345
phase difference 78
pickle 172
pip 37, 38, 41, 169
pitch 172
placeholder 159
polynomial time 270
postulate 343
prime 268
Primitive 157, 214
product 338
pygame 모듈 174

Q

QD, Quantum Dynamics 170
QEC, quantum error correction 307
qelib1.inc 157

QFT, Quantum Fourier Transform 255
QGS, Quantum Grover Search 170
Qiskit 115
Qiskit Aqua 169
Qiskit Terra 169
qop 156
QPE, Quantum Phase Estimation 170
Quantum annealing computers 31
quantum circuit diagram 112
QuantumCircuit 클래스 118
Quantum Composer 38, 127
Quantum Information Science Kit 115
quantum parallelism 280
QuantumRegister 클래스 118
Quantum Score 129
Quantum supremacy 31
quantum trap 343
Qubits 32

R

randomness 72
repository 36
requirements.txt 169
REV 256
reverse 함수 260
REV 게이트 258
Richard Feynman 34
Rigetti 31
Rivest-Shamir-Adleman 268
RSA 알고리즘 269
RSA 암호 시스템 268

S

sampling interval 252
SAT 187, 208
SDK 115, 144
semiprime 269

separable 342

SFT, Sparse Fourier Transform 252

Simulate(시뮬레이션) 39, 138

sine 244

software development kit 115

solution space 223

standard basis 53

superposition 30, 49, 59

SVM Q Kernel, Support Vector Machine Quantum
    Kernel 170

SVM RBF Kernel, Support Vector Machine Radial
    Basis Function Kernel 170

SVM Variational, Support Vector Machine
    Variational 170

SWAP 게이트 287

S 게이트 97, 345

T

T_1 79, 130

T_2 80, 130

threshold theorem 313

Toffoli 192

transistors 30

trapdoor one-way function 268

triad chord 179

trough 78

truth table 190

two level system 341

two spin system 341

T 게이트 99, 100, 345

U

U_1 게이트 258, 261

unitary 343

universal gate quantum computing 31

V

value 173

velocity 172

VQE, Variational Quantum Eigensolver 170

W

wave 78

X

XOR 84

XOR 게이트 113

X, Y, Z 게이트 345

X 게이트 92, 122, 195, 226, 311

x 기저 54

Y

Y 게이트 92, 94

y 기저 55

Z

Z 게이트 92, 95, 311, 320

기호

$\pi/8$ 게이트 89, 99, 345

#(샵) 172

번호

2진 충족 가능 문제 187, 208

2진 표현 184

3SAT 188, 208

3SAT 함수 213

3차원의 구체 55

IBM QX로 배우는 양자 컴퓨팅

양자 컴포저와 키스킷을 활용한 양자 컴퓨팅의 이해

발 행 | 2020년 1월 2일

지은이 | 크리스틴 콜벳 모란
옮긴이 | 황 진 호

펴낸이 | 권 성 준
편집장 | 황 영 주
편 집 | 조 유 나
디자인 | 박 주 란

에이콘출판주식회사
서울특별시 양천구 국회대로 287 (목동)
전화 02-2653-7600, 팩스 02-2653-0433
www.acornpub.co.kr / editor@acornpub.co.kr

한국어판 ⓒ 에이콘출판주식회사, 2020, Printed in Korea.
ISBN 979-11-6175-379-9
http://www.acornpub.co.kr/book/quantum-ibmqx

이 도서의 국립중앙도서관 출판시도서목록(CIP)은 서지정보유통지원시스템 홈페이지(http://seoji.nl.go.kr)와
국가자료공동목록시스템(http://www.nl.go.kr/kolisnet)에서 이용하실 수 있습니다.(CIP제어번호: CIP2019052303)

책값은 뒤표지에 있습니다.